BLV Bestimmungsbuch

mit Schnellbestimm-System

Dr. Einhard Bezzel

Vögel

Sonderteil: Seltene Arten, Jungvögel, Nester und Eier

Vierte Auflage

BLV Verlagsgesellschaft mbH
München Wien Zürich
8000 München 40

© 1992 BLV Verlagsgesellschaft mbH,
München

Satz und Druck: aprinta, Wemding
Bindung: Ludwig Auer, Donauwörth

Printed in Germany · ISBN 3-405-13531-1

Die Deutsche Bibliothek –
CIP-Einheitsaufnahme

Vögel: Sonderteil: seltene Arten,
Jungvögel, Nester und Eier / Einhard
Bezzel. – 4. Aufl. – München; Wien; Zürich:
BLV, 1992
(BLV-Bestimmungsbuch mit Schnell-
bestimm-System)
ISBN 3-405-13531-1
NE: Bezzel, Einhard

Inhaltsübersicht

Worauf man beim Vogelbestimmen achten sollte

Bilder in einem Buch mit dem Eindruck einer Beobachtung draußen im Freien zu vergleichen, ist nicht immer ganz einfach. Oft sitzen oder bewegen sich Vögel so, daß nicht alle wichtigen Merkmale sichtbar werden; nicht selten ist die Begegnung mit dem Vogel, den man genauer bestimmen will, auch viel zu flüchtig. Besonders am Anfang der vogelkundlichen Praxis werden also manche Versuche, die Art eines nur kurz oder unter ungünstigen Bedingungen beobachteten Vogels herausfinden zu wollen, erfolglos bleiben. Doch das ändert sich mit wachsender Erfahrung schnell. Ein paar Tips können das richtige Einordnen der Beobachtungen erleichtern.

Als Vorbereitung für einen vogelkundlichen Spaziergang empfiehlt sich, im Buch zu blättern und sich dabei einige Bilder einzuprägen oder bereits bekannte Vögel herauszusuchen. Der begleitende Text kann möglicherweise auch für längst vertraute Vogelgestalten einige bisher übersehene oder unbekannte Einzelheiten vermitteln, auf die man bisher nicht geachtet hatte. Ein Blick auf den Vogelkalender

Ein gedrungen wirkender Vogel ist im Vergleich mit den Ahornfrüchten als gut spatzengroß einzuschätzen. Gegen die Grundfarbe Grau sind Kontraste zu erkennen: Helle Flügelbinde und ein zwischen den etwas angehobenen Flügeln hervorlugender weißer Bürzel; Kopfkappe, Flügel und Schwanz sind dunkel. Der Nahrung nach handelt es sich um einen Körnerfresser.

Die Bestimmung »Gimpel« ist relativ einfach, auch wenn die leuchtend rote Unterseite des ♂ (Foto unten) nicht zu sehen ist. An den Kopfseiten ist zu erkennen, daß es sich um das wesentlich schlichter gefärbte ♀ handelt. Gimpel im Jugendkleid haben noch keine dunkle Kopfkappe.

(S. 20–25) informiert über die Möglichkeiten einer Beobachtung in der jeweiligen Jahreszeit.

So vorbereitet ist es leichter, schon auf den ersten vogelkundlichen Wanderungen mit der nötigen Schnelligkeit aufgenommene Eindrücke etwas zu ordnen oder, was häufig noch wichtiger ist, die nur zum Teil erkannten Merkmale zu einem Gesamteindruck zu ergänzen, den man mit Foto und Text so vergleichen kann, daß eine Bestimmung der Vogelart zweifelsfrei möglich ist. Da persönliche Eindrücke schon nach kurzer Zeit verblassen, sollte man das Bestimmungsbuch entweder mitnehmen oder ein kleines Notizbuch für Eintragungen zur Hand haben (ganz ausgefuchste Vogelbeobachter haben heute oft ein kleines Diktiergerät dabei, um ohne das Auge vom Fernglas zu nehmen ihre Eindrücke festhalten zu können). Fragezeichen, die fast bei jedem längeren Spaziergang bleiben, lösen sich oft mit der Zeit, wenn weitere Beobachtungen gelingen. Für manche hartnäckige Fälle ist eben etwas Geduld nötig.

Die hier durch jeweils ein Bildpaar illustrierten Beispiele greifen drei typische Situationen aus der Praxis heraus:

Ein Vogel sitzt so, daß er nur eine Körperseite oder einen Teil der Merkmale dem Beobachter zur Bestimmung anbietet. Um ihn nicht vorzeitig zu verscheuchen, harrt man geduldig

Ein kleiner Vogel turnt wie eine Meise an den dünnen Birkenzweigen herum. Der Vergleich mit den Birkenkätzchen läßt die Abschätzung der Körpergröße zu: Der Vogel ist sicher kleiner als ein Spatz. Im Gegenlicht ist gerade noch eine rosarötliche Färbung der Unterseite zu erkennen. Keine Meise hat eine solche Unterseitenfärbung. Für einen Gimpel (S. 76) ist der Vogel viel zu klein; ferner paßt das Verhalten nicht. Auch Hänflinge (S. 86) sind etwas größer, keine ausgesprochenen Zweigturner und im Winter in der Regel nicht häufig in Mitteleuropa. Jahreszeit, Größe und Gestalt sowie die rote Unterseitenfärbung, aber auch die typische Nahrungspflanze verraten den Birkenzeisig, einen unserer kleinsten Finkenvögel, der in vielen Gegenden als Wintergast zu erwarten ist.

aus. Doch leider fliegt er dann doch weg.

Ein Vogel gestattet zwar ausgiebiges Beobachten und präsentiert sich von allen Seiten, doch leider ist der Beobachter gezwungen, gegen das Licht zu schauen. Im Gegenlicht sind Farben und Kontrastmerkmale schlecht wahrzunehmen und man muß sich mit wenigen Merkmalen begnügen.

Oft ist die Entfernung, aus der sich ein Vogel noch ungestört beobachten läßt, zu groß, um alle wichtigen Details so zu erkennen, wie sie das Foto aus nächster Nähe zeigt.

In solchen Fällen erhält man also nur Teilinformationen zur Bestimmung der Vogelart. Man muß die erkannten Merkmale zu einem Gesamtbild zu er-

gänzen versuchen. Dabei spielen oft auch das Verhalten oder Lautäußerungen eine Rolle, die man durch den bloßen Vergleich mit Bildern nicht absichern kann. Vielfach wird der begleitende Text Hilfsinformationen geben. Wichtig ist in solchen Fällen immer, neben einer möglichst großen Zahl hilfreicher Einzelmerkmale den Gesamteindruck des beobachteten Vogels zu registrieren. Bei der Auswertung der erfaßten Einzelheiten hilft dann oft der Vergleich mit bekannten Vögeln weiter. Durch Ausschließen von Möglichkeiten läßt sich nicht selten die Diagnose so einengen, daß schließlich der Fall geklärt werden kann. Manche Fälle lösen sich auch im Nachhinein durch weitere Erfahrungen.

Selbst aus größerer Entfernung sind die wichtigsten Merkmale des Eisvogels zu erkennen, auch wenn man den leuchtend türkisfarbenen Rücken nicht sehen kann. Die Einordnung der Größe ist durch Vergleich mit Schilfhalmen und -blättern möglich: etwa so groß wie Spatz. Langer Schnabel und weißer Wangenfleck als auffallender Kontrast sind die für den Einsatz des Bestimmungsschlüssels am lin-

ken Textrand wichtigen Merkmale. Der Vergleich mit dem Foto beseitigt alle etwa noch vorhandenen Zweifel.

In diesem Fall wäre man vielleicht auch durch einfaches Blättern im Bildteil des Buches ohne Mühe zum Ziel gekommen, da der bunte Vogel vom Beobachter aus im Rückenlicht zu sehen ist. Bei Gegenlicht sind jedoch weitere Hilfsmerkmale wichtig.

Hinweise zum Aufbau des Buches

Selbst ein guter Vogelkenner kann nicht alle Vögel auf Anhieb sicher ansprechen und das lexikalische Aufzählen vieler Vogelarten macht noch lange keinen Kenner der Natur aus. Doch mit dem Aussehen und dem Verhalten der häufigsten Vögel in unserer mitteleuropäischen Kulturlandschaft sollte jeder, dem es um die Erhaltung der Natur und ihrer Geschöpfe ernst ist, vertraut sein. Dieser Führer bietet eine Hilfe dazu an, sich die nötigen Kenntnisse für ernsthaftes und genußreiches Vogelbeobachten anzueignen, ohne daß spezielles Fachwissen oder gar fachliche Ausbildung vorausgesetzt wird.

Um dieses Ziel zu erreichen und auch zu weiterer Vertiefung mit der vogelkundlichen Fachliteratur anzuregen, bietet dieser Vogelführer an:

- Eine Zusammenstellung aller weit verbreiteten, auffälligen und häufigen Vogelarten sowie eine Auswahl seltener Vögel;
- Abbildung des erwachsenen Vogels durch Farbfotos, wo nötig in verschiedenen Kleidern;
- Anordnung der Arten nach äußeren Ähnlichkeiten auf den ersten Blick;
- einfache Symbole und Angaben auf der linken Randleiste für die rasche erste Orientierung;
- Ergänzung des Farbfotos durch vereinfachte Silhouetten auf der Textseite, Querverweise und knappe Hinweise auf Dinge, die besonders zu beachten sind;
- eingehende Beschreibung des Aussehens der im Foto dargestellten Vögel; übersichtliche und kurze Hinweise auf Lautäußerungen, Lebensraum, jahreszeitliche und räumliche Verbreitung sowie auf Verhalten, Nahrung, Nest und Brutzeiten;

- Auswahl von Farbfotos und kurzen Beschreibungen einiger Nester, Gelege und Jungvögel im Anschluß;
- Flugskizzen und -silhouetten zur Ergänzung der Farbfotos;
- einen Vogelkalender (S. 18);
- eine systematische Übersicht der behandelten Vogelfamilien und der dazugehörenden Arten dieses Buches (S. 231).
- Allgemeine Abschnitte und Anleitungen, z. B. Vogelbeobachtung, Vogelschutz, Erklärung von Fachausdrücken, Hinweise auf weitere Literatur.

Ganz ohne Mühe und Ausdauer wird es freilich nicht abgehen, denn auch mit einem handlichen Führer, der rasch die wichtigsten Auskünfte gibt, läßt sich die Natur ihre Geheimnisse nicht so leicht entreißen.

Im Hauptteil sind 149 Vogelarten mit Farbfotos abgebildet und ausführlich beschrieben. Sie alle kommen regelmäßig als Brutvögel oder Gäste in Mitteleuropa vor. Als Mitteleuropa ist im wesentlichen der deutschsprachige Raum mit den Beneluxländern zusammengefaßt. Alle häufigen und weit verbreiteten Arten, denen man in diesem Gebiet überall begegnen kann, sind in diesem Hauptteil enthalten, dazu noch einige für bestimmte Landschaften charakteristische Vogelgestalten, wie z. B. typische Alpen- oder Küstenvögel. Nicht alle der abgebildeten und beschriebenen Vogelarten wird man also an jedem Ort treffen; auch manche weit verbreitete Arten entziehen sich durch versteckte Lebensweise der Beobachtung. Mit etwa 60–80 Vogelarten kann man im Laufe der Zeit in einem abwechslungsreichen Landschaftsausschnitt rechnen; Experten entdecken sicher noch weit mehr.

Manche Vogelarten lassen sich durch einen Vergleich der Farbfotos sicher bestimmen. In den meisten Fällen aber sehen sich Vögel zumindest auf den ersten Blick so ähnlich, daß die Entscheidung schwerfällt. Nicht immer hat man auch alle Kennzeichen sicher erkannt. Merkmale, die auf den ersten Blick erfaßt werden können, sind ungefähre Größe, Besonderheiten der Gestalt (z. B. langer Schnabel, lange Beine, langer Schwanz) und markante Helligkeitskontraste. Auf der linken Seitenleiste kann man sich anhand dieser Merkmale nach Symbolen rasch orientieren und dann die in Frage kommenden Vogelarten auf den Fotos näher in Augenschein nehmen. Mit der schwierigen Frage, zu welcher systematischen Gruppe der beobachtete Vogel gehört, braucht man sich zunächst nicht zu befassen. Sie kann durch einen Blick in den Begleittext bzw. auf die systematische Übersicht der behandelten Vogelarten (S. 231) nach der Bestimmung beantwortet werden. Die Anordnung der Vögel nach grober Ähnlichkeit erlaubt raschen Vergleich in Zweifelsfällen. Man sieht gleich, welcher Vogel bei strittigen Beobachtungen noch in Frage kommen könnte. Sehr ähnliche (und daher oft auch sehr nah verwandte Vogelarten), wie z. B. Sumpf- und Weidenmeise oder Halsband- und Trauerschnäpper, sind nach Möglichkeit auf einer Seite neben oder untereinander abgebildet, um direkten Vergleich zu gestatten.

Das Farbfoto zeigt den erwachsenen Vogel und wo nötig auch unterschiedliche Kleider von Männchen und Weibchen. Manche Unterschiede sind allerdings auch auf dem besten Foto schwer zu erkennen. Nicht immer entspricht der beobachtete Vogel in allen Einzelheiten dem fotografischen Abbild. Das Gefieder kann je nach Beleuchtung und Jahreszeit etwas unterschiedlich aussehen, das Foto stellt aber jeweils nur eine Moment-aufnahme dar. Eine Überprüfung der Bestimmung nach dem Foto durch den beschreibenden Text ist daher als nächster Schritt zu empfehlen. Die Beschreibung enthält auch Hinweise auf Verwechslungsmöglichkeiten sowie wichtige Angaben über die Stimme, die jahreszeitliche Verbreitung und die Häufigkeit. Knappe Angaben zum Verhalten und über Nest und Brutzeiten sind vor allem dann wichtig, wenn man feststellen will, ob die beobachtete Vogelart nur Gast oder möglicherweise auch Brutvogel in einem bestimmten Gebiet ist.

Nicht alle Beobachtungen lassen sich auf diese Weise bestimmen. Sehr große Ähnlichkeit zwischen manchen Arten, unterschiedliche Kleider in den einzelnen Jahreszeiten und bei flüchtiger Beobachtung nicht erkannte Merkmale lassen Zweifel offen. Auch überschneiden sich manchmal die in den Symbolen angedeuteten Merkmale etwas. Querverweise im Text des Hauptteils helfen aber in manchen strittigen Fällen weiter. Entscheidungshilfen ergeben sich ferner aus den Silhouettenbildern.

Manchmal hilft freilich nur der Vergleich der Stimmen, worauf ein Symbol am Beginn der Artbeschreibung hinweist (s. S. 16). Weitere Angaben führen zur Abbildung und Beschreibung von Nestern und Gelegen (40 Arten) sowie von Jungvögeln (26 Arten). Damit sind alle wichtigen Ereignisse bei den häufigsten der bei uns vorkommenden Vögel illustriert und beschrieben, so daß der Führer nicht nur ein rasches Erkennen des einzelnen Vogels fördert, sondern auch eine erste Einführung in die Lebensweise der wichtigsten Vogelarten gibt.

Eine Reihe von selteneren Arten, denen man gelegentlich einmal in bestimmten Lebensräumen begegnet, ist im Anschluß an den Hauptteil kurz behandelt und in charakteristischen Fotos vorgestellt (44 Arten).

Wer sich über einige Fachausdrücke der Vogelkunde informieren will, findet auf S. 39 eine Übersicht über die wichtigsten Ausdrücke zur Beschreibung des Vogels und auf S. 35 ein kurzes Glossar. In der Praxis wird man mit relativ wenigen Fachausdrücken auskommen.

Der Vogelkalender auf S. 18–25 kann nicht nur dazu beitragen, die Wahrscheinlichkeit einer Beobachtung noch einmal zu überprüfen. Er soll vielmehr auch dazu helfen, Vogelbeobachtungen vorzubereiten, vor allem im Frühjahr, wenn nach und nach die Zugvögel eintreffen.

Wie lernt man Vögel kennen?

Mit der Hilfe eines guten Vogelbuches kann man viel über Aussehen und Verhalten der Vögel lernen. Doch auch ein hervorragender Vogelführer ersetzt eigene Erfahrung nicht; er kann bestenfalls Anleitung für das Beobachten geben und helfen, das Gesehene richtig einzuordnen (vgl. S. 6). Das sorgfältige Studium von Text und Bild kann auch eine wichtige Vorbereitung sein auf das, was den angehenden Vogelbeobachter in bestimmten Lebensräumen oder zu einzelnen Jahreszeiten erwartet.

Für die Vogelbeobachtung ist neben einem zuverlässigen Führer – fortgeschrittene Vogelbeobachter legen sich meist eine kleine Fachbibliothek an – ein gutes Fernglas mit Vergrößerung 8–10 mal unbedingt erforderlich. Nur selten sieht man Vögel so nah, wie etwa am Futterhaus oder im Winter am Parkteich, daß man alle Merkmale sicher erkennen kann. Ganz abgesehen davon ist größere Entfernung schon deshalb wichtig, um Vögel möglichst ungestört beobachten zu können. Ein Notizbuch bei längeren Spaziergängen zum raschen Notieren der Eindrücke ist dringend zu empfehlen, denn oft hat man viele Details schon wieder vergessen, die man dann gern zu Hause nachlesen würde.

Die Beobachtung und das sichere Ansprechen von Vögeln beschränken sich aber nicht nur auf die Wahrneh-

mung von Form und Farbe. Vögel sind lebendige Wesen, die sich bewegen und oft sehr charakteristisch verhalten. Einzelne Bewegungsweisen, wie etwa das Schwanzzittern der Rotschwänze, der Wellenflug der Spechte, das Rütteln des Turmfalken oder das Schwanzzucken des Teichhuhns, sind für das Erkennen einer Art oft wichtiger als Einzelheiten der Gefiederfärbung. Man kann Verhaltensweisen beschreiben oder durch Zeichnungen veranschaulichen, doch eigene Beobachtung führt zur notwendigen Erfahrung, einen Vogel unter verschiedenen Bedingungen wiederzuerkennen.

Ebenso vielfältig wie Form, Farbe und Verhalten sind die Lautäußerungen der Vögel. Oft hört man einen Vogel, bevor man ihn sieht. Ohne umfassende Kenntnisse der Stimmen kann kein Vogelbeobachter auskommen. Manche optisch sehr ähnlichen Arten sind viel leichter an den Lautäußerungen oder sogar überhaupt nur am Gesang sicher auseinanderzuhalten. Um sich in die Gesänge und Rufe der Vögel einzuhören, muß man nicht ausgesprochen musikalisch sein. Mit etwas Übung wird man rasch einige häufige Vogellaute sicher kennenlernen und nach und nach den Kreis erweitern. Kassetten und Platten von Vogelstimmen oder Vergleiche mit bekannten Vogellauten, auch sprachliche Umschreibungen helfen weiter, doch viele Probleme lassen sich nur draußen »vor Ort« lösen. Besonders förderlich für das Kennenlernen der Vogelstimmen ist die Teilnahme an Exkursionen, wie sie häufig von Fachverbänden oder regionalen Vogelkennern durchgeführt werden.

Vögel kann man zu jeder Jahreszeit beobachten. Am schwierigsten sind für den Beginn der Spätsommer und Herbst, wenn viele Vögel Schlichtkleider tragen oder sich wenig bemerkbar machen. Am günstigsten ist der Winter für den Anfänger, denn kahle Laubbäume geben die Sicht frei, Futterhäuschen oder Parkgewässer bringen uns manche Arten viel näher als zu anderen Jahreszeiten. An sonnigen Spätwinter- und Vorfrühlingstagen beginnen einige Arten schon zu singen, so daß man leichter als im vollen Vogelkonzert im April und Mai sich Stimmen einprägen kann. Im Winter und Vorfrühling hat man es mit weniger Arten zu tun und kann sich daher allmählich einarbeiten.

Ein weiterer wichtiger Rat für den Anfänger ist, sich zunächst einmal auf die Vögel der nächsten Umgebung zu konzentrieren. Man wird erstaunt sein, wie viele verschiedene Arten gewissermaßen vor der Haustür zu hören und zu sehen sind. Die beste Tageszeit für die Vogelbeobachtung ist der frühe Morgen. Dann ist nicht nur der Gesang am aktivsten, sondern auch der Lärm der menschlichen Umwelt am geringsten. Auch in Abendstunden, vor allem im Frühjahr, lebt die Sangestätigkeit wieder auf. Erst wenn man sich in vertrauten Lebensräumen, wie dem Stadtpark, im nahen Wald oder auf Grünland und im Feldgehölz mit den wichtigsten Vogelgestalten vertraut gemacht hat, wird man mit Erfolg auch neue Arten in anderen Lebensräumen oder gar in fernen Gebieten (z.B. Alpen, Meeresküste) entdecken.

Mehrere Jahre dauert es, bis man das Repertoire der heimischen Vogelwelt mit Auge und Ohr beherrscht. Doch schon in wenigen Wochen kann man sich mit den häufigen Vogelgestalten ums Haus oder auf dem kurzen Parkspaziergang vertraut machen. Auch nach langjähriger Erfahrung wird man immer wieder auf Neuigkeiten stoßen oder vor kleinen Rätseln stehen. Es wird nie langweilig.

Wie findet man eine Vogelart in diesem Buch?

Erläuterung des Schnellbestimm-Systems

Um einen Vogel möglichst sicher einordnen zu können, sind verschiedene Entscheidungen nötig, ehe man den optischen Eindruck mit den Bildern und der Beschreibung vergleicht. Die drei grundlegenden Entscheidungen sind die Einschätzung der Größe, eine grobe Beschreibung der Gestalt und die Frage nach auffälligen Helligkeitskontrasten in der Gefiederzeichnung.

1. Entscheidung: Welche Größe hat der Vogel?

Die Größe eines Vogels einzuschätzen, ist viel schwieriger als man auf den ersten Blick glauben möchte. Unterschiedliche Abstände zwischen Beobachter und Vogel, aber auch verschiedener Hintergrund täuschen mitunter völlig falsche Größenrelationen vor. Dazu kommt, daß unterschiedliche Gestalt den subjektiven Größeneindruck entscheidend bestimmt. Langbeinige, langflügelige oder langschwänzige Vögel wirken oft größer als gleichgroße oder sogar kleinere Arten ohne solche auffälligen Gestaltsmerkmale. Auch sehr lebhaft gefärbte Vögel mit kontrastreicher Gefiederzeichnung wirken größer als gleichgroße, unscheinbar gefärbte. Nicht zu vergessen ist, daß die Größe eines Vogels, so wie sie der Beobachter sieht, ja lediglich der Umriß des Federkleides und nicht des Körpers ist. Derselbe Vogel hat bei aufgeplustertem oder eng angelegtem Körpergefieder unterschiedliche Größe (und Gestalt)!

Der Vergleich mit einem Gegenstand bekannter Größe in der Nähe, z. B. Dachziegel, Baumblatt, Isolatoren einer Leitung, Zaunpfosten, kann bei ruhig sitzenden Vögeln oft weiterhelfen (s. auch S. 6–8). Doch häufig fehlen solche Schätzhilfen, z. B. wenn ein fliegender oder sitzender Vogel gegen den Himmel, gegen einen gleichförmigen Hintergrund oder im Gewirr der Äste zu bestimmen ist. Und abgesehen davon ist der Vogel ein bewegliches Objekt, das sich grundsätzlich nur schwer mit starren Maßstäben vergleichen läßt. Die Bewegung liefert eine Fülle von Zusatzinformationen, die das Gehirn zu einem Gesamteindruck verarbeitet, der mitunter erheblich von der Skala einer Meßlatte abweicht.

Die Bewegung des Vogels eröffnet aber eine neue Möglichkeit der Größenschätzung, nämlich die der relativen Größenbestimmung von Vögeln untereinander. Im allgemeinen gilt: Je größer ein Vogel, desto langsamer die relative Bewegung der Flügel und Beine, aber auch Wendungen des gesamten Körpers. Ausnahmen gibt es natürlich für besondere Anpassungen. Allgemein ist bei der Einschätzung der Größe eines Vogels der Vergleich mit bekannten Vogelgestalten und ihrer Bewegung ein besonders wichtiger Anhaltspunkt, vor allem der Vergleich mit Arten ähnlicher Gestalt und Lebensweise.

Beispiele: Die kleinen Laubsänger bewegen sich viel hastiger durchs Geäst als die größeren Grasmücken. Laubsänger und die winzigen Goldhähnchen rütteln gelegentlich wie Kolibris vor einer Zweigspitze, die deutlich größeren Kohlmeisen oder Gartengrasmücken kaum. Dohle, Rabenkrähe und Kolkrabe lassen sich an der Frequenz des Flügelschlages auch aus größerer Entfernung gegen den grauen Winterhimmel, der eine Größenbestimmung sehr schwierig macht, richtig einordnen. Dasselbe gilt für Möwen oder Gründelenten unterschiedlicher Größe. Kernbeißer und Gimpel bewegen sich viel gemächlicher bei der Nahrungsaufnahme als die viel kleineren Zeisige; Blau- und Tannenmeisen sind unruhiger als Kohlmeisen.

Die relative Größeneinteilung der Vögel in diesem Buch orientiert sich an bekannten Vogeltypen. Wir unterscheiden 6 Größenordnungen:

 kleiner als Sperling;

 etwa so groß wie Sperling;

 größer als Sperling bis gut Amselgröße;

 größer als Amsel bis etwa Taubengröße;

 größer als Taube bis etwa Haushuhn;

 größer als Haushuhn.

Diese 6 Größenklassen stellen die Hauptuntergliederung des Bestimmungsteiles dar. Sie sind auf der Randspalte jeder Seite gekennzeichnet durch

- kurze Texterklärung;
- ein entsprechendes Symbol. Weiße Silhouette steht dabei für »ausschließlich«, schwarze für »einschließlich«; Symbol »weißer Sperling, schwarze Amsel« heißt also: größer Sperling (d.h. ohne spatzengroße Vögel) bis Amsel (einschließlich der Arten von Amselgröße).
- Zusätzlich wurde jeder Größenklasse eine Farbmarkierung zugeordnet, die demjenigen, der sich in das System eingearbeitet hat, einen raschen Zugriff zu jeder Größenklasse erlaubt. **Diese Farbe gibt also keinerlei Hinweise auf mögliche Gefiederfärbung.**

Die Kategorien sind nicht immer scharf voneinander zu trennen, da nach dem oben Gesagten genaue Maßangaben in Zentimetern oder in Gramm Körpergewicht für den ersten Eindruck oft nicht entscheidend sind. Kritische Fälle werden aber jeweils in beiden in Frage kommenden Größenklassen aufgeführt, so daß man auch bei strittiger Entscheidung zum Ziel kommt (s. Kasten auf S. 16).

Manche Arten lassen sich schwer mit anderen Vögeln vergleichen, weil ihre Gestalt Sondermerkmale aufweist. Das gilt z. B. für die dickköpfigen und weichbefiederten Eulen, die als einzige Abweichung der Größeneinteilung alle zusammen in der Kategorie der Vögel über Taubengröße zu finden sind, obwohl z. B. der Steinkauz deutlich kleiner ist. Man findet einen entsprechenden Textverweis aber auch bei der anderen Größenklasse.

2. Entscheidung: Hat der Vogel eine auffällige Gestalt?

Auch wenn die Beleuchtungsverhältnisse ungünstig sind, Farben und Gefiederzeichnung sich also nur schwer erkennen lassen, kann man bei manchen einheimischen Vogelarten schon eine sichere Zuordnung durch Besonderheiten der Gestalt erreichen. Feine Proportionsverhältnisse freilich und einzelne Gefiedermerkmale, wie z. B. kleine Federhäubchen am Kopf, sind nicht immer zuverlässig und häufig nur nach langer Übung richtig einzuschätzen. Ein massiger Körper kann durch Aufplustern der Körperfedern bei Kälte zustande kommen; ein Federhäubchen verschwindet beim Anlegen der Scheitelfedern; umgekehrt kann das Sträuben der Oberkopffedern bei großer Erregung eine Federholle vortäuschen. Manche typischen Gestaltsmerkmale des Federkleides sind oft nur zu bestimmten Jahreszeiten oder bei besonderem Verhalten erkennbar

(z. B. Erpellocke der Stockente, Halskrause beim Kampfläufer oder Haubentaucher, gesträubte Federhaube beim Wiedehopf).

Im Bestimmungsschlüssel sind daher nur folgende auffällige Gestaltsmerkmale enthalten:

 langer Schnabel (z. B. Eisvogel, Baumläufer, Bekassine, Säbelschnäbler, Brachvogel);
langer Beine (z. B. Watvögel, Reiher);
langer Hals (z. B. Haubentaucher, Schwan, Storch);
langer Schwanz (z. B. Elster, Schwanzmeise, Flußseeschwalbe).

Sie alle werden unter dem gleichen Symbol dargestellt, d. h. es spielt keine Rolle, welches der genannten Kriterien erfüllt ist.

Dieses Symbol bezeichnet die Arten, die keine der zuvor aufgeführten auffälligen Gestaltsmerkmale zeigen.

Das zutreffende Symbol ist auf der linken Randspalte jeweils groß dargestellt, das nicht zutreffende erscheint kleiner.

3. Entscheidung: Auffällige Kontraste in der Gefiederzeichnung?

Wer sich allein nach der Färbung der Vögel orientiert, wird bald Enttäuschungen erleben. Unter den einheimischen Arten sind braune und graue Farbtöne weit verbreitet; die meisten Arten sind oberseits dunkler; sehr viele haben einen mehr oder minder deutlichen hellen Überaugenstreif. So gelten also solche Farbmerkmale für viele, oft gar nicht näher miteinander verwandte Vogelarten. Hinzu kommt, daß die Farben durch die Beleuchtung und die Färbung des Hintergrundes im subjektiven Eindruck so stark verändert werden können, daß zumindest der Anfänger manchmal Fotos oder Farbabbildungen ratlos gegenübersteht. Oft sieht man einzelne Farben überhaupt nicht (z. B. bei Gegenlicht oder bei trübem Himmel). Ferner können zwischen den Geschlechtern oder Alt- und Jungvögeln einer Art erhebliche Farbunterschiede bestehen oder manche Kleider nur zu bestimmten Zeiten im Jahr gesehen werden. Je nach dem Stand der Mauser (Gefiederwechsel) gibt es auch Übergangsstadien, die nicht alle abgebildet werden können.

Die grundlegende Entscheidung über die Gefiederfärbung ist daher in diesem Buch auf das Vorhandensein oder Fehlen auffälliger Helligkeitskontraste reduziert.

 Kein auffallender Helligkeitskontrast und keine auffälligen, scharf abgegrenzten weißen oder hellen Abzeichen im Gefieder, die auch auf weite Entfernung sichtbar sind.

 Auffällige Kontraste im Gefieder, z. B. schwarze Kopfkappe und weiße Wangen, weißes Flügelfeld, schwarzweiße Kopfzeichnung, scharfer Unterschied zwischen dunkler Ober- und weißer Unterseite, weißes Gefieder mit dunklen Abzeichen, weißer Bürzel (oft nur im Abflug zu sehen).

Solche Kontraste sind meistens das ganze Jahr über sichtbar, doch bei manchen Arten nur den Männchen oder den Altvögeln vorbehalten. Entsprechende Hinweise auf kontrastarme Schlichtkleider finden sich aber in der jeweiligen Gruppe des Bestimmungsschlüssels. Manche Kontraste beschränken sich auch auf kleine Gefiederpartien (z. B. Kormoran), die nur manchmal deutlich zu sehen sind oder nicht jedem Beobachter auffallen. Auch in solchen unsicheren Fällen kommt man zum Ziel, da Hinweise auf die betreffende Vogelart auch beim jeweils anderen Symbol zu finden sind.

Man sollte auch beachten, daß für die Einordnung eines Vogels in eine der beiden Gruppen nur die Helligkeitskontraste maßgeblich sind, nicht irgendwelche Farben, die bei schlechten Beobachtungsbedingungen oft nicht erkannt werden (s. oben). Deshalb steht z. B. das Rotkehlchen in der Gruppe »ohne auffällige Helligkeitskontraste«.

Die beiden Symbole können manchmal scheinbar auch im Widerspruch zu den hier abgebildeten Fotografien stehen. Dabei ist zu bedenken, daß gestochen scharfe Fotos aus nächster Nähe, oft unter Verwendung von Blitzlicht manche Kleinigkeiten in der Gefiederzeichnung des Vogels besonders hervorheben, die man bei der Freilandbeobachtung aus größerer Entfernung nicht sieht. Helligkeitsunterschiede im Gefieder von Grasmücken oder Piepern und anderen Kleinvögeln, wie sie auf Porträtfotos deutlich werden, sind aus größerer Entfernung meist gar nicht wahrzunehmen und daher als Bestimmungskriterien weitgehend ungeeignet. Die meisten dieser Kleinvögel sind daher unter dem Symbol fehlender Farbkontraste zu finden. Umgekehrt wirken manche Vögel in der Nahaufnahme nicht so kontrastreich wie sie durch ihr Verhalten oder ihre Bewegung aus größerer Entfernung dem Beobachter erscheinen. Strittige Fälle sind durch Querverweise leicht aufzuspüren.

Es kann vorkommen, daß manche Arten aufgrund der gewählten Bestimmungskriterien nicht eindeutig einer Gruppe zugeordnet werden können. Aber auch dann findet man die richtige Vogelart im Buch. Ein Textverweis (kenntlich gemacht durch Fettdruck und einen Rahmen) am Ende der Gruppe, in der man die Art irrtümlich gesucht hat, verweist auf die richtige Seitenzahl

Was ist sonst noch zu beachten?

Weitere Informationen sind durch einige Abkürzungen und Symbole im Text zu entnehmen. Dabei bedeuten:

[♪] Manche Arten sind optisch einander so ähnlich, daß auch die besten Bilder und Beobachtungsbedingungen kaum sichere Unterscheidungskriterien erkennen lassen. Dann aber sind oft Lautäußerungen ein unverzichtbares Erkennungsmerkmal. Das Symbol weist darauf hin, wenn Lautäußerungen zur Unterscheidung ähnlicher Arten wichtig sind. In diesen Fällen sollte besonders auf den Text zur Stimme geachtet werden.

[R] Die Art ist in der Roten Liste der Bundesrepublik Deutschland verzeichnet (Stand 1. 1. 1987, vgl. S. 26). Der Grad der Bedrohung wird durch die Ziffern 1–4 bezeichnet. Dabei bedeuten:
1 = sehr stark bedroht,
2 = stark bedroht,
3 = bedroht,
4 = potentiell bedroht.
Die genaue Erklärung der Kategorien befindet sich im Text ab S. 26.

[J] Von dieser Art sind Jungvögel auf S. 206–212 abgebildet.

[N] Von dieser Art sind Eier bzw. Nest auf S. 214–222 abgebildet.

[S] Von dieser Art ist auf S. 224–230 die Silhouette des Flugbildes zu finden.

[H] Die Hauptbeschreibung dieser Art befindet sich auf der angegebenen Seite, oft mit ergänzenden Angaben zu Nest und Jungvögeln.

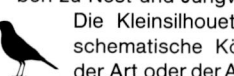 Die Kleinsilhouette gibt die schematische Körpergestalt der Art oder der Artengruppe (z. B. Stelzen) in Seitenansicht wieder als zusätzliche Suchhilfe beim Durchblättern der Textseiten. Größenverhältnisse zwischen den Arten sind dabei nicht berücksichtigt.

Abkürzungen im Text:
♂ = Männchen
♀ = Weibchen
juv. = Jungvogel
ad. = Altvogel

Beispiel Rasche Bestimmung einer Vogelart mit Hilfe der Symbole auf der Randleiste am Beispiel der Elster *(Pica pica)*.

Entscheidung	Ergebnis	Symbol	in Frage kommende Seiten
1. Größe des Vogels?	größer Amsel bis Taube	größer Amsel bis Taube	122–147 (durch die Farbe Rot leicht aufzufinden)
2. Auffällig lange Körperstrukturen?	ja, wegen des langen Schwanzes (das zutreffende Symbol ist hier das größere)	größer Amsel bis Taube	122–133
3. Auffällige Helligkeitskontraste?	ja, deutliche Schwarz-Weiß-Kontraste vorhanden (das zutreffende Symbol ist hier das größere)	größer Amsel bis Taube	122–129

Beim Durchblättern der verbleibenden 4 Doppelseiten kann man die Art rasch finden, da alle übrigen Vögel dieser kleinen Restgruppen anders aussehen.

Vogelkalender

In unseren Breiten ist das Leben der Vögel mehr oder minder eng in den Gang der Jahreszeiten eingepaßt. Allerdings arbeitet der Zeitplan der Vögel nicht auf den Tag exakt; er ist bei vielen Arten sogar sehr ungenau. Dies hat seinen Grund: Auch unsere mit hohem technischen Aufwand erarbeiteten Wettervorhersagen enthalten nur eine gewisse Wahrscheinlichkeit und treffen keineswegs immer genau ein. Die Trefferquote nimmt stark ab, wenn über mehrere Tage oder sogar Wochen Vorhersagen formuliert werden sollen. Entgegen landläufiger Meinung ahnen auch Vögel die Witterung nicht voraus. Früher Abzug der Zugvögel oder frühes Eintreffen von Wintergästen sagt also nichts darüber aus, welche Witterung wir im kommenden Winter zu erwarten haben. Wegen dieser Unsicherheit ist ein gewisser Spielraum im Fahrplan also sehr sinnvoll, weil er eine Anpassung an die aktuelle Situation zuläßt. Bei ungünstiger Witterung wird der Beginn der Eiablage z. B. etwas verschoben; ein langer schöner Herbst hält viele Zugvögel noch etwas zurück.

Am genauesten wird der Zeitplan von Langstreckenziehern eingehalten, die in den Tropen überwintern und daher einen sehr weiten Weg haben. Sie treffen meist am spätesten von allen Zugvögeln ein und ziehen am frühesten wieder ab. Ende April bis Mitte Mai kommen die meisten von ihnen an ihren Brutplätzen in Mitteleuropa an und verlassen sie schon ab August wieder. In der kurzen Zeit ihrer Anwesenheit muß alles gut geplant sein, damit die Jungen rechtzeitig vor dem Wegzug ins Winterquartier ihre volle Flugfähigkeit erreichen. Kurzstreckenzieher, die in Südeuropa und im Mittelmeergebiet ihr Winterquartier

haben, kehren schon ab Anfang März (manchmal schon Ende Februar) zurück und ziehen meist erst im Oktober ab. Sie sind im allgemeinen wesentlich »unpünktlicher« als Langstreckenzieher. Auch der Beginn der Brutzeit liegt nicht auf den Tag genau fest. Schwankungen von Jahr zu Jahr oder auch innerhalb einer Population am Ort können hier sehr beträchtlich sein.

In einem so reich gegliederten geographischen Raum wie Mitteleuropa kommt aber noch dazu, daß die Zeitpläne der Vögel von Landschaft zu Landschaft ganz verschieden liegen. Manche Kurzstreckenzieher oder Teilzieher (vgl. Glossar S. 35) verbringen schon in milden Gegenden Südwestdeutschlands oder des Schweizer Mittellandes den Winter, während in den kontinentaleren Klimabereichen des Ostens oder im rauhen Klima der Mittel- und Hochgebirge die Brutplätze völlig geräumt werden. Auch kleinräumig beobachtet man große Unterschiede. Wenn die Amseln im geschützten Stadtpark schon die ersten Jungen haben, liegen draußen im Wald gerade die ersten Eier im Nest. Vor allem das Ende der Brutzeit ist bei vielen Arten sehr unscharf festgelegt. Verluste von Gelegen können manchmal noch durch Ersatzgelege ausgeglichen werden. Bei vielen Arten unternehmen manche Individuen nach Abschluß der ersten noch eine zweite Brut, andere nicht.

Doch nicht nur durch unterschiedliches Verhalten mitteleuropäischer Vögel ergeben sich Ungenauigkeiten im Zeitablauf. Zu den Zugzeiten im Frühjahr und Herbst, aber auch im Winter, halten sich neben einheimischen Vögeln vielfach auch Angehörige fremder Brutpopulationen aus Nord- und Osteuropa bei uns auf.

Wenn z. B. einheimische Schafstelzen schon mit der Eiablage begonnen haben, sind skandinavische Brutvögel noch auf dem Durchzug anzutreffen. Die großen winterlichen Saatkrähenschwärme sind noch nicht abgezogen, wenn die wenigen einheimischen Brutvögel ihre Kolonien aufgesucht und mit dem Nestbau begonnen haben. Oft kann man während des Frühjahrs oder im Herbst an einem Ort mehrere Maxima des Durchzuges bei einzelnen Arten beobachten, ein Hinweis darauf, daß Vögel unterschiedlicher Herkunft auf der Wanderung sind. So kann in Einzelfällen z. B. der Durchzug der Schwalben oder des Zilpzalps Wochen oder gar Monate dauern. In der Regel läuft der Frühjahrszug ins Brutgebiet viel rascher ab als der Herbstzug ins Winterquartier.

Die Folgen dieser vielen Einflüsse auf den Zeitplan der Vögel ist eine breite Streuung der Termine. Ein Vogelkalender kann also nur ungefähre An- und Abwesenheit oder Beginn und Ende der Brutzeit einer Vogelart markieren. Einzelne Nachzügler oder sich im Zeitplan abweichend verhaltende Vögel kann man auch weit außerhalb der angemerkten Zeiten gelegentlich beobachten, z. B. das Zurückbleiben eines Wintergastes oder verspätete Abzügler eines Zugvogels. Solche »Ausreißer« gehören auch zum normalen Bild der Natur im jahreszeitlichen Wechsel.

Ein Blick auf den Vogelkalender kann in vielen Fällen die Wahrscheinlichkeit einer Beobachtung etwas absichern helfen und andererseits darauf aufmerksam machen, wenn die Beobachtung in eine außergewöhnliche Jahreszeit fällt. Für das Eintreffen und den Abzug der Zugvögel lassen sich aus langjährigen Beobachtungen, die im nachfolgenden Kalender zusammengefaßt sind, nur ungefähre Termine entnehmen, z. B. etwa die Monatshälfte, in der die ersten oder letzten Vögel einer Art zu erwarten sind. Die wichtigsten Brutzeitmonate sind Mai und Juni, viele Arten beginnen aber schon im April mit dem Brutgeschäft und hören erst Ende Juli auf. Noch im August kann man bei manchen Arten mit nicht selbständigen Jungvögeln rechnen. Vor allem die Frühsommermonate sind also für den Bestand vieler Arten entscheidend. Jetzt sind die Vögel besonders empfindlich gegenüber Störungen aller Art.

Auch manche Arten, die nicht zu den ausgesprochenen Zugvögeln zählen, zeigen starke Bestandsschwankungen im Jahreslauf. Auch solche Erscheinungen sind selbstverständlich von Gegend zu Gegend verschieden. Besonders auffällige und vor allem in weiten Teilen Mitteleuropas zu beobachtende Bestandsänderungen im Gang der Jahreszeiten sind dem Kalender zu entnehmen; andererseits sind viele Vögel zumindest in manchen Jahren auch zu Zeiten, in denen sie an und für sich ihren größten Bestand erreichen, nicht überall anzutreffen.

Im einzelnen bedeuten:

 Die Vogelart ist jetzt am häufigsten (Brutbestand, Durchzug, Wintergäste).

 Durch Abzug von Wintergästen oder eines Teils der Brutvögel Bestand klein oder in manchen Gebieten jetzt nicht anwesend.

 Brutzeit: Eier und Junge im Nest (bzw. noch nicht flügge Jungvögel, die von Altvögeln geführt werden). Durch gleichzeitige Anwesenheit von Gästen oder Durchzüglern kann der Vogel häufiger sein (dunkel unterlegt), durch Abzug von nichtbrütenden Gästen oder eines Teils der Brutvögel seltener werden (schraffiert unterlegt).

Vogelkalender

	J	F	M	A	M	J	J	A	S	O	N	D
Sterntaucher												
Prachttaucher												
Haubentaucher												
Rothalstaucher												
Schwarzhalstaucher												
Zwergtaucher												
Kormoran												
Graureiher												
Nachtreiher												
Zwergdommel												
Rohrdommel												
Weißstorch												
Höckerschwan												
Singschwan												
Saatgans												
Graugans												
Kanadagans												
Nonnen-/Ringelgans												
Brandente												
Pfeifente												
Schnatterente												
Krickente												
Stockente												
Spießente												
Knäkente												
Löffelente												
Tafelente												
Reiherente												
Eiderente												
Schellente												
Gänsesäger												
Steinadler												
Mäusebussard												

Vogelkalender

	J	F	M	A	M	J	J	A	S	O	N	D
Rauhfußbussard												
Sperber												
Habicht												
Rotmilan												
Schwarzmilan												
Seeadler												
Wespenbussard												
Rohrweihe												
Wiesenweihe												
Kornweihe												
Fischadler												
Baumfalke												
Wanderfalke												
Turmfalke												
Alpenschneehuhn												
Birkhuhn												
Auerhuhn												
Haselhuhn												
Rebhuhn												
Wachtel												
Fasan												
Kranich												
Wasserralle												
Tüpfelsumpfhuhn												
Wachtelkönig												
Teichhuhn												
Bläßhuhn												
Austernfischer												
Kiebitz												
Flußregenpfeifer												
Seeregenpfeifer												
Bekassine												
Waldschnepfe												

Vogelkalender

	J	F	M	A	M	J	J	A	S	O	N	D
Großer Brachvogel												
Uferschnepfe												
Rotschenkel												
Grünschenkel												
Bruchwasserläufer												
Flußuferläufer												
Alpenstrandläufer												
Kampfläufer												
Säbelschnäbler												
Mantelmöwe												
Heringsmöwe												
Silbermöwe												
Sturmmöwe												
Lachmöwe												
Schwarzkopfmöwe												
Dreizehenmöwe												
Trauerseeschwalbe												
Flußseeschwalbe												
Zwergseeschwalbe												
Hohltaube												
Ringeltaube												
Turteltaube												
Türkentaube												
Kuckuck												
Schleiereule												
Uhu												
Waldkauz												
Waldohreule												
Stein-/Rauhfußkauz												
Ziegenmelker												
Mauersegler												
Eisvogel												
Wiedehopf												

Vogelkalender

	J	F	M	A	M	J	J	A	S	O	N	D
Grünspecht												
Grauspecht												
Schwarzspecht												
Buntspecht												
Mittelspecht												
Kleinspecht												
Wendehals												
Heidelerche												
Haubenlerche												
Feldlerche												
Uferschwalbe												
Rauchschwalbe												
Mehlschwalbe												
Schafstelze												
Gebirgsstelze												
Bachstelze												
Baumpieper												
Wiesenpieper												
Wasserpieper												
Neuntöter												
Rotkopfwürger												
Raubwürger												
Seidenschwanz												
Wasseramsel												
Zaunkönig												
Alpenbraunelle												
Heckenbraunelle												
Feldschwirl												
Schilfrohrsänger												
Sumpfrohrsänger												
Teichrohrsänger												
Drosselrohrsänger												
Gelbspötter												

Vogelkalender

	J	F	M	A	M	J	J	A	S	O	N	D
Gartengrasmücke												
Mönchsgrasmücke												
Klappergrasmücke												
Dorngrasmücke												
Zilpzalp												
Fitis												
Berglaubsänger												
Waldlaubsänger												
Wintergoldhähnchen												
Sommergoldhähnchen												
Grauschnäpper												
Trauerschnäpper												
Halsbandschnäpper												
Nachtigall												
Blaukehlchen												
Rotkehlchen												
Gartenrotschwanz												
Hausrotschwanz												
Schwarzkehlchen												
Braunkehlchen												
Steinschmätzer												
Misteldrossel												
Wacholderdrossel												
Amsel												
Rotdrossel												
Singdrossel												
Schwanzmeise												
Beutelmeise												
Haubenmeise												
Sumpfmeise												
Weidenmeise												
Blaumeise												
Kohlmeise												

Vogelkalender

	J	F	M	A	M	J	J	A	S	O	N	D
Tannenmeise												
Kleiber												
Waldbaumläufer												
Gartenbaumläufer												
Grauammer												
Goldammer												
Rohrammer												
Schneeammer												
Buchfink												
Bergfink												
Girlitz												
Zitronengirlitz												
Grünling												
Stieglitz												
Erlenzeisig												
Birkenzeisig												
Hänfling												
Karmingimpel												
Fichtenkreuzschnabel												
Kernbeißer												
Gimpel												
Haussperling												
Feldsperling												
Star												
Pirol												
Eichelhäher												
Elster												
Tannenhäher												
Alpendohle												
Dohle												
Saatkrähe												
Rabenkrähe												
Kolkrabe												

Vogelschutz

Artenschutz als gesetzliche Aufgabe

Die Erhaltung von Pflanzen und Tieren ist gesetzliche Pflicht. So dient z. B. das »Gesetz über Naturschutz und Landschaftspflege (Bundesnaturschutzgesetz)« der Bundesrepublik Deutschland und viele darauf aufbauenden Vorschriften »... dem Schutz und der Pflege der wildwachsenden Pflanzen und wildlebenden Tiere, ihrer Entwicklungsformen, Lebensstätten, Lebensräume und Lebensgemeinschaften als Teil des Naturhaushaltes (Artenschutz)«.

Vogelschutz als Teil des gesetzlich definierten Artenschutzes ist also mehr als z. B. das Füttern der Singvögel im Winter oder das Aufhängen einiger Nistkästen für höhlenbrütende Singvögel. Sein Ziel ist, den Fortbestand überlebensfähiger Bestände (Populationen) wildlebender Vogelarten in ökologisch funktionsfähigen Lebensstätten zu sichern. Erhaltung und Pflege solcher Lebensräume ist nicht nur in fernen Resten naturnaher Landschaften oder in Reservaten, sondern auch in der Zivilisationslandschaft gewissermaßen vor unserer Haustüre notwendig. Artenschutz schließt daher eine Vielzahl von Maßnahmen ein, die nur dann Erfolg bringen können, wenn sie aufeinander abgestimmt, also Bestandteile einer umfassenden Planung sind.

Fachbehörden und Fachverbände müssen unter Einsatz wissenschaftlicher Erkenntnisse, wirtschaftlicher Möglichkeiten und technischer Entwicklungen im Vollzug der bestehenden gesetzlichen Grundlagen dieser hohen Verantwortung gerecht zu werden versuchen. Dies kann aber nur gelingen, wenn auch der Einzelne sich für den Artenschutz einsetzt.

Rote Listen

Trotz zahlreicher Gesetze und vielfältiger Bemühungen hat die Bedrohung der Vogelwelt in letzter Zeit in erschreckendem Maße zugenommen; sie hält auch derzeit in einem immer größeren Tempo an. Einige Teilerfolge konsequenter Vogelschutzarbeit, wie die Rettung des Wanderfalken kurz vor dem Aussterben oder die Sicherung der Brutplätze einiger Küstenvögel, können daran grundsätzlich nichts ändern. Sie zeigen aber, daß die Rettung bedrohter Arten durch sinnvolle Schutzmaßnahmen durchaus noch möglich ist.

Besonders dringliche Probleme des Vogelschutzes stellen die Arten, die von Expertengremien in sogenannte Rote Listen zusammengefaßt werden. Für Europa hat der Europarat schon vor rund 20 Jahren 28 Vogelarten in einer Resolution für besonders schutzbedürftig erklärt. Nicht weniger als 13 von ihnen sind Greifvögel und Eulen, und ebenfalls 13 Arten sind an Gewässer oder Feuchtgebiete gebunden.

Die bisher letzte Fassung der Roten Liste der in der Bundesrepublik Deutschland und in Berlin (West) gefährdeten Vogelarten, die der Dachverband der Deutschen Avifaunisten und die Deutsche Sektion des Internationalen Rates für Vogelschutz zusammengestellt haben, zeigt folgende bestürzende Situation (Stand 1. Januar 1987):

Als Brutvögel in der Bundesrepublik verschwunden (Kategorie 0) sind 18 Arten, davon 12 erst in unserem Jahrhundert. So gut wie alle diese verschwundenen Arten waren allerdings von jeher selten oder lebten auf dem Gebiet der heutigen Bundesrepublik am Rande ihrer natürlichen

Verbreitungsgrenze. Bei Verschlechterung der Lebensbedingungen sind solche Arten immer die ersten, die das Feld räumen müssen. Unter ihnen sind besonders gefährdete Großvögel, die viel Platz brauchen und heute in ganz Europa bedroht sind, wie die Großtrappe, viele Wasser- und Sumpfvögel (z. B. Doppelschnepfe, Papageitaucher, Raubseeschwalbe, Rosenseeschwalbe) und große Greifvögel und Eulen (Fischadler, Gänsegeier, Schreiadler, Schlangenadler, Habichtskauz). Nur drei von ihnen sind kleine Singvögel (Steinsperling, Seggenrohrsänger, Steinrötel). Einige dieser verschwundenen Arten erscheinen heute noch als regelmäßige Gäste (z. B. Fischadler) und haben gelegentlich in der letzten Zeit auch gebrütet (Fischadler, Steinrötel). Vielleicht kann man mit ihrer Wiederansiedlung rechnen. In Österreich wird derzeit der Gänsegeier wieder ausgesetzt. Derartige Versuche ändern natürlich nichts am allgemeinen katastrophalen Bild.

Nicht weniger als 41 Arten sind so stark bedroht, daß ihr Verschwinden als Brutvögel in der Bundesrepublik Deutschland (wie auch aus anderen Ländern Mitteleuropas) zu befürchten ist (Kategorie 1). 5 Jahre vorher waren es noch 30 Arten. Hierzu zählen folgende Vogelarten, für die mindestens eines der folgenden Kriterien gilt:

(1) Arten, die über Jahrzehnte im gesamten heimischen Verbreitungsgebiet zurückgegangen sind oder in wenigen Jahren sehr stark abgenommen haben.

(2) Arten, die auf kleinen Bestand zurückgegangen sind oder nur noch sporadisch brüten.

(3) Arten, die nur in einer oder in wenigen kleinen Populationen vorkommen mit rückläufiger Tendenz.

Einige dieser Arten sind nicht zuletzt durch den aktiven Naturschutz, und vor allem im jahrzehntelangen Einsatz privater Arbeitsgruppen bis jetzt vor dem endgültigen Verschwinden erfolgreich bewahrt worden. Dies gilt z. B. für Kranich, Schwarzstorch, Seeadler und Wanderfalke. Beim Seeadler ist es allerdings noch gar nicht sicher, ob er bei uns überleben kann.

Einige weitere Arten haben noch stabile Restbestände, die hoffen lassen, daß sie als bundesdeutsche Brutvögel erhalten bleiben, so z. B. Birkhuhn (in den Alpen), Blaukehlchen, Felsenschwalbe, Flußseeschwalbe (vor allem an der Küste), Flußuferläufer, Gänsesäger, Schwarzhalstaucher; einige scheinen sich auch von einem Tief etwas erholt zu haben, wie z. B. die Wiesenweihe. Man muß aber bei der Beurteilung von Vogelarten, die sich nur auf einen Bestand von wenigen Brutpaaren stützen können, sehr vorsichtig sein. Schon ein einziges zufälliges Ereignis kann das endgültige Aus bedeuten.

Katastrophal verlief die Entwicklung in den letzten Jahren für die bundesdeutschen Brutbestände folgender Arten: Alpenstrandläufer, Drosselrohrsänger, Goldregenpfeifer, Kleines Sumpfhuhn, Kornweihe, Raubwürger, Rohrdommel, Wachtelkönig, Trauerseeschwalbe, Weißstorch, Kornweihe, Raubwürger, Rohrdommel und Zwergdommel. Sie stellen im Augenblick ganz besondere Anforderungen an den Artenschutz. Um den Weißstorch bemühen sich auch internationale Arbeitsgruppen, da der Rückgang in der Bundesrepublik keineswegs isoliert dasteht.

37 Arten gelten nach der neuesten Aufstellung als stark bedroht (Kategorie 2); vor 5 Jahren waren es noch 23. Hierunter versteht man Arten, die folgende Kriterien erfüllen:

(1) Arten, die nahezu im gesamten heimischen Verbreitungsgebiet zurückgehen.

(2) Arten, die mindestens in zwei Bundesländern (Flächenstaaten) ausgestorben sind.

(3) Arten, die nur in zwei oder drei Flächenstaaten verbreitet waren und in einem ausgestorben sind.

Ganz allgemein bekannte Vogelarten mußten nun in diese Kategorie aufgenommen werden, wie z. B. Baumfalke, Bekassine, Brachvogel, Braunkehlchen, Heidelerche, Neuntöter, Rebhuhn, Saatkrähe, Steinkauz, Steinschmätzer, Wachtel, Wendehals, Ziegenmelker. Besonders schlecht ist die Situation derzeit für folgende Arten in dieser Kategorie: Baumfalke, Bekassine, Brachvogel, Rebhuhn, Schwarzkehlchen, Tüpfelsumpfhuhn, Wachtel, Wendehals und Ziegenmelker.

Andere können sich noch auf ansehnliche Restbestände stützen und bei einigen von ihnen kann der Artenschutz kleine Erfolge vorweisen, z. B. Brandseeschwalbe und Küstenseeschwalbe (Seevogelschutzgebiete!), Steinkauz (Schutz von Biotopen, künstliche Nistgeräte), Uhu und Kolkrabe (hier vor allem Abschußverbot). Ein internationaler Erfolg des Vogelschutzes in Europa ist die Bestandserholung beim Kormoran. Durch den Schutz von niederländischen und dänischen Kolonien hat sich der europäische Brutbestand so gut erholt, daß neuerdings auch kleine Ansiedlungen in verschiedenen Teilen der Bundesrepublik erfolgten. Noch ist allerdings nicht abzusehen, ob dieser Aufwärtstrend zu einer dauernden Ansiedlung führt.

Hervorzuheben ist, daß in dieser Kategorie nicht nur Wasser- und Sumpfvögel oder lange Zeit verfolgte Großvögel einzureihen sind, sondern vor allem auch Bewohner extensiv genutzter Wiesen oder auch besonders trockener Standorte, die man gern als Ödland bezeichnet, von denen es einigen besonders schlecht geht. Braunkehlchen, Grauammer, Heidelerche, Rebhuhn, Schwarzkehlchen, Steinschmätzer und Ziegenmelker sind Vogelarten, bei denen man lange

nicht erkannt hat, wie sehr ihr bescheidener Lebensraum verschwindet oder zerstört wird.

24 bundesdeutsche Brutvogelarten werden neuerdings als bedroht eingestuft (Kategorie 3). Für ihre Bewertung müssen folgende Kriterien erfüllt sein:

(1) Arten, die in mehreren Teilen ihres heimischen Verbreitungsgebietes zurückgehen oder bereits verschwunden sind.

(2) Arten, die in mindestens einem Bundesland (Flächenstaat) ausgestorben sind.

(3) Arten mit großen Biotopverlusten, über die in Folge schwieriger Erfassung Aussagen über das Ausmaß des Rückgangs nicht gemacht werden können.

Man kann also hoffen, daß in dieser Kategorie einige sind, deren Situation noch besser ist, als man annimmt. Andererseits sind hier Arten enthalten, die jedem Naturfreund bis vor kurzem noch als häufige Brutvogelarten bekannt waren. Gerade diese Kategorie zeigt erschreckend, wie rasch sich die Situation für freilebende Tiere bei uns verschlechtert. Folgende Arten müssen heute schon als bedroht gelten: Berglaubsänger, Beutelmeise, Dohle, Dreizehenspecht, Gartenrotschwanz, Grünspecht, Habicht, Halsbandschnäpper, Hohltaube, Kiebitz, Rothalstaucher, Rotmilan, Schafstelze, Schleiereule, Schnatterente, Sperlingskauz, Schwarzmilan, Uferschwalbe, Waldschnepfe, Wasseramsel, Wasserralle, Wespenbussard, Wiesenpieper, Zwergtaucher. Besonders viele dieser Arten werden von der Entwicklung der Landwirtschaft, aber auch des Freizeit- und Erholungsbetriebes betroffen.

Potentiell bedroht (Kategorie 4) sind 24 Arten. Noch vor 5 Jahren zählte man in dieser Kategorie 35 Arten, die meisten von ihnen sind mittlerweile in höhere Gefährdungskategorien aufgestiegen. Potentiell bedroht bezeichnet man Arten, die in kleinen Populationen vorkommen oder akut bedroht waren und wieder deutlich zugenommen haben. Es sind dies Alpenbraunelle, Alpenschneehuhn, Alpensegler, Dreizehenmöwe, Eissturmvogel, Graureiher, Kolbenente, Mauerläufer, Mittelsäger, Nachtreiher, Purpurreiher, Rauhfußkauz, Rohrweihe, Schlagschwirl, Schneefink, Schwarzkopfmöwe, Sperber, Sprosser, Steinhuhn, Tordalk, Trottellumme, Wasserpieper, Zitronengirlitz sowie Zwergschnäpper. Einige von ihnen sind erst in den letzten Jahrzehnten nach Deutschland eingewandert oder haben ihr Verbreitungsgebiet vergrößert, wie z. B. Kolbenente, Nachtreiher, Purpurreiher und Schwarzkopfmöwe. Andere sind deswegen in die Rote Liste aufgenommen worden, weil sie nur auf kleine Gebiete beschränkt sind, wie z. B. die Alpenvögel.

Rote Listen geben aber nur die negative Seite einer Bilanz an. Manche Vogelarten sind in den letzten Jahrzehnten auch neu nach Deutschland eingewandert oder vergrößern ihr Verbreitungsgebiet. Die spektakulärste Einwanderung nach dem Krieg ist die Türkentaube, die heute überall bei uns häufig ist. Gegenwärtig scheinen Karmingimpel und Orpheusspötter nach Deutschland einzuwandern. Doch kann die Zunahme von Arten das Ausmaß von Abnahme und Verschwinden nicht aufwiegen, so daß die Bilanz tief in den roten Zahlen steckt und ihr Defizit ständig vergrößert.

Ähnliche Übersichten bestehen auch für andere europäische Länder und für die einzelnen Bundesländer in der Bundesrepublik Deutschland. Die Bilanz wird zunehmend bedrohlicher. So ist z. B. in Baden-Württemberg, einem Land, in dem der organisierte Vogelschutz in Mitteleuropa seinen Anfang nahm, in 3 Fassungen der Roten Liste von 1973–1980 der Anteil

gefährdeter Arten von 49,5 auf 57,1 Prozent angestiegen. In weniger als 10 Jahren mußten 17 Arten neu in die Rote Liste aufgenommen werden; nur eine Art konnte im gleichen Zeitraum entlassen werden.

Auch außerhalb der offiziellen Roten Listen werden die Bilanzen zunehmend negativer. Viele Singvögel, die oft noch nicht auf der Roten Liste stehen, zeigen gegenwärtig bedrohliche Bestandseinbußen. In einer groß angelegten Untersuchung der Vogelwarte Radolfzell ergaben sich in 10 Jahren unter 37 Singvogelarten für 26 Arten oder 70 Prozent negative Bestandsentwicklungen. Selbst derzeit noch häufige Arten sind von weitreichenden Rückgangserscheinungen betroffen.

Gefährdungsursachen

Die wichtigsten Ursachen für Rückgang und Aussterben von Vogelarten liegen im Landschaftsverbrauch des Menschen und der damit verbundenen Zerstörung oder zumindest Beeinträchtigung von Lebensräumen für Pflanze und Tier. Absichtliche Verfolgung oder unabsichtliche Tötung der Vögel spielt immer noch eine gewisse Rolle. Natürliche Veränderungen (z. B. Klima) kommen zu den vom Menschen verursachten Faktoren dazu. Die Beziehungen im einzelnen sind aber so kompliziert, daß es nicht einfach damit getan ist, ein paar Zahlen zu nennen oder Faktoren aufzulisten. Die Untersuchungen der wechselweise vernetzten Ursachen für den Rückgang der Vögel wird vielmehr zu einer kritischen Beurteilung unseres gesamten Lebensraumes, und Strategien, Gefahren und Mißstände zu beseitigen oder zumindest zu verringern, sind Beiträge für eine menschenwürdige Zukunft.

Viele menschliche Bedürfnisse führen zur Lebensraumzerstörung und Verbrauch von Landschaft und lassen daher Pflanzen und Tieren keine Chance mehr. Den ökologischen Auswirkungen von Eingriffen ist man sich vielfach immer noch nicht bewußt. Als wichtigste Komplexe von Gefährdungsfaktoren für die einheimische Vogelwelt haben sich herausgestellt:

Straßenbau und Verkehr bedeuten direkten Verlust von Lebensraum, eine Veränderung wichtiger Lebensvoraussetzungen, wie Wasserhaushalt oder Lokalklima, Umweltvergiftung in der unmittelbaren Umgebung, Vertreibung von Vögeln durch Lärm und andere Formen der Beunruhigung und nicht zuletzt Verluste durch Verletzung und Tötung, die manche Vogelarten besonders stark betreffen.

Immer noch sprunghaft nimmt die Zerstörung von Lebensraum durch Siedlungen und Industrieanlagen zu, letztere oft verbunden mit Umweltgefahren, die weit über die beanspruchte Fläche hinausreichen.

Eine umfassende Bedrohung der Vogelwelt ist die Folge der intensiven Landbewirtschaftung. Mindestens 15 Arten der Roten Liste in der Bundesrepublik Deutschland sind davon stark betroffen; für viele noch nicht in der Roten Liste aufgeführte Arten sind große Gefahren entstanden. In der sinnvollen Weiterentwicklung und vor allem Lösung der gegenwärtigen politischen und wirtschaftlichen Probleme der Landwirtschaft, die sich ihrer ökologischen Aufgaben stärker bewußt wird, liegt freilich auch eine große Chance, vieles zu verbessern und mancher gefährdeten Tierart das Überleben zu sichern.

Die Gefahren für die Vogelwelt liegen vor allem in der Veränderung der Struktur landwirtschaftlicher Betriebsflächen, wie z. B. Entwässerungen, Entstehung großer ausgeräumter, maschinengerechter Produktionsflächen, Umwandlung von Grünland in Ackerland, im Ausbau befestigter Wegenetze; ferner im Einsatz von Giften (Bioziden), in der intensiven Mineraldüngung und im Einsatz von Maschinen, die z. B. ein hohes Tempo der Bearbeitung, gründlichere und tiefere Umgestaltung des Bodens, aber auch große direkte Verluste (z. B. Gelege der Wiesenbrüter) bedingen.

Noch höher ist die Zahl der Arten auf der Roten Liste, für die sich aus der Forstwirtschaft Gefahren ergeben. Ein großer Teil der mitteleuropäischen Vogelwelt ist vom Wald als Lebensraum abhängig. Wichtige Faktoren sind z. B. kürzere Umtriebszeit (Bäume stehen kürzer, alte Bäume sind selten geworden), Aufforstung von Mooren, Heiden, Feuchtwiesen und Waldwiesen, Aufgabe alter Bewirtschaftungsformen, Umwandlung von Laub- und Mischwäldern in einförmige Nadelforsten, Entwässerung von Bruch-, Auen- und Moorwäldern. Das auf den Wald in jeder Form hereingebrochene Waldsterben, dessen Ursache zum größten Teil auf die Auswirkungen der Industriegesellschaft zurückzuführen sind, überlagert viele dieser auf der traditionellen Entwicklung des Waldbaues beruhenden Ursachen und wird für viele bisher noch keineswegs als gefährdet einzustufende Vogelarten ein großes Überlebensproblem darstellen. Noch sind die Auswirkungen gar nicht abzusehen.

Wasserbau und Gewässernutzung haben schon seit Mitte des 19. Jahrhunderts in katastrophaler Weise auf Lebensgemeinschaften und damit auch auf Vögel eingewirkt. Moderne Methoden eines mehr ökologisch ausgerichteten Ausbaus der Fließgewässer stecken erst in den Anfängen und haben vor allem die Folgen der früheren Jahrzehnte noch nicht ausgeglichen. Der Ausbau von Flüssen und Bächen hat für 25 bedrohte Arten große Gefahren mit sich gebracht und vielerorts ganze Bestände total ausradiert. Hinzu kommt die Austrocknung von Feuchtgebieten aller Art, die Zerstörung von Uferregionen, die z. B. Auwald oder Schilfgebiete bis auf kleine Reste reduziert haben. Die intensive Nutzung vieler Gewässer und vor allem die Gewässerverschmutzung kommen als weitere Faktoren der Lebensraumzerstörung dazu.

Wasserbau kann auch Lebensraum schaffen. Viele Stauseen, die z. B. als Rückhaltebecken für den Wasserhaushalt oder der Gewinnung von Elektrizität dienen, haben sich als hervorragende Wasservogelreservate entwickelt, aber nur dann, wenn es gelang, ökologische Gesichtspunkte zu berücksichtigen und vor allem eine ungebremste Freizeit- und Erholungsnutzung zu verhindern.

Freizeitaktivitäten sind heute für alle naturnahen Lebensräume zu einer großen Belastung geworden und damit für viele Arten zu einer entscheidenden Bedrohung. Massierte Erschließung und Nutzung zerstören ökologische Strukturen und Lebensräume. Hier sind z. B. Vernichtung von Ufervegetation und Schilfbeständen an Gewässern, Zerstörung der alpinen Rasengesellschaft durch Anlage von Skipisten, Vernichtung empfindlicher Pflanzengesellschaften durch Begehen und Befahren, Verschmutzung von Seen, Bodenverdichtungen (besonders in Mooren) usw. zu nennen. Großer Landschaftsverbrauch entsteht durch Freizeiteinrichtungen aller Art, wie Fußballplätze, Plätze für Modellflieger, Golfplätze, Parkplätze aller Art, riesige Campinganlagen bis hin zu Hotelburgen.

Zu all dem kommt aber noch eine große Zahl unmittelbarer Störungen, die zum Abwandern von Vogelpopulationen oder zur Vernichtung der Nachkommenschaft führt. Meist sind sich viele Erholungssuchende solcher Störungen gar nicht bewußt und weisen Verantwortung entrüstet zurück, wenn man ihre an und für sich harmlose Freizeitbeschäftigung in Beziehung mit der Zerstörung von Leben in der Natur bringt. Nachgewiesen ist aber für viele solcher Aktivitäten, daß sie bei regelmäßiger Ausübung empfindliche Störungen für entsprechende Lebensgemeinschaften hervorrufen, sei es durch Angeln, Baden, Campen, Drachenfliegen, Grillen in freier Natur, Geländefahrten, Hunde frei laufen lassen, Joggen, Kanu- und Kajakfahren, Modellflugsport, Skilanglaufen, Windsurfen usw. Viele dieser Tätigkeiten werden illegal oder mit ausdrücklicher gesetzlicher Duldung regelmäßig auch in Naturschutzgebieten erlaubt! Vergessen darf man dabei auch immer noch nicht die mutwillige Störung von Vögeln durch Naturbeobachter und Tierfotografen.

Neben dem unmittelbaren Verbrauch der Landschaft wirken sich Umweltchemikalien als direkte Vergiftung auf Vögel aus oder können sich als langlebige Substanzen innerhalb von Nahrungsketten anreichern und vor allem bei Endgliedern, wie z. B. Greifvögeln, Eulen oder Fischjägern, hohe Konzentrationen aufweisen. Die Folgen sind Schädigungen im Erbgut, negative Wirkung auf die Fortpflanzung und auf das Verhalten der Vögel. Schädlingsbekämpfungsmittel (Pestizide) und Schwermetalle spielen dabei eine entscheidende Rolle; Pflanzenvernichtungsmittel (Herbizide) wirken sich über die Beseitigung von Pflanzen und davon abhängige Kleintiere in manchen Ökosystemen durch Vernichtung von Nahrungsgrundlagen negativ auf den Vogelbestand aus.

Unter der direkten Verfolgung von Vögeln spielt die Jagd für manche Arten immer noch eine wenig rühmliche Rolle. Sie greift unmittelbar in die Bestände ein oder wirkt als Störungsfaktor in manchen Lebensräumen. Dies gilt z. B. für die Jagd auf Wasservögel, die trotz gesetzlicher Vorschriften in manchen Gebieten nach wie vor einen großen Risikofaktor darstellt. Auch wird von jagdlicher Seite immer noch der Abschuß von Greifvögeln, vor allem des Habichts und des für das Niederwild wirklich harmlosen Mäusebussards gefordert und zu oft auch von Behörden bewilligt.

Die neuerliche Diskussion um den Schutz bzw. die Dezimierung von Eichelhäher, Elster und Rabenkrähe zeigt bei vielen Jägern, aber auch bei manchen Naturschützern, eine erschreckende Unkenntnis über die wirklichen Bestandsverhältnisse solcher Arten und die Beziehungen zwischen Gliedern einer Lebensgemeinschaft. Viele solcher Probleme sind durch Schutz und Pflege von Lebensräumen zu lösen. Graureiher und Kormoran sind Beispiele für immer noch nicht überwundene einseitige Auffassung der Bekämpfung von Vögeln als Schädlinge und manche weitere selten gewordene Vogelart wird regelmäßig illegal verfolgt. Fast jährlich werden neue Forderungen auf Verminderung bestimmter Vogelarten auch aus den unsinnigsten Gründen erhoben. Hier ist noch viel Aufklärungsarbeit zu leisten.

Direkte Verlustursachen haben sich in der heutigen Zivilisationslandschaft durch die zahlreichen Freileitungen und durch viele hohe Gebäude, Masten und andere Anlagen erhöht. Gerade durch den Stromschlag kommen viele seltene Großvögel zu Tode.

Zugvögel werden schließlich auch außerhalb unseres Landes stark verfolgt. Internationale Regelungen und Einschränkung der Jagd oder dessen, was man dafür hält, ist für die Erhaltung auch unserer mitteleuropäischen Vogelbestände von entscheidender Bedeutung. In immer stärkerem Maße werden Zugvögel in ihren Winterquartieren und Rastgebieten durch Umweltchemikalien vernichtet, da dort z. T. auch noch Stoffe angewendet werden dürfen, die bei uns längst verboten sind. Die Vernichtung von kleinen und großen Rastgebieten spielt ebenfalls eine entscheidende Rolle für Zugvögel, da sie in ganz entscheidendem Maße auf die Auffüllung ihres »Treibstoffvorrates« an bestimmten Stellen ihres oft langen Zugweges angewiesen sind.

Schutz- und Hilfsmaßnahmen

Um den Rückgang der Vogelwelt und mit ihr der übrigen Tierwelt aufhalten zu können, sind langfristige und umfassende Hilfs- und Schutzprogramme nötig. Keine Tierart kann ohne ausreichenden Lebensraum existieren. Schutz und Erhaltung von Lebensraum (Biotopschutz) steht daher oben an.

Biotopschutz bedeutet Erhaltung von Landschaftsteilen und -ausschnitten, die vor allem als naturnahe Lebensräume einer Vielfalt von Tierarten das Überleben garantieren oder für die Existenz besonders bedrohter Arten von entscheidender Bedeutung sind. Ein wichtiger und unverzichtbarer Beitrag hierzu ist der rechtliche Schutz eines Gebietes, z. B. als Naturschutzgebiet, Naturdenkmal oder gar Nationalpark. Aber die Zahl der Naturschutzgebiete ist zu gering, ihre Ausdehnung viel zu klein, um den Fortbestand der Vogelwelt zu sichern. Nicht einmal 1 Prozent der Fläche der Bundesrepublik Deutschland wird von Naturschutzgebieten eingenommen. Außerdem sind die meisten Schutzgebiete nicht nach den Bedürfnissen der Tierarten, die sie schützen sollen, ausgesucht, sondern oft dort eingerichtet worden, wo sie den Menschen am wenigsten stören. Heute lassen sich in vielen Gegenden kaum mehr ausreichende Flächen für die Einrichtung von Schutzgebieten finden.

Wenn es dann zur Schutzverordnung kommt, wird durch zahlreiche Einsprüche und Auflagen das Schutzziel oft stark in Frage gestellt. Naturschutzgebiete bilden oft isolierte Inseln, die von negativen Entwicklungen der Umgebungen stark betroffen werden, vor allem wenn sie von vornherein viel zu klein geplant sind. Außerdem sind die Rechtsverordnungen oft so großzügig gehalten, daß viele menschliche Aktivitäten, die Tiere gefährden, erlaubt sind. In der Regel dürfen Land- und Forstwirtschaft, Jagd und Fischerei und auch manche Freizeitaktivitäten innerhalb der ohnehin engen Grenzen der Schutzgebiete stattfinden. Die meisten Schutzgebiete sind nicht regelmäßig beaufsichtigt oder kontrolliert, so daß auch illegale Störungen und Veränderungen die freilebende Tierwelt gefährden. Nicht wenige Schutzgebiete stehen also nur mehr oder minder auf dem Papier.

Zu den gesetzlichen Schutzgebieten bemühen sich Naturschutz- und Vogelschutzverbände um weitere Sicherung von Flächen, z.B. durch Ankauf und Pacht. Gezielt ausgesuchte Brutplätze oder Nahrungsflächen für besonders bedrohte Arten können auf diese Weise gerettet werden.

Aber auch streng geschützte und gesicherte Reservate können zumindest auf Dauer nicht sich selbst überlassen bleiben. Gefährliche Einflüsse und Entwicklungen von außen, aber auch natürliche Abläufe müssen kontrolliert und beobachtet werden, um den Zweck des Schutzgebietes sicherzustellen. Kontrolle und Überwachung, wissenschaftliche Untersuchung, pflegende und gestaltende Eingriffe sind in der Regel nötig. Man faßt diese Aktivitäten häufig als Gebietsmanagement zusammen. Eine Feuchtwiese, Brutplatz für viele bedrohte Vogelarten, muß z.B. regelmäßig gemäht werden, um über Jahre hinweg erhalten zu bleiben. Eine extensive Nutzung ist häufig Voraussetzung, damit manche Lebensräume erhalten bleiben. Verträge mit Landnutzern, wie Forst- und Landwirten, sind daher notwendig, oft aber auch gezielter Einsatz von Wasserbauämtern, Flurbereinigungen, Naturschutzbehörden und viel Arbeit ehrenamtlich tätiger Mitglieder von Natur- und Vogelschutzverbänden.

Neben der Sicherung von Flächen ist aber auch die Erhaltung bestimmter Strukturen in der Landschaft von entscheidender Bedeutung für den Fortbestand vieler Vogelarten. Pflege und Erhaltung von Feldgehölzen und Hecken, von alten Bäumen, von manchen traditionellen Kulturformen, wie den Streuobstwiesen, die Sicherung kleiner Wasserflächen usw. ist heute zu einer wichtigen Aufgabe des Artenschutzes in allen Teilen unserer Landschaft geworden. Manche dieser einzelnen Bestandteile sind rechtlich völlig ungeschützt, z.B. Feldraine, Abbrüche, Gräben, Böschungen usw.; ja selbst eine etwas verwilderte Staudenflur ist schon zu einem Problem geworden. Die vielseitige Tätigkeit von Natur- und Vogelschützern kann hier zahlreichen Vogelarten helfen.

Neben der Erhaltung bestehender wertvoller und naturnaher Gebiete und Strukturen spielt heute in zunehmendem Maße auch die Wiederherstellung von Biotopen eine wichtige Rolle. Eingriffe in die Landschaft lassen sich häufig wieder reparieren. Aus künstlichen Stauseen sind hervorragende Wasservogelreservate geworden, eine kleine Kiesbaggerung kann zu einem wertvollen Lebensraum werden. Selbst Bahndämme und Straßenböschungen, Parkanlagen und Gärten lassen sich so gestalten, daß ein Optimum an Hilfe für die bedrohte Natur entsteht. Allerdings sind für sinnvolle Maßnahmen eingehende Kenntnisse der Pflanzen- und Tierwelt eine wichtige Voraussetzung. Manches kann man der Natur auch selbst überlassen, ohne immer gleich mit menschlichen »Rekultivierungsmaßnahmen« eingreifen zu müssen.

Lebensräume aus zweiter Hand entstehen nicht selten von selbst; sie bedürfen dann oft nur der Überwachung und Lenkung, um schädliche Entwicklungen rechtzeitig zu erkennen.

Grundlage von sinnvollen Maßnahmen des Lebensraumschutzes und der Lebensraumschaffung ist aber die wissenschaftliche Forschung und die Umsetzung von fachlichen Ergebnissen in die Praxis. Dies erfordert umfassende Beratung und Schulung. Selbst über die Lebensweise häufiger Vogelarten sind wir vielfach noch nicht ausreichend unterrichtet, um sicher sagen zu können, welche Eigenschaften ein Lebensraum aufweisen muß, um den Bestand zu sichern. Umfassende Untersuchungen und Planungen sind auch die Voraussetzung für einzelne gezielte Hilfsmaßnahmen, die besonders bedrohte Arten retten sollen. Der Katalog von möglichen Hilfen ist groß:

Die Bewachung von Brutstätten seltener und durch menschliche Zugriffe besonders bedrohter Vogelarten hat sich seit vielen Jahrzehnten in den Seevogelschutzgebieten an den Küsten von Nord- und Ostsee bewährt. Auch im Binnenland ist die Bewachung von Möwen- oder Seeschwalbenkolonien, selbst mitten in Naturschutzgebieten, unverzichtbar. Konsequente Brutplatzbewachung hat bei Wanderfalke, Seeadler oder Uhu das endgültige Aussterben dieser Arten verhindern helfen. Nicht selten müssen auch heute noch Nistplätze gefährdeter Arten vor Neugierigen, Fotografen oder »Naturfreunden« geschützt werden.

Sicherung von Brutplätzen kann auch dadurch erreicht werden, daß man dem Nutzungsberechtigten den entgangenen Verdienstausfall bezahlt, wenn er beispielsweise wichtige Arbeiten auf die Zeit nach dem Ausfliegen der Jungen verschiebt.

Bei zahlreichen Vogelarten haben sich Nisthilfen dort bewährt, wo natürliche Nistplätze nicht mehr in ausreichender Zahl angeboten werden. Brutinseln für Wasservögel, Plattformen für Greifvogel- oder Storchennester, Bruthöhlen für Hohltaube, Rauhfußkauz, Schellente oder Gänsesäger, zahlreiche Nistgeräte für höhlen- und nischenbrütende Singvögel usw. haben sich in jahrelanger Vogelschutzarbeit bewährt. Natürlich hat das Anbringen von geeigneten Nistgeräten nur dann Sinn, wenn die umgebende Landschaft auch ausreichend Nahrung und Sicherung vor Störungen bietet.

Manche Einzelaktivitäten werden auch gerne etwas übertrieben, z. B. das sogenannte Kurzhalten von Feinden oder Konkurrenten oder die Fütterung in Notzeiten. Das massenhafte Singvogelfüttern in Großstädten trägt sicher nicht wesentlich zur Erhaltung einer artenreichen heimischen Vogelwelt bei. Andererseits kann sinnvolles Vogelfüttern in der kalten Jahreszeit manche Notsituation überbrücken helfen. Das Füttern der Vögel sollte vor allem nicht darüber hinwegtäuschen, daß manchmal das Anpflanzen von beerentragenden Sträuchern, das Stehenlassen von Distelstauden oder die Anlage eines kleinen Tümpels auf lange Sicht mehr bringt als das gefüllte Futterhaus.

Zu den Hilfs- und Rettungsmaßnahmen zählt schließlich auch die Bestandsstützung oder Wiederansiedlung. Den gefährdeten Bestand einer Vogelart durch Zusetzen von gezüchteten Individuen zu stärken oder gar eine regional bereits ausgestorbene Vogelart wieder anzusiedeln sind natürlich Verzweiflungsmaßnahmen, die nur dann Aussicht auf Erfolg haben können, wenn geeigneter Lebensraum vorhanden ist. Obwohl solche Projekte sehr populär sind, hat sich doch herausgestellt, daß sie außerordentlich kosten- und zeitaufwendig sind und nur in den wenigsten Fällen eine gewisse Chance auf Gelingen besteht.

Ganz allgemein hat zu gelten, daß vorsorglicher Lebensraumschutz und andere Hilfsmaßnahmen in der Regel viel erfolgversprechender und vor allem auch weniger aufwendig sind. So herrscht unter den Experten heute die einhellige Meinung, daß z. B. die schwindenden Weißstorchbestände in Mitteleuropa nicht durch sogenannte Pflege- und Aufzuchtstationen zu retten sind, sondern vor allem durch Erhaltung und Neuschaffung geeigneter Nahrungsräume in der Kulturlandschaft, die auch den Jungen eine ausreichende Ernährung während ihrer Nestlingszeit sichern.

Glossar

Art Eine natürliche Fortpflanzungsgemeinschaft von Organismen. Sie wird mit dem zweiten, stets kleingeschriebenem Wort des lateinischen Namens bezeichnet.

Avifauna Vogelwelt, z. B. die Vogelarten eines bestimmten Gebietes in ihrer Gesamtheit.

Biotop Lebensraum einer Lebensgemeinschaft von Pflanzen und Tieren, häufig auch für die Bezeichnung des Lebensraums einer einzigen Tierart verwendet, den man aber korrekter als Habitat bezeichnen müßte. Der (nicht das!) Biotop ist also keineswegs nur ein besonderes naturnahes oder schützenswertes Gebiet. Zu den Biotopen der Kulturlandschaft zählen z. B. auch City, Villenviertel, Ödflächen, Ackerland usw.

Brutvogel Vogelart, die in einem Gebiet nicht nur vorkommt, sondern dort auch brütet.

Dunen Federn ohne Kiel mit weichen Federästen, die entweder als erste Federgeneration bei Jungvögeln auftreten oder als wärmendes »Unterkleid« unter dem Körperfedern erwachsener Vögel sitzen.

Ethologie Verhaltenskunde.

Familie Gruppe aus mehreren Gattungen, die gewisse Gemeinsamkeiten aufweisen.

Feldornithologie Vogelforschung im Freiland.

Gattung Gruppe ähnlicher Arten, die mit dem ersten, stets großgeschriebenen Wort des lateinischen Namens gekennzeichnet wird. Beispiel: Viele Möwen zählen zu der Gattung *Larus*, u. a. Lachmöwe *(Larus ridibundus)*, Silbermöwe *(Larus argentatus)* und Sturmmöwe *(Larus canus)*.

Gastvogel Vogelart, die in einem Gebiet regelmäßig oder auch nur selten vorkommt, jedenfalls dort nicht brütet.

Gelege Satz von Eiern, die von einem Weibchen bei einem Brutversuch gelegt werden. Normalerweise schwankt er zwischen einem Ei (manche Großvögel) und etwa 15 bis 20 Eiern (manche Hühnervögel). Auch innerhalb einer Art kann die Gelegegröße variieren.

Gesang Mehr oder minder komplizierte und oft in Strophen gegliederte Lautäußerungen zur Fortpflanzungszeit. Meist singen die Männchen; die Gesänge sind für die Art typisch und daher meist gut zu unterscheiden. Die Funktionen des Gesangs sind verschieden, z. B. Reviermarkierung, Anlockung von Weibchen. Nicht nur Singvögel singen; Gesänge sind keinesfalls immer wohltönend.

Horst Jägerausdruck für große Nester (z. B. von Greifvögeln, Störchen usw.).

Hudern Wärmen der Eier oder Jungen im Bauchgefieder.

Iris Regenbogenhaut im Auge.

Jahresvogel Vogelart, die zu allen Jahreszeiten in einem Gebiet zu beobachten ist.

Kolonie Vogelnester, die mehr oder minder dicht beisammenstehen, z. B. auf einigen Bäumen (Graureiher) oder auf dem Boden (z. B. Möwen und Seeschwalben).

Kurzstreckenzieher Zugvogel, der früh zu den Brutplätzen zurückkehrt und spät abzieht. Für Kurzstreckenzieher Mitteleuropas liegen die Winterquartiere nördlich der Sahara in Südeuropa und im Mittelmeergebiet.

Langstreckenzieher Zugvögel, die von ihren Brutgebieten in Mittel- und Nordeuropa bis in die Tropen ziehen und z. B. in Afrika von der Sahelzone bis südlich des Äquators überwintern.

Mauser Gefiederwechsel. Ausgewachsene Federn sind tote Gebilde und können nicht mehr nachwachsen. Sie fallen aus und werden durch neue Federn ersetzt. Die meisten Vögel mausern einmal im Jahr zu bestimmten Zeiten ihr ganzes Gefieder in gesetzmäßiger Weise (Vollmauser, Jahresmauser). Oft wird im Winter oder Frühjahr noch ein Teil des Gefieders gewechselt (Teilmauser) und dann ein buntes Brutkleid bei den Männchen angelegt. Große Vogelarten mausern oft in längeren Abständen ihr Gefieder. Im einzelnen sind die Mauservorgänge sehr kompliziert.

Nestflüchter Jungvögel, die schon kurz nach dem Schlüpfen das Nest verlassen und bereits mit wenigen Stunden laufen (bzw. schwimmen) können. Sie werden von den Altvögeln meist nur bewacht.

Nesthocker Jungvögel, die bis zum Selbständigwerden von den Altvögeln gefüttert und anfänglich auch gewärmt werden.

Ökologie Lehre vom Haushalt der Natur, im Detail von den Beziehungen eines Organismus zu seiner Umgebung.

Ordnung Gruppe von mehreren Familien.

Ornithologie Wissenschaftliche Vogelkunde.

Population Gruppe von Vögeln einer Art, die innerhalb eines geographischen Bereiches oder Lebensraumes eine Fortpflanzungsgemeinschaft bilden. Beispiele: Die Saatkrähenpopulation Niedersachsens, die Buchfinkenpopulation eines Waldes.

Revier Von einzelnen Vögeln (meist Männchen, aber auch einem Paar oder mehreren Individuen zusammen) zumindest zeitweise verteidigtes Gebiet, meist als Brutrevier um das Nest. Es gibt aber auch vorübergehend verteidigte Nahrungsreviere. Meist werden Reviere gegen Artgenossen verteidigt, mitunter aber auch gegen potentielle Feinde oder Konkurrenten anderer Arten.

Ruf Lautäußerung, meist kurz und in bestimmten Situationen geäußert, z. B. Flugruf, Feindruf usw. Die meisten Rufe sind nicht an die Fortpflanzungszeit gebunden (vgl. Gesang).

Rütteln Mit schnellen Flügelschlägen in der Luft am Ort verharren.

Schleier Kranzförmige Anordnung von Federn um das Auge der Eulen.

Spiegel Buntes Farbfeld oder weißer Fleck im Flügel, z. B. bei Enten.

Standvogel Vogelpopulation, deren Individuen das ganze Jahr über am Brutplatz oder in dessen Nähe bleiben.

Teilzieher Vogelpopulation, in der einige Individuen Zugvögel sind, andere nicht.

Verleiten Verhaltensweisen, die geeignet sind, einen potentiellen Feind von Nest oder Jungen abzulenken (z.B. »Vortäuschen« von Verletzung). Solches Verhalten wird aber nicht überlegt oder einsichtig angewendet.

Vogelschutzwarte Eine Einrichtung der Naturschutzbehörden mancher deutscher Bundesländer unter wissenschaftlicher Leitung. Der Name ist gesetzlich geschützt und darf nicht für private Einrichtungen ohne wissenschaftliche Leitung verwendet werden.

Vogelwarte Gesetzlich geschützter Name für wissenschaftliche Forschungsinstitute der Ornithologie.

In der Bundesrepublik Vogelwarte Radolfzell und Institut für Vogelforschung in Wilhelmshaven (mit Außenstation Helgoland); in der DDR Vogelwarte Hiddensee; in der Schweiz Vogelwarte Sempach. Vogelwarten sind u.a. die Zentralen für wissenschaftliche Vogelberingung.

Zugvogel Vogelart bzw. -population, die regelmäßig im jahreszeitlichen Wechsel zwischen einem Winterquartier und einem Brutgebiet hinund herwandert (vgl. Kurzstreckenund Langstreckenzieher).

Weiterführende Literatur

Bestimmungsliteratur

Bergmann, H.-H., & H.-W. Helb: Stimmen der Vögel Europas. 1982. BLV Verlagsgesellschaft, München, Wien, Zürich

Bezzel, E.: Vögel. Spektrum der Natur. Band 1–3. 1984–1986. BLV Verlagsgesellschaft, München, Wien, Zürich

Ferguson-Lees, J., & I. Willis: Vögel Mitteleuropas. 1987. BLV Verlagsgesellschaft, München, Wien, Zürich

Heinzel, H., R. Fitter & J. Parslow: Pareys Vogelbuch. 4. Aufl. 1983. Verlag Paul Parey, Berlin und Hamburg

Peterson, R., G. Mountfort & P. A. D. Hollom: Die Vögel Europas. 14. Aufl. 1985. Verlag Paul Parey, Berlin und Hamburg

Einführung in Vogelkunde und Vogelschutz

Bezzel, E.: Mein Hobby: Vögel beobachten. 1982. BLV Verlagsgesellschaft, München, Wien, Zürich

Burton, R.: Das Leben der Vögel. 1985. Franckh'sche Verlagshandlung, Stuttgart

Bergmann, H.-H.: Die Biologie des Vogels. Eine exemplarische Einführung im Bau, Funktion und Lebensweise. 1987. Aula Verlag, Wiesbaden.

Perrins, Ch.: Pareys Naturführer Plus: Vögel. 1987. Verlag Paul Parey, Berlin und Hamburg

Schreiber, R., A. W. Diamond, H. Stern u.a.: Rettet die Vogelwelt. 1987. Ravensburger Buchverlag Otto Maier.

Wichtige Adressen

ALA, Schweizerische Gesellschaft
für Vogelkunde und Vogelschutz,
Krähenbergstr. 53,
CH-2543 Lengan
BUND – Bundesgeschäftsstelle,
Im Rheingarten 7,
Postfach 300220, D-5300 Bonn 2
Deutscher Bund für Vogelschutz,
Bundesgeschäftsstelle,
Am Hofgarten 4,
D-5300 Bonn
Deutscher Jugendbund für
Naturbeobachtung (DJN),
Buchenstraße 18,
D-2000 Hamburg 60
Deutsche Ornithologen-Gesellschaft,
Universität,
Siesmayerstr. 70,
D-6000 Frankfurt/Main
Institut für Vogelforschung
»Vogelwarte Helgoland«,
An der Vogelwarte 21,
D-2940 Wilhelmshaven-Rüstersiel
Institut für Vogelkunde,
Gsteigstr. 43,
D-8100 Garmisch-Partenkirchen
(zuständig für Bayern)
Landesanstalt für Ökologie,
Landesentwicklung und
Forstplanung Nordrhein-Westfalen,
Vogelschutzwarte,
Leipnitzstr. 10,
D-4350 Recklinghausen
Landesbund für Vogelschutz in
Bayern e.V.,
Kirchenstr. 8,
D-8543 Hilpoltstein

Niedersächsisches
Landesverwaltungsamt,
Fachbehörde für Naturschutz
(mit Sachgebiet Vogelschutz),
Scharnhorststr. 1,
D-3000 Hannover 1
Österreichische Gesellschaft
für Natur und Umweltschutz,
Hegelgasse 21,
A-1010 Wien
Österreichische Gesellschaft für
Vogelkunde, Burgring 7,
A-1010 Wien
Schweizerische Vogelwarte
Sempach,
CH-6204 Sempach
Staatliche Vogelschutzwarte
Hamburg,
Steindamm 22,
D-2000 Hamburg 1
Staatliche Vogelschutzwarte für
Hessen, Rheinland Pfalz und
Saarland,
Steinauer Str. 46,
D-6000 Frankfurt/Main 61
Staatliche Vogelschutzwarte
Schleswig-Holstein,
Neue Universität,
Olshausenstr. 40–60,
D-2300 Kiel
Vogelwarte Radolfzell
am Max-Planck-Institut für
Verhaltensphysiologie,
D-7760 Radolfzell 16

Die Gefiederteile der Vögel

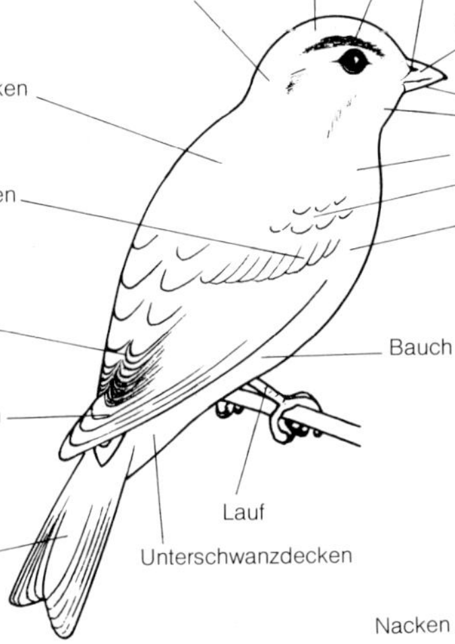

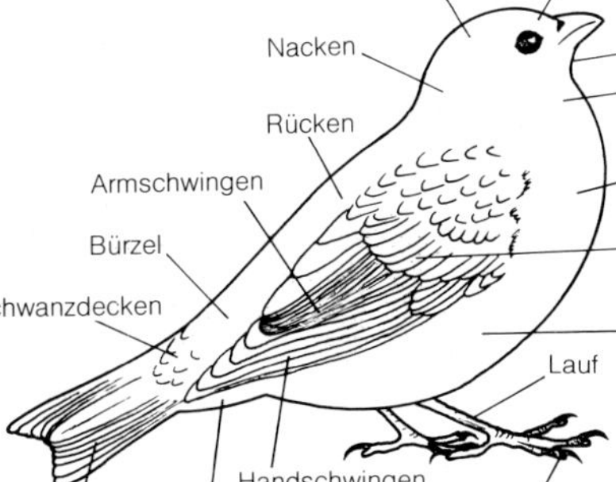

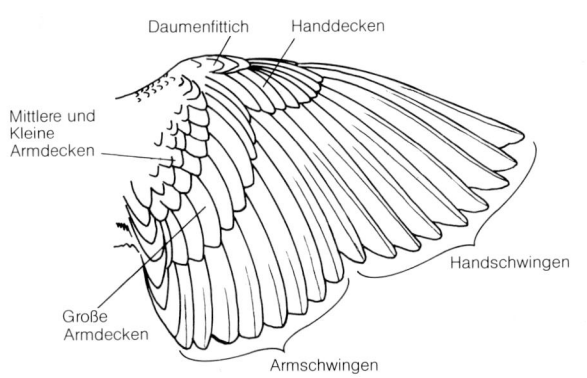

Überaugenstreif
Nacken Oberkopf Nasenloch
Oberschnabel
Rücken
Unterschnabel
Kinn
Kehle
Schulterfedern
Flügeldecken
Brust
Armschwingen
Bauch
Handschwingen
Lauf
Schwanzfedern Unterschwanzdecken

Oberkopf Stirn
Nacken Kinn
Kehle
Rücken
Brust
Armschwingen
Bürzel Flügeldecken
Oberschwanzdecken Bauch
Lauf
Handschwingen
Schwanzfedern Unterschwanzdecken Zehen

Daumenfittich Handdecken
Mittlere und
Kleine
Armdecken
Handschwingen
Große
Armdecken
Armschwingen

Gartenbaumläufer
Certhia brachydactyla

Foto: oben links

Baumläufer, Certhiidae. **Kennzeichen:** Kleiner, schlanker, oberseits rinden-farbener Klettervogel mit langem Stützschwanz und langem, feinem, abwärts gebogenem Schnabel. Oberseite braun, mit feiner heller Flecken-zeichnung, weißlicher Überaugenstreif; Unterseite weiß bis grauweiß. Optisch vom Waldbaumläufer nicht sicher zu unterscheiden. **Stimme:** Ruf meist ziemlich laut und hoch »tüt«, auch locker gereiht; daneben auch hohe »srii«, ähnlich Waldbaumläufer. Gesang kurze laute Strophe aus Pfeiftönen »tütütütiroiti« (2. Silbe meist betont). **Lebensraum:** Lichter Laub- und Mischwald, Parks und Gärten mit alten Laubbäumen; fehlt im reinen Nadel-wald und ab 1000 m. **Vorkommen:** Jahresvogel in ganz Mitteleuropa.
Baumläufer klettern an senkrechten Stämmen nach oben und können sich auch an der Unterseite waagerechter Äste bewegen. Ihre Nahrung besteht aus kleinen Insekten und Spinnen, die aus Rindenritzen hervorgeholt wer-den. Im Winter kommen sie auch an Futterstellen (Fettfuttergemisch). Das Nest aus Reisern, Moos und Gras wird hinter abstehender Rinde oder in Baumspalten, aber auch in Nistkästen mit Einflugschlitzen angelegt. Brut-zeit April–Juli; 1–2 Jahresbruten.

Waldbaumläufer
Certhia familiaris

Foto: oben rechts

Baumläufer, Certhiidae. **Kennzeichen:** Vom Gartenbaumläufer (s. oben) nicht sicher zu unterscheiden. Überaugenstreif oft deutlicher. **Stimme:** Ruf höher als Gartenbaumläufer, oft vibrierend »srii«, auch in Reihen. Gesang leiser und länger als Gartenbaumläufer, mit einem hohen Einleitungstriller und einem zweiten abfallenden Triller, der mit einem nach oben gezogenen Endschnörkel abschließt. **Lebensraum:** Geschlossener Nadel- und Misch-wald, auch Gärten und Parks mit Nadelbäumen; in Gebirgen bis fast zur Baumgrenze. In manchen Gebieten zusammen mit Gartenbaumläufer. **Vor-kommen:** Jahresvogel in fast allen Teilen Mitteleuropas; fehlt in Holland, Belgien und Teilen Nordwestdeutschlands.

Schwanzmeise
Aegithalos caudatus

Foto: unten
N S. 220

Schwanzmeisen, Aegithalidae. **Kennzeichen:** Körper klein und rundlich; auffallend langer, stufiger Schwanz. Schwarzweiß gefärbt, mit rötlichen Tönen. Kopf weiß, mit breitem schwarzem Streifen über dem Auge oder sel-tener ganz weiß; Oberseite rötlich und schwarz, Unterseite weißlich, Flan-ken und Bauch oft rosa getönt. Flügel und Schwanz schwarz, äußere Schwanzfedern weiß. Hüpfender Flug, turnt im Gezweig, außerhalb der Brutzeit meist in kleinen Trupps. **Stimme:** Ruf hoch »tsi« oder »sisi«, in Erre-gung schnurrend »tserr« oder »tschrt«. Gesang undeutliches Zwitschern. **Lebensraum:** Laub- und Nadelwälder, Feldgehölze, Parks und Gärten mit alten Bäumen und hohen Büschen. **Vorkommen:** Jahresvogel in allen Teilen Mitteleuropas.
Die Nahrung besteht aus kleinen Insekten und Spinnen; im Winter auch an Futterstellen (Fettfuttergemisch). Das kunstvolle eiförmige Nest aus Moos, Flechten, Pflanzenwolle, Federn und Haaren sitzt gut versteckt in einer Ast-gabel. Brutzeit April–Juni; 1–2 Jahresbruten.

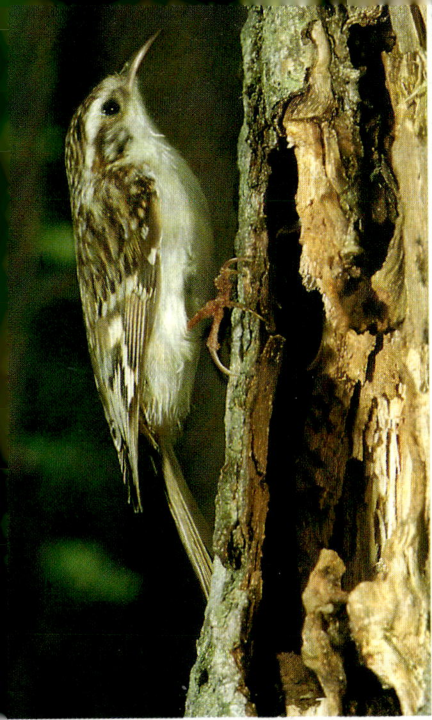
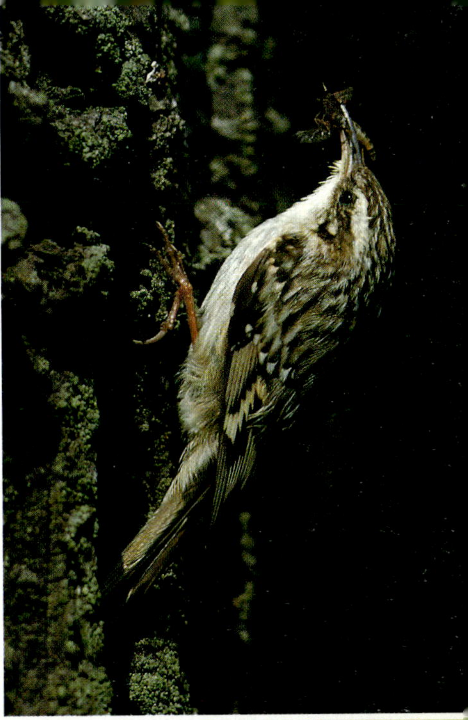
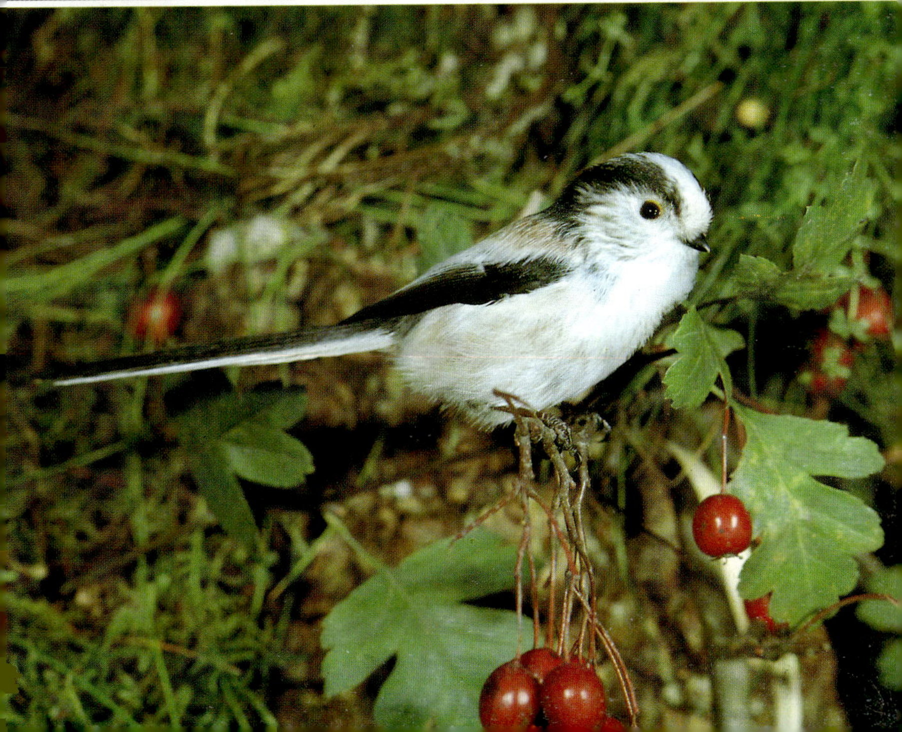

Sumpfmeise
Parus palustris

Meisen, Paridae. **Kennzeichen:** Kleine graue Meise, sehr ähnlich Weidenmeise (s. unten). Schwarze Kopfplatte, helle Wangen, kleiner schwarzer Kehllatz. Oberseite graubraun, kein weißer Nackenfleck wie Tannenmeise und keine helle Flügelbinde oder Andeutung eines hellen Flügelfeldes (vgl. Weidenmeise). Unterseite matt gräulichweiß. **Stimme:** Ruf kurz und viel weniger gedehnt als bei Weidenmeise »zidä« oder »pistjä«, auch länger gereiht »zidädädä ..«. Gesang kurze klappernde Strophen, etwa wie »zjezjezje ...« (nicht sehr laut und wenig auffallend). **Lebensraum:** Laub- und Mischwälder, Feldgehölze, Parks, Streuobstflächen und Gärten. **Vorkommen:** Jahresvogel in fast allen Teilen Mitteleuropas; fehlt in den höheren Lagen der Gebirge.
Die Nahrung besteht im Sommer meist aus kleinen Insekten und deren Larven sowie Spinnen, aber auch Sämereien, die im Winter die Hauptnahrung darstellen. Sumpfmeisen nehmen auch am Futterhaus kleinere Sämereien an und gehen wie die meisten Meisen gern ans Fettfutter. Das Nest aus Moos, Haaren und Federn wird in Baumhöhlen, ausgefaulten Astlöchern und anderen kleinen Höhlen, aber auch gern in Nistkästen angelegt. Brutzeit April–Juni; 1 Jahresbrut.

Weidenmeise
Parus montanus

Meisen, Paridae. **Kennzeichen:** Sehr ähnlich der Sumpfmeise (s. oben). Kopfplatte mattschwarz (bei Sumpfmeise im Sonnenlicht mitunter glänzend) und weiter in den Nacken reichend, schwarzer Kehllatz meist etwas größer. Wirkt insgesamt etwas dickköpfiger als Sumpfmeise. Oberseite graubraun, am geschlossenen Flügel entsteht nahe der Unterkante durch die lichten Säume der Schwungfedern ein längliches helles Feld, das aber nicht immer deutlich erkennbar ist. Unterseite weißlich, doch Flanken meist dunkler rahmfarben als bei der Sumpfmeise. Insgesamt wirken Weidenmeisen häufig etwas kontrastreicher als die sehr ähnlichen Sumpfmeisen. **Stimme:** Ruf ein gedehntes, nasales »däh däh däh ..«. Gesang eine Folge pfeifender (nicht klappernder) Elemente wie »zjü zjü zjü ...«, die bei Vögeln im Tiefland etwas abfallen, bei Vögeln der Alpen jedoch auf etwa gleicher Höhe bleiben. **Lebensraum:** Wälder auf feuchtem Untergrund, wie Sumpf-, Bruch- und Auwälder; seltener in Parks und Gärten als Sumpfmeisen und daher auch nicht so regelmäßig im Winter am Futterhaus. In den Alpen bewohnt eine eigene Rasse Nadel- und Mischwälder bis hinauf zur Baumgrenze und wird daher manchmal auch »Alpenmeise« genannt. **Vorkommen:** Jahresvogel in fast allen Teilen Mitteleuropas, außerhalb der Alpen meist seltener als Sumpfmeise.
Die Nahrung besteht aus kleinen Insekten und Spinnen sowie kleinen Samen. Im Unterschied zu den meisten anderen Meisen bauen sich Weidenmeisen in der Regel ihre Höhlen selbst in das Holz morscher und absterbender Bäume, beziehen aber ausnahmsweise auch fertige Höhlen und sogar Nistkästen. Das Nest besteht aus Holzteilchen, Moos oder Tierhaaren. Brutzeit April–Juni; 1–2 Jahresbruten. Sumpf- und Weidenmeisen schließen sich im Winter auch gemischten Meisentrupps an. Man sieht sie außerhalb der Brutzeit meist nur einzeln oder zu zweit.

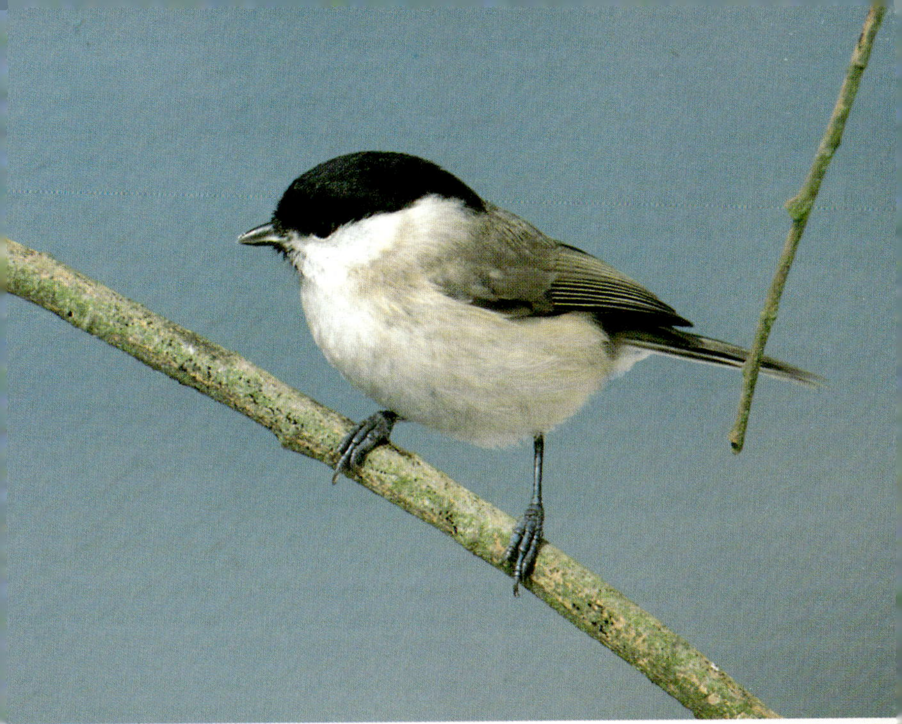
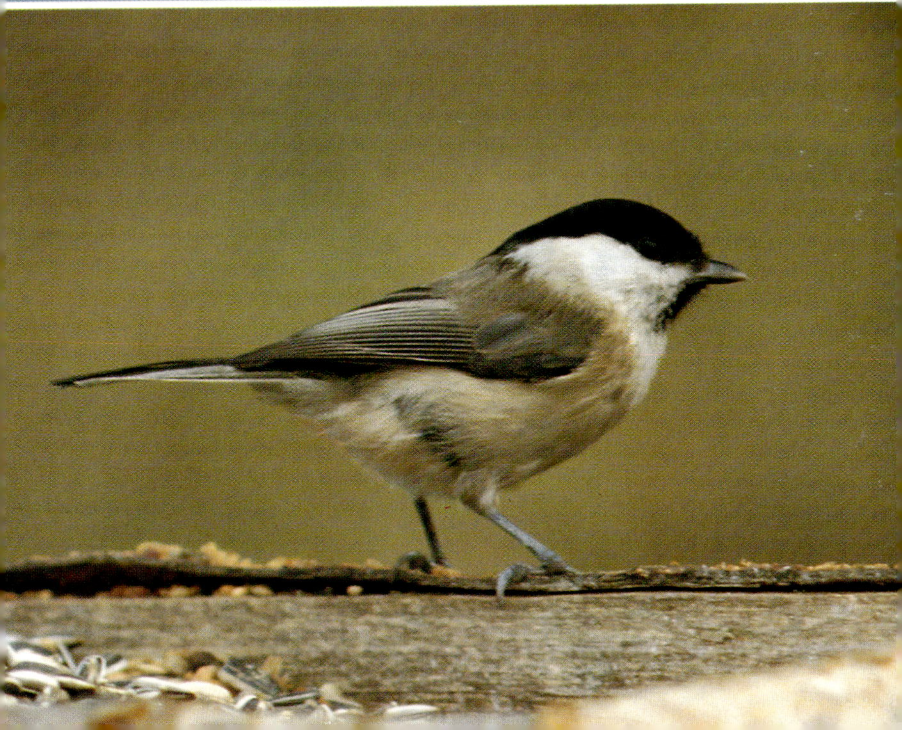

Tannenmeise
Parus ater  J S. 210

Meisen, Paridae. **Kennzeichen:** Kleinste einheimische Meise. Kopf schwarz, mit weißen Wangen (ähnlich der deutlich größeren Kohlmeise) und auffallendem weißen Nackenfleck, den keine andere einheimische Meise aufweist. Kinn bis Vorderbrust schwarz; Oberseite bläulichgrau, mit doppelter schmaler weißer Flügelbinde; Unterseite gelblich bis weißlich, Flanken mehr rahmfarben. Bei juv. Wangen, Nackenfleck und Unterseite mehr gelblich. **Stimme:** Dünner Ruf »tsi« oder »tsitsitsi . .« (manchmal ähnlich Goldhähnchen), auch lauter »tüi«. Gesang eine rhythmische Folge wie »wizü wizü wizü . .«, schneller und zarter als der ähnliche Gesang der Kohlmeise. **Lebensraum:** Vor allem Nadelbäume, daher in Fichten-, Tannen- und weniger häufig in Kiefernwäldern, aber auch in Parks und Gärten mit Nadelbäumen; vom Tiefland bis zur Baumgrenze in den Gebirgen. Im Winterhalbjahr oft auch außerhalb von Nadelwäldern. **Vorkommen:** Jahresvogel in fast allen Teilen Mitteleuropas (im Norden manchmal seltener). Gelegentlich Invasionsvogel aus Nord- und Osteuropa, vor allem im Norden Mitteleuropas.
Tannenmeisen halten sich oft in Nadelbäumen versteckt, sind aber meist leichter zu sehen als Goldhähnchen. Außerhalb der Brutzeit sind sie häufig mit anderen Meisen vergesellschaftet und regelmäßige Gäste am Futterhaus. Die Nahrung besteht aus kleinen Insekten und Sämereien. Das Nest aus Moos, Haaren, Pflanzenwolle usw. ist in einer Baum-, Boden- oder Felshöhle versteckt; Nistkästen werden gerne angenommen. Brutzeit April–Juni; meist 2 Jahresbruten.

Blaumeise
Parus caeruleus Foto: ♂   J S. 210

Meisen, Paridae. **Kennzeichen:** Scheitel, Flügel und Schwanz lebhaft blau, Unterseite gelb, mit einem nicht immer sichtbaren dunklen Mittelfleck. Kopfseiten und Stirn weiß, schwarzer Augenstrich, darüber weiße Einfassung des Scheitels; Kinn blauschwarz. Rücken grünlich. ♀ etwas matter; juv. mit grünlich-bräunlicher Oberseite und gelblichen Wangen. **Stimme:** Erregungsruf »zerrrretetet« (sehr typisch), sonst hohe »tsi tsi tsi«. Gesang wird mit feinen »zii zii« eingeleitet, denen dann ein Triller folgt, etwa »zii zii tütütü . .«. Gesang und Rufe feiner als bei Kohlmeise. **Lebensraum:** Laub- und Mischwälder, Feldgehölze, Parks und Gärten. Regelmäßiger Gast an Futterstellen. **Vorkommen:** In allen Teilen Mitteleuropas Jahresvogel; neben der Kohlmeise die verbreitetste einheimische Meisenart. Fehlt in den höheren Stufen der Gebirge.
Blaumeisen verhalten sich sehr ähnlich wie Kohlmeisen, turnen aber oft sehr geschickt kopfunter hängend an dünnen Zweigen herum. Außerhalb der Brutzeit schließen sie sich häufig gemischten Meisentrupps an. Die Nahrung besteht aus kleinen Sämereien, Insekten und Spinnen. Im Winter suchen Blaumeisen nicht selten im Schilf nach Nahrung. Sie sind im allgemeinen wenig scheu und daher gut zu beobachten. Das Nest aus Moos und anderen weichen Pflanzenteilen, mit Haaren und Federn gut ausgepolstert, wird in Baumhöhlen, Astlöchern, gelegentlich auch Mauerlöchern versteckt. Nistkästen werden gerne angenommen. Brutzeit April–Juni; 1–2 Jahresbruten.

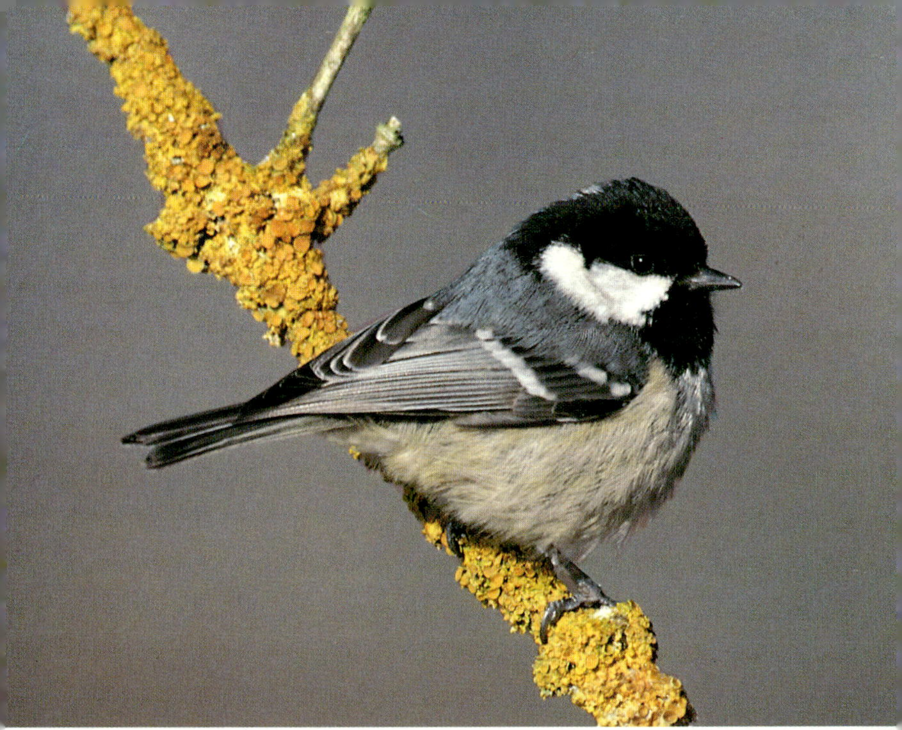
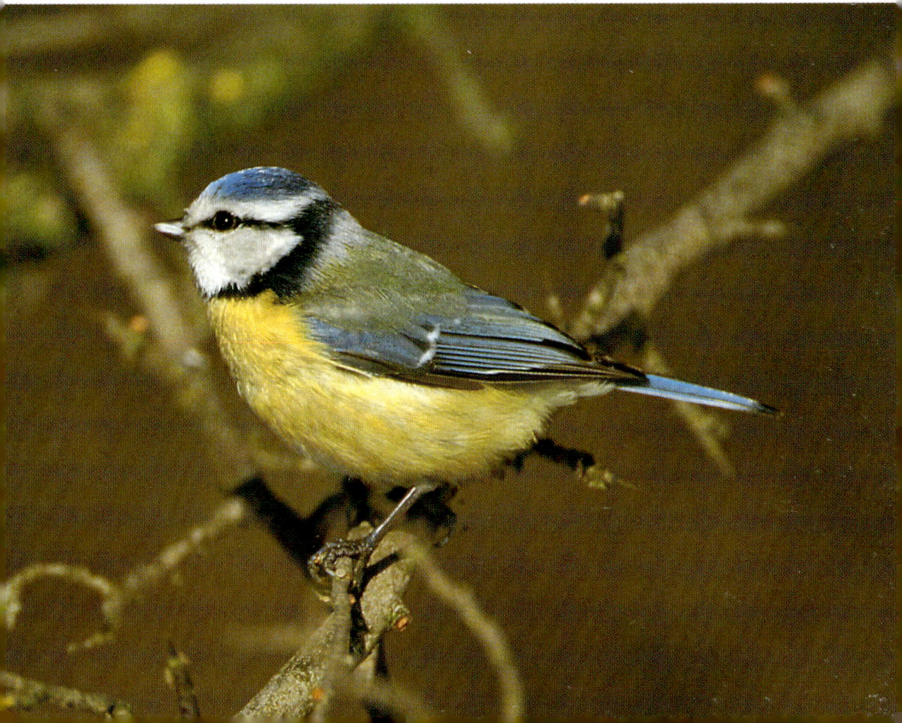

Haubenmeise
Parus cristatus

Meisen, Paridae. **Kennzeichen:** Kleine bräunlichgraue Meise mit einer auffallenden, schwarzweiß geschuppten Federhaube; Gesicht weißlich; durch das Auge zieht sich ein feiner schwarzer Strich, der sich nach hinten um die Kopfseiten biegt und als schmales schwarzes Halsband nach vorne zum schwarzen Kehllatz zieht. Oberseite graubraun, Unterseite weißlich mit rahmfarbenen Seiten. Da meist in Nadelbäumen versteckt, weniger leicht als andere Meisen zu beobachten. **Stimme:** Ruf ein kurzes Schnurren, wie »gürrr«, dem oft ein höheres »zi zi« vorangeht, also »zi zi gürrr«. Gesang als Folge solcher Rufe oder leises Schwätzen. **Lebensraum:** Nadelwälder (Fichte, Tanne und Kiefer), aber auch Mischwälder mit Nadelbauminseln, ebenso Parks mit hohen Fichten- oder Tannengruppen. Erscheint meist nur in Waldrandnähe am Futterplatz. **Vorkommen:** Jahresvogel in fast allen Teilen Mitteleuropas mit ausgedehnten Wäldern; im Gebirge bis an die Baumgrenze.

In geschlossenen Nadelwäldern ist der typische Ruf ein wichtiges Kennzeichen, da Haubenmeisen oft im dichten Gezweig herumturnen. Die Nahrung besteht aus kleinen Insekten und deren Larven sowie kleinen Spinnen, Samen der Nadelbäume und anderen Sämereien. Im Winter auch am Fettfuttergemisch. Die Bruthöhle wird meistens selbst in alten und morschen Bäumen gezimmert oder zumindest bearbeitet; selten werden Nistkästen bezogen. Brutzeit April–Juni; 1–2 Jahresbruten.

Stieglitz (Distelfink)
Carduelis carduelis

 S. 212

Finken, Fringillidae. **Kennzeichen:** Auffallende schwarz-gelbe Flügel mit weißen Tupfen; schwarzweißer Schwanz. Rücken braun, Bürzel weißlich. Bei den ad. ist der Kopf auffallend schwarz-weiß-rot gefärbt; bei juv. Kopf und Oberseite grau bis gelbbraun, dunkler gestreift und gefleckt, Flügel jedoch wie bei den ad. **Stimme:** Klingend und schnell »tigelitt« u. ä. (daher der Name), bei Gefahr nasal »wäi«, bei Auseinandersetzungen »tschrr«. Gesang ist eine eilige Folge aus trillernden und zwitschernden sowie nasalen, quäkenden Elementen. **Lebensraum:** Brutvogel in Gebieten mit locker stehenden Bäumen, wie Streuobstwiesen, Feldgehölze, Alleen, Gärten und Dörfer mit alten Laubbäumen, Parkanlagen. Sonst in offenem Gelände auf Bahndämmen, Wiesenstücken, verwilderten Staudenfluren usw. auf Nahrungssuche. **Vorkommen:** In allen Teilen Mitteleuropas, fehlt in geschlossenen Wäldern und in höheren Gebirgslagen. Teilzieher; die meisten verlassen uns von Oktober bis März und ziehen vor allem nach Süd- und Westeuropa; in milderen Gegenden Mitteleuropas sind regelmäßig einzelne Trupps im Winter anzutreffen.

Stieglitze sind meist gesellig. Ihre Nahrung besteht aus Sämereien, allen voran Distelsamen (daher auch der Volksname »Distelfink«). Man sieht sie am häufigsten im Spätsommer und Herbst auf Wildkräuterflächen und Staudenfluren in kleineren Trupps. Zur Brutzeit halten sie sich oft hoch in Bäumen auf. Das dickwandige, filzige Nest aus Gras, Moos und Pflanzenwolle steht meist in Laubbäumen oder hohen Büschen. Brutzeit Mai–August; meist 2 Jahresbruten.

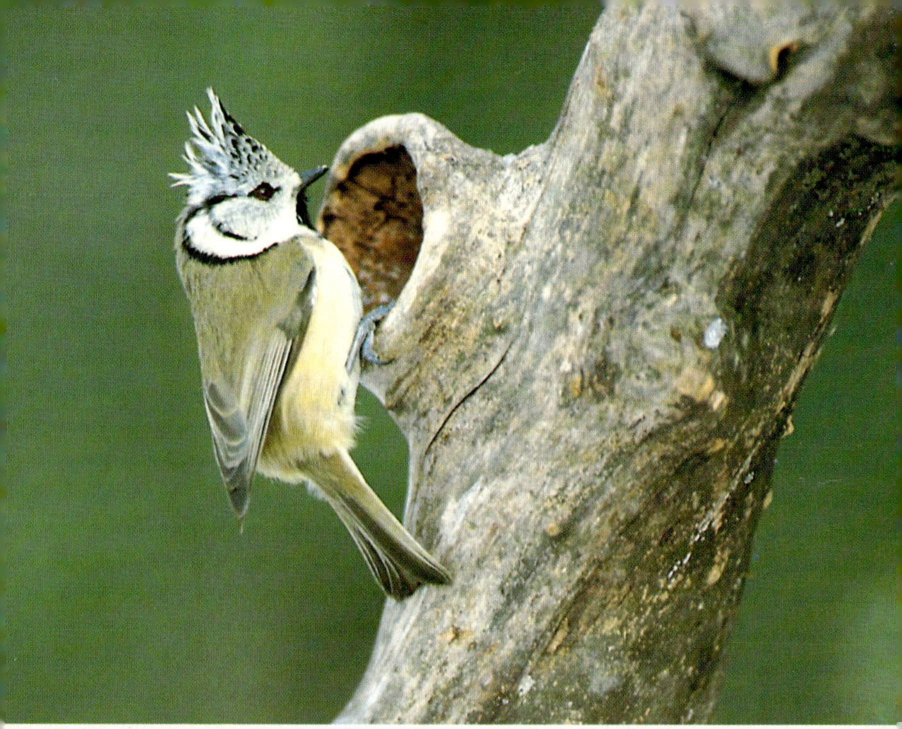

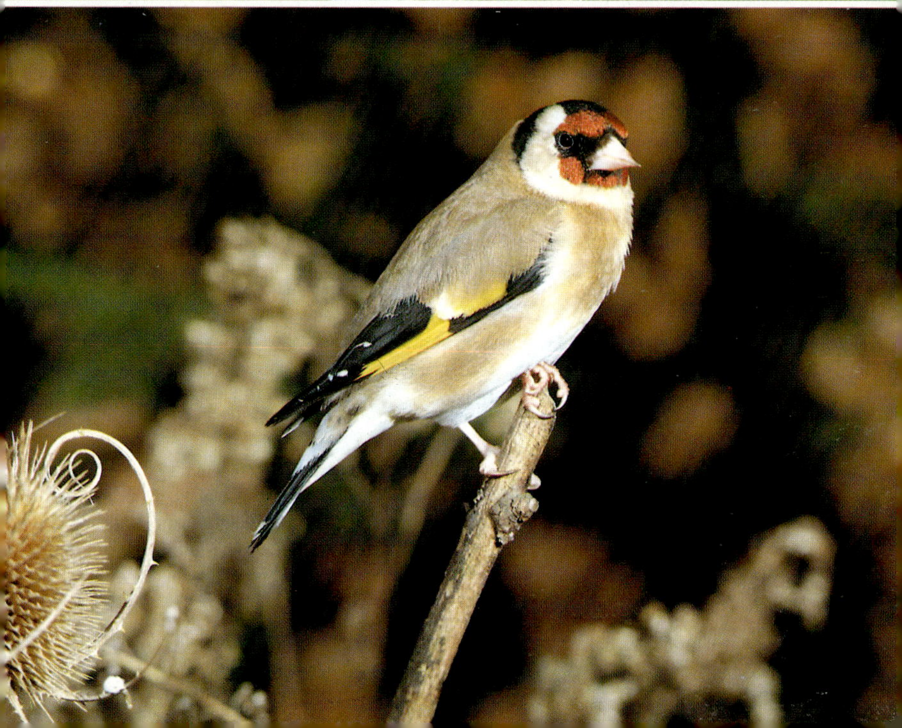

Halsbandschnäpper
Ficedula albicollis

Foto: links ♂, rechts ♀

🔊 Ⓡ 3

Sänger, Muscicapidae. **Kennzeichen:** ♂ auffallend schwarzweiß und vom sehr ähnlichen Trauerschnäpper durch ein breites weißes Halsband, weißen Bürzel und auffallendere weiße Abzeichen am Flügel zu unterscheiden; im Brutkleid stets kontrastreich gefärbt (vgl. Trauerschnäpper). Im Ruhekleid sehr ähnlich dem ♀: Oberseite dunkelbraun, das Halsband ist nur angedeutet, die weißen Abzeichen sind kleiner; durch dunkleren Flügel und Schwanz manchmal von ♀ zu unterscheiden; ab Juli/August ist mit Ruhekleidern zu rechnen. ♀ sind nicht sicher vom Trauerschnäpper-♀ zu unterscheiden, weißliches Halsband und heller Bürzel manchmal zu erkennen. Bei juv. Oberseite geschuppt und gefleckt, Unterseite mit Wellenzeichnung, insgesamt bräunlich. **Stimme:** Ruf gedehnt »siebh« oder »fiiit«, wird auch oft in den Gesang eingestreut; bei Erregung wie Trauerschnäpper kurz »tek« oder »tik . .«. Gesang höher und kürzer als Trauerschnäpper etwa »fit-fit-fit-sju-si«. **Lebensraum:** Laubwälder, Parks und Gärten mit alten, hohen Bäumen. **Vorkommen:** Sommervogel; Ende April–September, in Tieflandgebieten Süddeutschlands, fehlt in Norddeutschland.

Außerhalb der Brutgebiete ist der Halsbandschnäpper nicht häufig zu beobachten; er ist auf dem Durchzug viel seltener als der Trauerschnäpper. Meist hält er sich in Baumkronen auf. Die Nahrung besteht aus fliegenden Insekten. Nistet in Baumhöhlen und Nistkästen. Brutzeit Mai–Juli; 1 Jahresbrut.

Trauerschnäpper
Ficedula hypoleuca

Foto: ♂
🔊

Sänger, Muscicapidae. **Kennzeichen:** ♂ im Brutkleid Oberseite schwarz, dunkel- oder graubraun, Unterseite kontrastreich weiß abgesetzt, weiße Flügelzeichen etwas kleiner als bei Halsbandschnäpper. Braune ♂, die im Brutbestand Mitteleuropas häufig sind, ähneln den ♀. Ruhekleid der ♂ ab etwa August sehr ähnlich ♀, manchmal an weißer Stirn und dunklem Schwanz von ♀ zu unterscheiden. ♀ oberseits graubraun, keine helle Stirn, Flügelabzeichen in der Regel kleiner als bei ♂. Ruhekleid-♂ und ♀ sind von den entsprechenden Kleidern des Halsbandschnäppers nicht sicher zu unterscheiden. Juv. graubräunlich und oberseits geschuppt, von Grauschnäppern durch Weiß auf den Flügeln und an den Schwanzseiten zu unterscheiden. **Stimme:** Ruf kürzer als Halsbandschnäpper, metallisch »bitt«, bei Erregung auch mehr platzend »tschik«. Gesang ähnlich Halsbandschnäpper, aber etwas tiefer und länger, etwa wie »ziwu ziwu ziwu tija wid wid ja diri« o. ä. **Lebensraum:** Laub-, Misch- und Nadelwald, Parks und Gärten mit hohen Bäumen oder Nistkästen. **Vorkommen:** Sommervogel; April–September, in allen Teilen Mitteleuropas, doch in manchen Gebieten als Brutvogel selten; während des Zuges (Frühjahr/Herbst) regelmäßig auch außerhalb der Brutgebiete.

Schwanz- und Flügelzucken sind charakteristische Bewegungen. Fängt fliegende Insekten von einer Warte aus im kurzen Jagdflug, kehrt aber im Unterschied zum Grauschnäpper meist nicht zum Ausgangsort zurück. Brütet in Astlöchern und Baumhöhlen, nimmt sehr gerne Nistkästen an. Im Unterschied zu Meisen unordentliches Nest aus Gräsern, Blättern, Moos. Brutzeit Mai–Juni; 1 Jahresbrut.

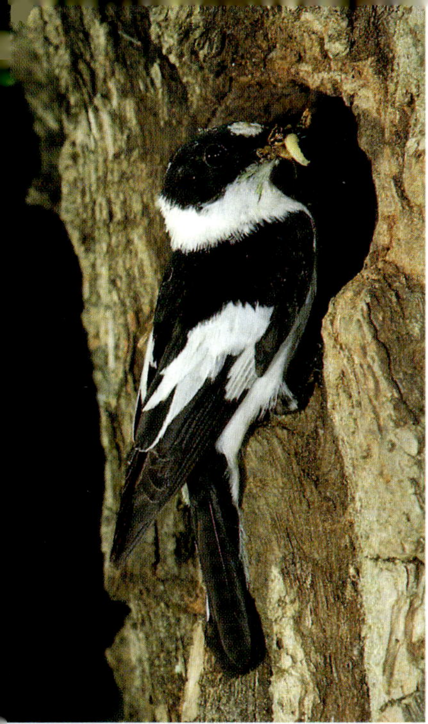
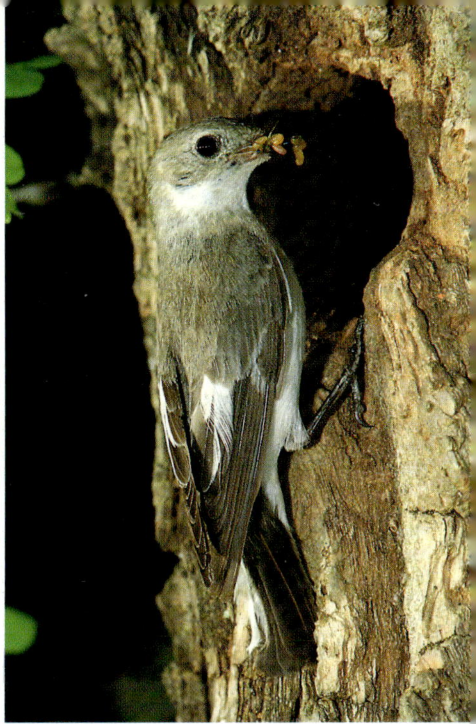
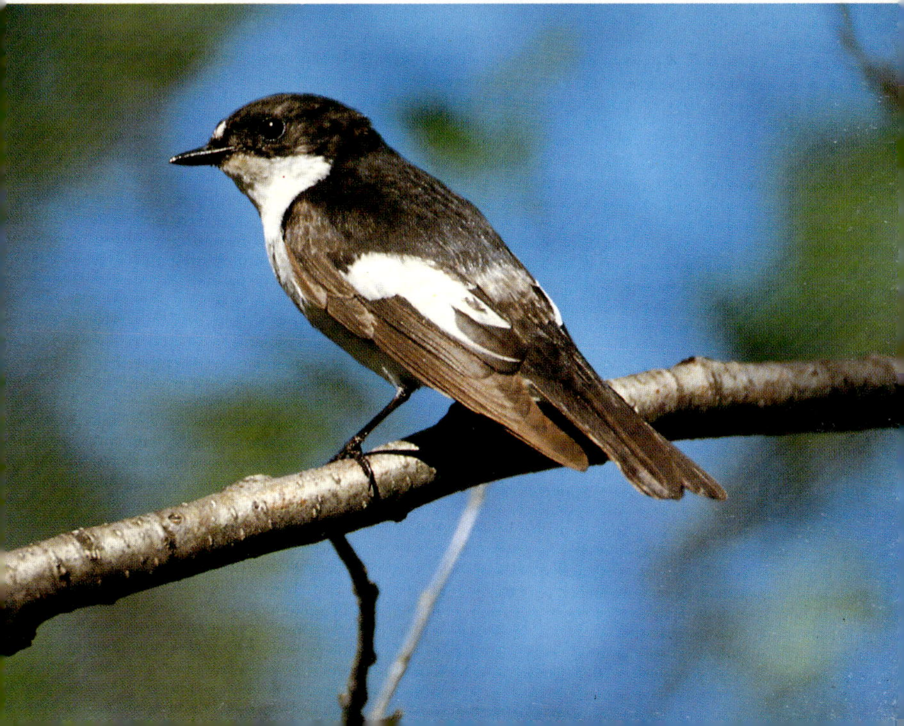

kleiner
als
Spatz

Schwarzkehlchen
Saxicola torquata

Foto: oben ♂, unten links ♀
Ⓡ 2

Sänger, Muscicapidae. **Kennzeichen:** Kleiner, meist aufrecht sitzender Vogel. ♂ im Brutkleid auffällig gefärbt: Kopf, Kehle und Rücken schwarz, breiter weißer Halsfleck, schmaler weißer Flügelstreif, weißlicher Bürzel schwarz gestrichelt. Brust rötlichorange, bauchwärts in Weiß übergehend. Im Ruhekleid ab August/September viel matter und vor allem weiße Halsseiten nicht mehr so auffallend, Brust matter. ♀ und juv. oberseits braun, mit schwarzen Strichen, Bürzel nicht weißlich; keine weißen Halsseiten. Von Braunkehlchen durch Fehlen des weißen Überaugenstreifs, rötliche Brust und Fehlen weißer Schwanzseiten unterschieden. **Stimme:** Bei Erregung Ruf kratzend »trrat«, auch »fid trak trak«. Gesang kurze, abgerissene, zwitschernde und kratzende Strophen, mitunter mit Imitationen anderer Vogelstimmen untermischt. **Lebensraum:** Trockenes Ödland, wie Sandgruben, Trockenrasen, Bahndämme, extensiv genutzte Wiesen, Hochmoore. **Vorkommen:** Sommervogel; März–Oktober, meist im Tiefland, aber selten und in vielen Gebieten fehlend; auch auf dem Durchzug nicht häufig.
Sitzt häufig auf erhöhten Warten, wie Busch- und Staudenspitzen, oder auf Leitungsdrähten; Schwanzwippen und Flügelzucken. ♂ singen von erhöhten Sitzplätzen oder in einem kurzen tänzelnden Singflug. Die Nahrung besteht vorwiegend aus kleinen Insekten. Das Nest aus Gras, Moos, Haaren und Wolle steht meist in dichtem Bodenwuchs versteckt, oft unter einem Busch. Brutzeit April–Juli; meist 2 Jahresbruten.

Uferschwalbe
Riparia riparia

Foto: unten rechts
Ⓡ 3   Ⓝ S. 218

Schwalben, Hirundinidae. **Kennzeichen:** Kleinste europäische Schwalbe, im Flugbild kurze Schwanzgabelung. Oberseite erdbraun; Unterseite weiß, mit braunem Brustband. **Stimme:** Ruf rauh »tschrrp«, weniger trillernd als der ähnliche Ruf der Mehlschwalbe; bei Gefahr schrill »zier«. Gesang unauffälliges kurzes Schwätzen mit Lauten, die den kratzenden Flugrufen ähneln. **Lebensraum:** Luftjäger, der vor allem über dem Wasser jagt; Brutkolonien in Sand- und Tongruben, heute selten an steilen Flußufern oder Steilküsten am Meer. **Vorkommen:** Sommervogel; April–Oktober, vor allem im Tiefland, auf dem Zug auch fernab vom Wasser; als Brutvogel im Tiefland verbreitet, doch nur bei Angebot an geeigneten Brutplätzen; fehlt meist in waldreichen Gebieten und im Gebirge. Auf dem Zug auch fernab von Brutplätzen, nicht selten zusammen mit anderen Schwalben und Seglern.
Uferschwalben jagen fast immer gesellig. Ihr Flug ist nicht so flatternd wie jener der Mehlschwalbe. Die Nester liegen in den Endkammern selbst gegrabener, waagerechter Erdhöhlen (bis über 1 m tief), die in großen Kolonien dicht nebeneinander angeordnet sind. Die meisten Brutplätze liegen heute in Materialentnahmestellen und sind durch den Abbaubetrieb gefährdet. Rekultivierung der Gruben kann Uferschwalben ebenfalls vertreiben. Die Sicherung des Bestandes hängt vom Angebot geeigneter Brutplätze ab. Nach der Brutzeit oft auf Leitungsdrähten oder in großen Schwärmen im Schilf. Brutzeit Mai–August; meist 2 Jahresbruten.

**Braunkehlchen S. 54; Klappergrasmücke S. 62; Mehlschwalbe S. 76;
Haus- und Gartenrotschwanz S. 82**

Erlenzeisig

Carduelis spinus

Foto: oben ♂, Mitte ♀

Finken, Fringillidae. **Kennzeichen:** Insgesamt grünlicher als Birkenzeisig. ♂ Oberseite gelbgrün, Rücken dunkel gestreift; Flügel, Scheitel und Kinn schwarz; Bürzel, Flügelbinde, Schwanzseiten und Streifen hinter dem Auge gelb; Unterseite heller, Flanken dunkel gestreift. ♀ mehr graugrün, stärker gestrichelt, vor allem auf der weißlichen Unterseite; am Kopf fehlen schwarze Abzeichen. Juv. stärker gestrichelt als ♂ und Oberseite brauner; Bürzel hellgrau. **Stimme:** Charakteristisch ist ein etwas klagendes »däi« oder »tüli«, meist im Flug von Einzelvögeln zu hören. Im Trupp oft kurzes »tetetet«. Gesang schnelles nicht sehr lautes Zwitschern, oft mit einleitenden »dääi«-Elementen und einem nasal gezogenem »Knätschen« am Ende. **Lebensraum:** Brutvogel in Fichten- und Mischwäldern, vor allem im Bergland (bis zur Baumgrenze); im Winterhalbjahr häufig im Tiefland an Birken und Erlen, aber auch in Parks und Gärten. **Vorkommen:** Jahresvogel; Brutvogel in ganz Mitteleuropa, in waldarmen Gebieten fehlend; Wintergast. Im Winter meist gesellig, oft auch in größeren Trupps. Die Vögel turnen sehr geschickt an kleinen Ästen, im Herbst oft auch an samentragenden Stauden. Ihre Nahrung besteht aus kleinen Samen von Bäumen, Stauden und auch Wiesenpflanzen, im Sommer auch aus Insekten. Das kunstvolle Nest aus Reisern, Halmen und Zweigen steht meist hoch auf Fichten. Brutzeit März–Juli; meist 2 Jahresbruten.

Birkenzeisig

Carduelis flammea

Foto: unten ♂

Finken, Fringillidae. **Kennzeichen:** Graubraun mit Streifenzeichnung; Oberseite dunkler bräunlich; lebhaft roter Vorderscheitel und schwarzer Kinnfleck, zwei oft nicht sehr deutliche rahmfarbene Flügelstreifen, Bürzel hell. Bei ♂ Bürzel, Kehle, Brust und vordere Flanken unterschiedlich ausgeprägt rosa, ebenso z. T. die Wangen. ♀ und juv. wenig oder kein Rosa auf der Unterseite. Die in Mitteleuropa zu beobachtenden Vögel sind je nach Herkunft unterschiedlich stark bräunlich, nordische Wintergäste wirken oft grauer. Bei den juv. fehlt der rote Vorderscheitel. **Stimme:** Charakteristischer Flugruf rasch »dschedd dschedd . .«. Gesang wirkt wie eine schnelle Folge dieser Flugrufe, aber auch wie ein rasches, unrein reibendes Schwirren. **Lebensraum:** Als Brutvogel im lockeren Bergwald bis zur Baumgrenze im Hochgebirge, aber auch im Tiefland in Gärten und Anlagen oder kleinen Gehölzen. Vor allem im Winter oft an Birken. **Vorkommen:** Brutvogel in den Alpen und einigen Mittelgebirgen, in neuester Zeit auch in manche Tieflandgebiete eingewandert und selbst an der Küste sowie in manchen Städten Brutvogel. Teilzieher, aber auch Wintergäste aus dem Norden. Birkenzeisige singen von Baumspitzen aus, aber auch im normalen Flug oder in einem kurzen Schauflug mit besonders langsamen Flügelschlägen. Fast immer sind sie gesellig. Bei der Nahrungssuche turnen sie sehr geschickt an kleinen Zweigen herum, ähnlich wie Erlenzeisige. Sie ernähren sich vor allem von kleinen Samen der Bäume, Stauden und Kräuter, im Sommer auch von Insekten. An der Futterstelle hängen sie sich auch wie Meisen an das Fettfutter. Das napfförmige Nest aus Reisern, Moos und Halmen steht in Bäumen oder dichten Büschen. Brutzeit Mai–Juli; meist 2 Jahresbruten.

Girlitz
Serinus serinus

Foto: links ♂, rechts ♀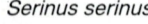

Finken, Fringillidae. **Kennzeichen:** Kleinster einheimischer Finkenvogel, rundlich mit kurzem Kegelschnabel; gelblich und dunkel gestrichelt; ad. mit gelblichem Bürzel, kurzer gekerbter Schwanz dunkel. ♂ im Brutkleid Stirn, Überaugenstreif, Kehle und Brust leuchtend gelb; im Herbst etwas grünlicher. ♀ Oberkopf und Hinterhals gelbgrün, Oberseite bräunlicher; vom ♀ des Erlenzeisigs durch kürzeren und dickeren Schnabel, einheitlich dunklen Schwanz, kräftigeren gelbweißen Überaugenstreif zu unterscheiden. Juv. kräftig braun gestreift, ohne Gelb am Bürzel. **Stimme:** Klirrender Flugruf etwa wie »girrrlit«, auch kurzer Triller. Gesang hohes und zwitscherndes Quietschen. **Lebensraum:** Parkanlagen, Friedhöfe, Gärten, Weinberge, auch lichter Laub- und Mischwald; manchmal viel am Boden bzw. an Stauden. **Vorkommen:** Sommervogel; März–Oktober (ausnahmsweise auch einzeln im Winter) in allen Teilen Mitteleuropas, besonders in milden Tieflandsgebieten.

Das ♂ singt auf Baumspitzen, Antennen oder Leitungen und zeigt oft auch einen fledermausartigen Singflug, bei dem sich der Vogel mitunter auf die Seite wirft. Im Herbst oft auch mit kleinen Finkenvögeln im Trupp vermischt an samentragenden Stauden. Die Nahrung besteht aus kleinen Sämereien und grünen Pflanzenteilen; im Sommer werden auch Insekten aufgenommen. Das kunstvolle Nest aus Halmen, Moos, kleinen Wurzeln und Haaren steht meist halbhoch in Nadelbäumen oder dichten Büschen und Hecken. Brutzeit April–Juli; meist 2 Jahresbruten.

Braunkehlchen
Saxicola rubetra

Foto: links ♂, rechts ♀

Ⓡ 2

Sänger, Muscicapidae. **Kennzeichen:** Gedrungener, kurzschwänziger Singvogel, der meist auf etwas erhöhten Warten im offenen Land, wie vorjährige Halme oder Stauden, Weidepfosten oder Drahtzäunen sitzt. Vom ähnlichen Schwarzkehlchen durch weißen (♂) oder gelblichen Überaugenstreif (♀) unterschieden (bei juv. Überaugenstreif undeutlich); weißer Fleck an der Schwanzwurzel. ♂ Oberseite dunkelbraun, heller und dunkler gestrichelt; Unterseite rahmfarben bis orangebräunlich; Überaugenstreif und Kinn- und Kehlseiten weiß; weißer Flügelfleck. ♀ weniger kontrastreich gefärbt; Oberseite etwas heller braun, weißer Flügelfleck kleiner, Unterseite blasser. Juv. ohne deutliche weiße Flügelflecke. **Stimme:** Rufe bei Störung hart »tzk« und weich »djü«. Gesang kurz, besteht aus pfeifenden und rauhen Lauten, die sehr rasch vorgetragen werden und manchmal auch Imitationen anderer Vogelstimmen enthalten. **Lebensraum:** Offenes, extensiv genutztes Land, z.B. Moore und Feuchtwiesen, Brachflächen, Bahndämme, Weiden, aber auch sehr junge Fichtenkulturen. Wichtig ist das Angebot von etwas erhöhten Sitzwarten. **Vorkommen:** Sommervogel; April (selten März)–September, in Tieflandgebieten aller Teile Mitteleuropas.

Braunkehlchen sind durch die Intensivierung der Landwirtschaft und Verbauung ihrer Lebensräume gefährdet (z.B. Trockenlegungen, Zerstörung von Wiesen usw). Die ♂ führen beim Singen oft einen kleinen Schauflug aus. Die Nahrung besteht aus Insekten. Das Nest steht gut getarnt nahe am Boden unter kleinen Büschen oder Grasbüscheln. Brutzeit Mai–Juni; meist nur 1 Jahresbrut.

Sommergoldhähnchen
Regulus ignicapillus

Goldhähnchen, Regulidae. **Kennzeichen:** Neben Wintergoldhähnchen der kleinste Vogel Europas. Beide Goldhähnchenarten sind nicht leicht zu unterscheiden. Sommergoldhähnchen mit auffallendem weißem Überaugenstreif und einem schwarzen Strich durchs Auge. Körper etwas kontrastreicher gefärbt, nämlich Rücken etwas grüner, Unterseite heller und goldgelb getönte Halsseiten. Bei ♂ schwarz eingefaßter Scheitel goldgelb und orangerot, bei ♀ Scheitel gelb; juv. ohne gelblichen Scheitel, im Unterschied zu Wintergoldhähnchen schwarzweiße Kopfstreifung zumindest unvollständig erkennbar. **Stimme:** Rufe sehr ähnlich Wintergoldhähnchen, doch im allgemeinen schärfer »sisisi«, aber auch feinere Laute. Gesang ist eine Strophe gleichhoher Elemente, die in rascher Folge in der Lautstärke etwas zunehmen und am Ende einen kleinen Triller bilden. Die Stimmen der Goldhähnchen sind so hoch, daß sie ältere Menschen oft nicht mehr oder nur aus der Nähe hören können. **Lebensraum:** Nadel- und Mischwälder, aber auch in Parks, Friedhöfen und Gärten mit Nadelbäumen; vor allem auf dem Zug auch in Laubbäumen und Gebüsch. **Vorkommen:** Sommervogel (einige überwintern auch in Mitteleuropa); März–Oktober, in allen Teilen Mitteleuropas, im Nordwesten seltener und gebietsweise fehlend.

Goldhähnchen leben meist gut verborgen im dichten Nadelgezweig, sind aber nicht scheu. Bei der Nahrungssuche rütteln sie auch oft vor einem Zweig. Die Nahrung besteht aus winzigen Insekten und deren Larven sowie Spinnen. Das dickwandige Nest mit tiefer Mulde wird aus Moos und Gespinsten gebaut und meist an der Unterseite von Nadelbaumzweigen gut versteckt angelegt. Brutzeit Mai–Juli; meist 2 Jahresbruten.

Wintergoldhähnchen
Regulus regulus

Goldhähnchen, Regulidae. **Kennzeichen:** Sehr ähnlich Sommergoldhähnchen (s. oben), doch insgesamt weniger kontrastreich gefärbt. Oberseite olivgrün, Unterseite grauweiß mit grünlichen Flanken; beide Goldhähnchen mit zwei hellen Flügelbinden. An den Kopfseiten keine weißen und schwarzen Streifen. Schwarz eingefaßter Scheitel beim ♂ gelb mit orangefarbener Mitte, die aber nicht immer zu sehen ist; beim ♀ heller gelb und bei juv. fehlend. **Stimme:** Ähnlich hoch wie bei Sommergoldhähnchen, doch Rufe oft nicht so scharf, mehr »sri«, häufig in viersilbigen Rufreihen »sri-sri . .«; Elemente klingen etwas heiser. Gesang besteht aus kurzen hohen Strophen, die im Unterschied zum Sommergoldhähnchen nicht lauter werden, sondern immer auf- und abgehen, etwa wie »da-didedi . . . . .« oder »sisim sisim . . . seritete« (Schlußteil etwas tiefer und abgesetzt). **Lebensraum:** Nadel- und Mischwälder, aber im allgemeinen stärker an Nadelhölzer gebunden als Sommergoldhähnchen und im dichten, dunklen Fichtenwald oder in höheren Berglagen häufiger; dafür weniger häufig in Parks und Gärten, in dichten Nadelbaumgruppen aber auch dort. Auf dem Zug auch in Laubgehölzen. **Vorkommen:** Teilzieher, im Winter oft deutlich weniger; Brutvogel in allen Teilen Mitteleuropas, im Gebirge bis an die Baumgrenze.

Häufiger als Sommergoldhähnchen schließen sich Wintergoldhähnchen außerhalb der Brutzeit gemischten Meisentrupps an. Napfnest meist in Astgabeln von Nadelbäumen. Brutzeit April–Juni; meist 2 Jahresbruten.

kleiner als Spatz

Fitis
Phylloscopus trochilus

Grasmücken, Sylviidae. **Kennzeichen:** Die beiden auf dieser Seite behandelten Laubsängerarten sind sich optisch so ähnlich, daß trotz kleiner Unterschiede eine sichere Artbestimmung durch das Fernglas fast nicht möglich ist. Oft sind Fitisse insgesamt etwas gelblicher gefärbt; ihre Beine sind in der Regel (aber nicht immer!) hell. Vor allem im Herbst, wenn mit flüggen Jungvögeln zu rechnen ist, versagen optische (und manchmal auch akustische) Merkmale ganz. In der Hand kann man den Fitis an seinem insgesamt längeren Flügel vom Zilpzalp unterscheiden. **Stimme:** Sie ist das wichtigste Unterscheidungsmerkmal. Die Rufe beider Arten sind allerdings nur mit einiger Übung zu unterscheiden und auch dann nicht immer. Der am häufigsten zu hörende Ruf des Fitis ist ein weiches nach oben gezogenes »huit« oder »hüid«, das vor allem im Sommer häufig zu hören ist. Der Gesang besteht aus weichen melodiösen und etwas schwermütig klingenden, in der Tonhöhe leicht abfallenden Strophen, die schwer in Silben wiederzugeben sind, etwa »didi die düe dea dea deida da«. **Lebensraum:** Lichte Laub- und Mischwälder, Schonungen, Auwälder, mit Büschen bestandene Feuchtgebiete oder Weidengebüsch an Gewässern (hier oft besonders häufig), auch in Parks und Gärten (hier aber oft seltener als der Zilpzalp). **Vorkommen:** Sommervogel; April–Oktober, in allen Teilen Mitteleuropas mit Ausnahme des südlichen Österreichs.
Gesang hört man vor allem im Mai und Juni, oft von frei auf Astspitzen sitzenden ♂. Die Nahrung besteht aus kleinen Insekten und Spinnen. Durch eifriges Absuchen der Blätter und Zweige, aber auch in kleinen Luftsprüngen und im kurzen Schwirrflug werden bewegliche Kleintiere gefangen. Das Nest ist im dichten Gras oder unter tiefhängenden Zweigen am Boden versteckt. Es ist wie bei allen Laubsängern überdacht (»Backofennest«) und besteht aus Halmen und Moos; Innenauspolsterung mit Federn. Brutzeit Mai–Juni; 1–2 Jahresbruten.

Zilpzalp
Phylloscopus collybita   ♫   N S. 222

Grasmücken, Sylviidae. **Kennzeichen:** Sehr ähnlich Fitis (s. oben); Gefieder meist weniger deutlich gelblich, mehr olivgrünlich; Unterseite aber vor allem bei juv. leicht gelblich. Beine gewöhnlich schwärzlich, also dunkler als beim Fitis. Optische Unterscheidungsmerkmale aber sehr unsicher (vgl. Fitis). **Stimme:** Der am häufigsten zu hörende Ruf ist etwas härter als beim Fitis und klingt, meist deutlich einsilbig (!), wie rasch nach oben gezogen »hüit«. Ab Spätsommer hört man häufig ein unrein klingendes »sfie« (»Kükenruf«). Von den Gesangsstrophen ist bei Erregung nicht selten ein hartes »tret tret tret ..« zu hören. Der Gesang ist auffallend und hat dem Vogel seinen Namen gegeben; er besteht aus monotonen Folgen wie »zilp zalp . . . . .« oder »fzi fzü . . . .«. **Lebensraum:** Laub- und Mischwald mit reichlich Unterholz, Flächen mit dichtem Gebüsch, Parks, Anlagen und Gärten, oft höher in Bäumen als Fitis. **Vorkommen:** Sommervogel (einige überwintern in milden Gegenden); März–November, in allen Teilen Mitteleuropas Brutvogel.
Verhalten ähnlich Fitis, meist aber etwas hektischer (Flügel- und Schwanzzucken). Nahrung besteht aus kleinen Insekten und Spinnen. Nest ähnlich wie Fitis am Boden versteckt. Brutzeit April–Juli; 1–2 Jahresbruten.

Waldlaubsänger
Phylloscopus sibilatrix

Grasmücken, Sylviidae. **Kennzeichen:** Etwas größer als Zilpzalp und Fitis und längere Flügel, Schwanz wirkt deutlich kürzer. Oberseite leuchtend gelblichgrün, Kehle und Brust gelb, deutlich von der reinweißen Unterseite abgesetzt; deutlicher gelber Überaugenstreif, meist auffälliger als bei Zilpzalp. Im Spätsommer stumpfer gefärbt, mehr braungrün und blasser gelb. **Stimme:** Ruf ist ein weiches und charakteristisches »düh«, das auch gereiht als Gesangsstrophe gebracht wird. Der Gesang (Schwirrstrophe) beginnt mit kurzen »sib sib . . .« und endet mit einem Schwirrer, also etwa »sib-sib-sib-sirrrr . .«. **Lebensraum:** Laub- und Mischwald mit wenig Unterwuchs, besonders in Buchenbeständen; auch in größeren Parkanlagen und Gärten. **Vorkommen:** Sommervogel; April–September, in allen Teilen Mitteleuropas, im Bergland meist weniger hoch als Zilpzalp und Fitis.
Waldlaubsänger halten sich häufig im Blätterdach höherer Bäume auf, singen aber meist auf tieferen, freistehenden Ästen, auch im schwirrenden Singflug von Ast zu Ast. Die Nahrung besteht aus kleinen Insekten und deren Larven sowie Spinnen. Das fast kugelförmige Backofennest steht wie bei anderen Laubsängern auf oder nahe am Boden, oft durch Farnkraut oder altes Laub getarnt; Baumaterialien sind vor allem altes Gras und Blätter. Brutzeit Mai–Juli; meist wohl nur eine Jahresbrut.

Gelbspötter
Hippolais icterina

Grasmücken, Sylviidae. **Kennzeichen:** Kräftiger und langschnäbeliger als die Laubsänger (Zilpzalp, Fitis, Waldlaubsänger), aber schlanker als Grasmücken. Die Stirnlinie ist flacher als bei Laubsängern, doch werden die Scheitelfedern oft aufgestellt (Foto). Die angelegten Flügel reichen über die Schwanzwurzel hinaus. Die Gestalt erinnert an einen Rohrsänger. Oberseite gelblichgrün, Unterseite blaßgelb bis weißlich; im Spätsommer Gefieder oft stärker ausgebleicht. Gelblicher Überaugenstreif oft undeutlich; Schnabel orangefarben. **Stimme:** Bei Erregung harte Rufe wie »te te te . .«, oft auch »tetehui« (wiederholt). Gesang rasches und fortlaufendes Schwätzen mit schneidenden und scharfen Elementen, ohne Strophengliederung; unterschiedlich häufig werden Nachahmungen anderer Vogelstimmen eingeflochten. **Lebensraum:** Lichte Laub- und vor allem Auwälder, aber auch Parkanlagen mit Büschen und reichlich Unterholz sowie Feldgehölze und Gärten mit dichten Büschen. **Vorkommen:** Sommervogel; Mai–August (September), in fast allen Teilen Mitteleuropas, vor allem in Niederungsgebieten; im Gebirge meist auf die Tallagen beschränkt.
Gelbspötter sind nicht leicht zu sehen, da sie sich bevorzugt im dichten Gebüsch aufhalten. Singende ♂ sitzen aber mitunter auch frei. Beim Singen wird der Schnabel weit aufgerissen, so daß der orangerote Rachen auffällt. In der Regel kommen Gelbspötter deutlich später aus dem Winterquartier zurück als Laubsänger und zählen zu den am spätesten eintreffenden Zugvögeln der Gärten. Die Nahrung besteht aus kleinen Insekten und deren Larven. Das kunstvolle Nest ist in Astgabeln von hohen Büschen und jungen Bäumen eingeflochten und besteht aus Halmen, Wurzeln, Blättern und Gespinstfasern; meist steht es 1–3 m hoch. Brutzeit Mai–Juli; 1 Jahresbrut.

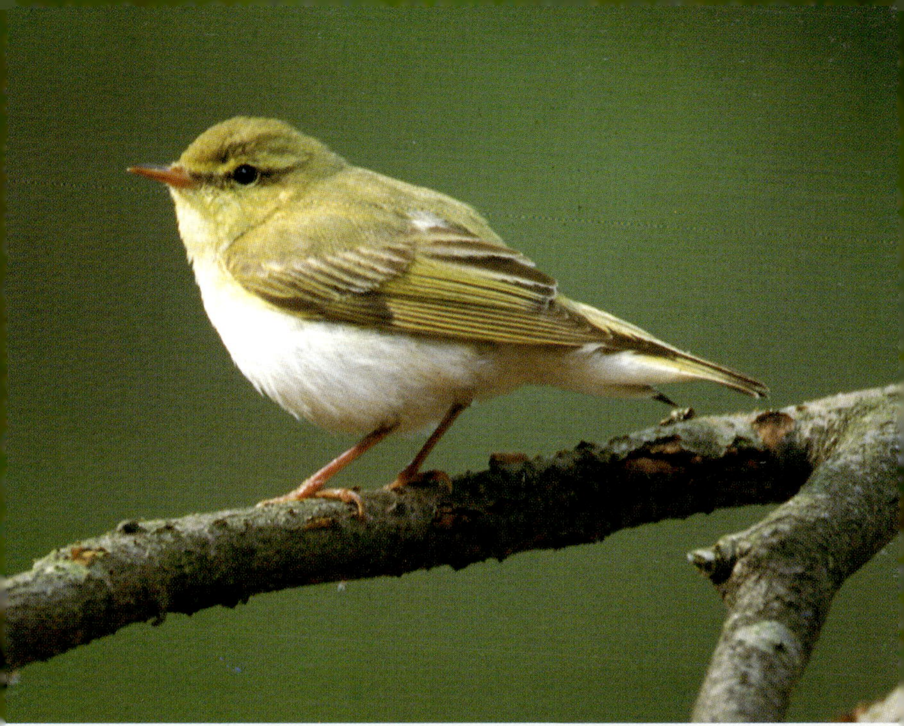
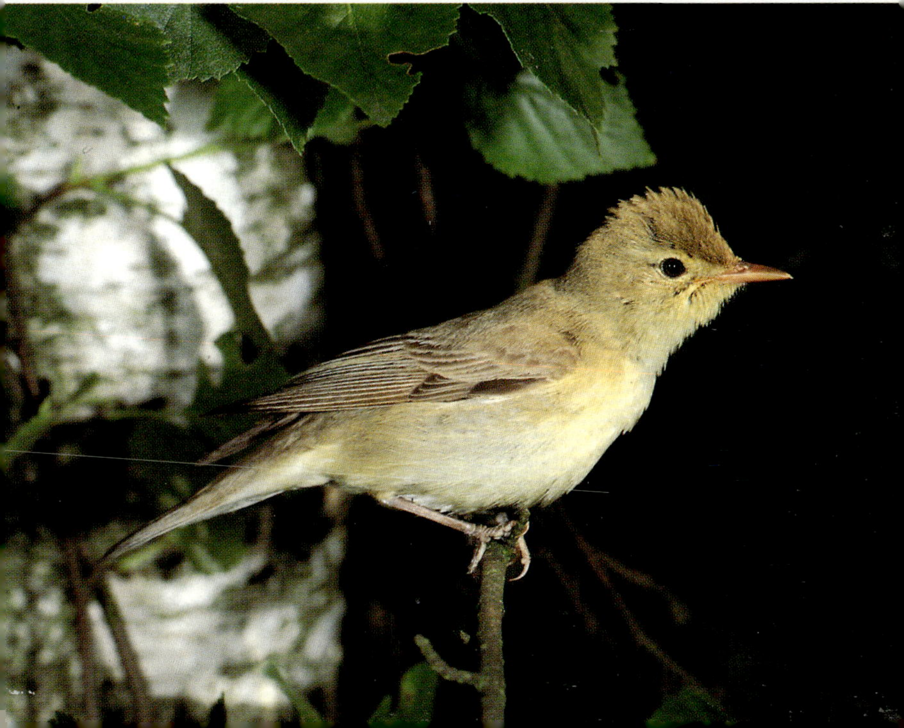

kleiner als Spatz

Dorngrasmücke

Sylvia communis ♂

Grasmücken, Sylviidae. **Kennzeichen:** Schlanker Vogel, unter den Grasmücken mittlere Größe. Flügel vor allem beim ♂ auffallend rostbraun. Schwanz ziemlich lang, mit weißen Außenkanten. Das lebhafter gefärbte ♂ unterscheidet sich durch graue Kopfkappe und deutlich davon abgesetzter weißer Kehle vom matter gefärbten ♀ mit mehr bräunlicher Kopfkappe. Unterseite weißlich mit bräunlichrosa Anflug. Im Herbst oft matter gefärbt. **Stimme:** Bei Erregung Rufe wie »woid woid . . .«, Einzelrufe nach oben gezogen und oft locker gereiht; ferner ähnlich anderen Grasmücken »tek« und rauhe »tschrrt«. Gesang ist eine relativ kurze Folge rauher und schwätzender Elemente. Jedes ♂ singt verschiedene Strophentypen, daher ist der Gesang im einzelnen kaum zu beschreiben. In der Regel ist er durch kurze Strophen, rauhe Laute und gelegentliche Imitationen anderer Vogelstimmen von der Gartengrasmücke zu unterscheiden. **Lebensraum:** Offene Landschaften mit Hecken und einzelstehenden Büschen, wie Waldränder, Feldgehölze, Raine, Bahn- und Straßenböschungen, Kiesgruben oder stark verwilderte Gärten. **Vorkommen:** Sommervogel; April–September, im Tiefland in allen Teilen Mitteleuropas, im Bergland selten oder fehlend.

♂ singen oft auf einer Buschspitze frei sitzend und starten von dort zu einem kurzen, steil aufwärts führenden Singflug mit verlangsamten Flügelschlägen, um dann gleich wieder in der Deckung zu verschwinden. Im Gebüsch sehr lebhaft und rastlos umherhüpfend. Die Nahrung besteht aus Insekten und anderen Kleintieren, im Spätsommer und Herbst wie bei anderen Grasmücken auch aus Beeren. Das Nest ist ein lockerer Napf aus Halmen im dichten Bewuchs, meist in Bodennähe versteckt. Brutzeit Mai–Juli; meist 1 Jahresbrut, seltener auch 2.

Klappergrasmücke

Sylvia curruca ♂

Grasmücken, Sylviidae. **Kennzeichen:** Kleinste einheimische Grasmücke und der Dorngrasmücke ähnlich. Schwanz jedoch deutlich kürzer, Oberseite viel grauer; auf den Flügeln kein Rostbraun. Oberkopf dunkelgrau, Wangen und Ohrdecken schwärzlich. Davon sticht die weiße Kehle deutlich ab. ♀ sind matter gefärbt als ♂. **Stimme:** Bei Erregung harte »tak«, auch schnatternde und zeternde Rufe. Gesang besteht häufig aus zwei Teilen, nämlich einem leisen schwätzenden Vorgesang (der meist nicht weit zu hören ist) und daran anschließendem hölzernem Klappern (Name!). Am Anfang und Ende der Brutzeit hört man häufig nur leise schwätzenden Gesang. **Lebensraum:** Halboffene, buschreiche Landschaften, wie Waldränder, Parks und Gärten, aber auch geschlossene Fichten- und Kiefernschonungen und im Hochgebirge oberhalb der Baumgrenze in der Krummholzzone. **Vorkommen:** Sommervogel; April–Oktober, in allen Teilen Mitteleuropas; meist seltener als Garten- und Mönchsgrasmücke.

Singflug der ♂ ist viel seltener als bei der Dorngrasmücke; meist halten sich die Vögel in dichtem Gebüsch. Die Nahrung besteht aus Insekten; im Herbst auch an Beerensträuchern. Das Nest steht meist niedrig in dichtem Gebüsch oder in jungen Nadelbäumen oder Fichtenhecken. Es ist ein flacher Napf aus Reisern, Halmen und trockenem Gras. Brutzeit Mai–Juli; 1 Jahresbrut.

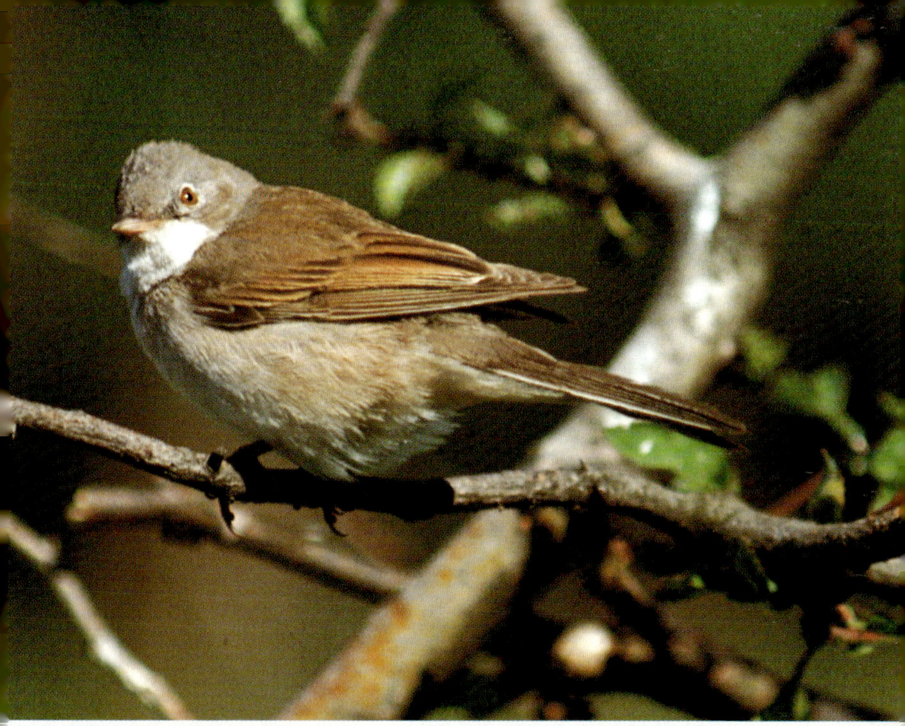
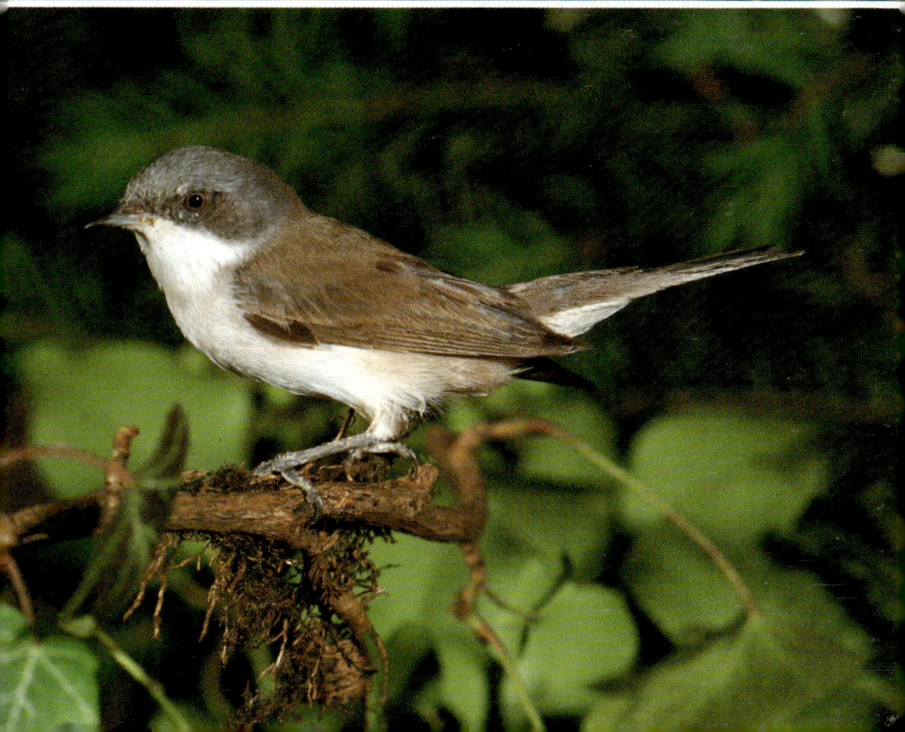

Sumpfrohrsänger
Acrocephalus palustris

Grasmücken, Sylviidae. **Kennzeichen:** Schlanker, überwiegend bräunlicher Vogel mit etwas hellerer Unterseite. Vom Teichrohrsänger optisch nicht sicher zu unterscheiden; alle Merkmale, wie Färbung und Überaugenstreif, geben keine sicheren Anhaltspunkte zur Bestimmung. **Stimme:** Rufe hart, wie »tak« oder »tsar«, auch »wäd« usw. Gesang im Unterschied zu Teichrohrsänger ohne ausgesprochene Rhythmik und ohne Strophengliederung, ein kontinuierliches Gemisch aus wohltönenden, aber dazwischen auch rauhen Elementen. Er besteht fast nur aus Nachahmungen anderer Vogellaute. Sumpfrohrsänger sind die talentiertesten Nachahmer (»Spötter«) in der einheimischen Vogelwelt! Der Gesang einzelner ♂ ist ganz unterschiedlich. **Lebensraum:** Vielseitiger als bei Teichrohrsänger (s. unten); in der Regel dichtes Gebüsch an Gewässern oder in Feuchtgebieten, aber auch Hochstaudenfluren, Brennesseldickichte auf Ödflächen, Hecken, verwilderte Gärten und auch in Raps- und Getreidefeldern. **Vorkommen:** Sommervogel; Mai–September, in Tieflandgebieten aller Teile Mitteleuropas; im Gebirge nur auf die Täler beschränkt. Einer der am spätesten eintreffenden Zugvögel Mitteleuropas.
Die ♂ singen im dichten Gebüsch oder freisitzend auf Halmen. Die Nahrung besteht aus Insekten. Das Nest wird in Halme geflochten, ist aber lokkerer als beim Teichrohrsänger und besteht aus Gräsern, Halmen, Stengeln und Pflanzenwolle. In manchen kleinen Brutgebieten können die Nester sehr dicht beieinander stehen. Brutzeit Mai–Juli; 1 Jahresbrut.

Teichrohrsänger
Acrocephalus scirpaceus S. 222

Grasmücken, Sylviidae. **Kennzeichen:** Dem Sumpfrohrsänger zum Verwechseln ähnlich (s. oben) und daher optisch nicht sicher von der Zwillingsart zu unterscheiden. Wichtige Bestimmungshilfen sind Stimme und Lebensraum. **Stimme:** Rufe rauh »kra« oder auch wetzend »wäd«. Gesang kontinuierlich, aber stark rhythmisch skandiert, nicht sehr schnell vorgetragen und deutlich leiser als der des ebenfalls rhythmisch singenden Drosselrohrsängers (der aber viel größer ist); vor allem kratzende und nasale Elemente, etwa »tiri tiri tiri tschirk tschirk tschirk tserr tserr twi twi twi . .« usw. **Lebensraum:** Brutvogel im Schilf, manchmal auch in ufernahem Gebüsch. Fernab vom offenen Wasser auch in kleinen Schilfstreifen; auf dem Durchzug auch in Büschen der Gärten und Parkanlagen. **Vorkommen:** Sommervogel; Ende April/Anfang Mai–September, in Schilfgebieten aller Teile Mitteleuropas der verbreitetste und meist auch häufigste Rohrsänger.
Teichrohrsänger sitzen meist auf senkrechten Schilfhalmen, oft in Deckung und sind daher schwer zu sehen. Singende ♂ rutschen oft allmählich höher und sitzen dann frei. Die Nahrung besteht aus Insekten. Das Nest ist ein kunstvoll in mehrere Schilfhalme eingeflochtener tiefer Napf, meist über dem Wasser. Die Trägerhalme werden mit Blättern und Fasern in das Nest eingeflochten; die Auspolsterung des Nestes besteht aus Gräsern, Haaren und Federn. In manchen Gebieten sind Teich- und Sumpfrohrsänger auch bevorzugte Wirtsvögel des Kuckucks, obwohl das kleine Rohrsängernest für den heranwachsenden jungen Kuckuck bald zu klein ist. Brutzeit Mai–August; 1 Jahresbrut.

Schilfrohrsänger
Acrocephalus schoenobaenus

  R 2

Grasmücken, Sylviidae. **Kennzeichen:** Etwa so groß wie Teich- und Sumpf-rohrsänger; auffälliger cremefarbener Überaugenstreif. Oberseite braun, mit schwärzlichen Strichen, die am Oberkopf am kräftigsten sind, so daß dieser fast schwarz wirken kann; Bürzel gelbbraun; Unterseite weiß, gegen die Flanken zu rahmfarben. Schwanz zugespitzt und etwas abgestuft. Juv. sind auf der Oberseite gelblicher, Streifung auf dem Oberkopf oft undeutlich. **Stimme:** Bei Erregung scharfe »tsrr« oder tiefe »karr«. Gesang besteht aus sehr langen Strophen oder wird kontinuierlich ohne erkennbare Gliederung vorgetragen, also anders als der rhythmische Gesang des Teichrohrsän-gers. Im Vergleich zum Sumpfrohrsänger klingt der Gesang eilig schwät-zend und enthält mehr kratzende und metallische Elemente, vor allem ein-leitend harte »tzr tzr . . .«-Teile. Imitationen anderer Vögel können einge-schaltet werden, sind aber nicht so häufig wie beim Sumpfrohrsänger. **Lebensraum:** Nicht so eng an Röhricht gebunden wie Teichrohrsänger, auch in Großseggen und in schilfdurchsetztem Weidengebüsch an Gräben und Ufern. **Vorkommen:** Sommervogel; April–Oktober, verbreitet in den Niederungsgebieten Mitteleuropas, vor allem im Norden; im Süden in man-chen Gebieten als Brutvogel fehlend oder zumindest selten und nur als Durchzügler im Herbst und Frühjahr regelmäßig.

Singende ♂ sitzen gern frei auf erhöhten Warten und führen nicht selten einen kurzen Singflug ähnlich wie die Dorngrasmücke aus. Die Nahrung besteht aus kleinen Insekten. Das Nest ist ein umfangreicher Bau aus Hal-men, alten Schilfblättern usw. und meist bodennah im Schilf, in Seggen oder in Weidengebüsch versteckt. Brutzeit Mai–Juli; 1 Jahresbrut.

Zaunkönig
Troglodytes troglodytes

Zaunkönige, Troglodytidae. **Kennzeichen:** Sehr kleiner, rundlicher Vogel mit kurzem, fast ständig steil aufgerichtetem Schwanz. Gesamtfärbung dunkel-braun, aus der Nähe feine dunkle Bänderzeichnung zu erkennen. **Stimme:** Rufe hart »tek tek . .«, bei größerer Erregung auch schnurrend »trrrt«. Gesang laut schmetternd, relativ lange und komplizierte Strophen mit tril-lernden Teilen; im Vergleich zur geringen Größe erstaunlich laut. **Lebens-raum:** Unterholzreicher Wald, Gebüsch und Gestrüpp in Parks und Gärten; im Gebirge bis über die Baumgrenze hinauf. **Vorkommen:** Jahresvogel und Teilzieher, im Winter seltener. Brutvogel in allen Teilen Mitteleuropas.

Zaunkönige schlüpfen geschickt durch das Gebüsch, oft dicht über dem Boden wie eine Maus; Flug schnurrend und geradlinig meist rasch in die nächste Deckung. Die Nahrung besteht aus kleinen Insekten und Spinnen. Das kugelförmige Moosnest mit seitlichem Eingang steht meist dicht über dem Boden im Gebüsch, unter Wurzeln oder überhängenden Pflanzenbü-scheln. Die ♂ bauen zunächst mehrere halbfertige Nester, von denen dann eines ausgewählt wird. Brutzeit April–Juni; meist 2 Jahresbruten.

Schwarzkehlchen ♀ S. 50; Trauerschnäpper ♀ und Halsband-schnäpper ♀ S. 48; Garten- und Mönchsgrasmücke S. 90; Grauschnäpper S. 84; Hänfling S. 86; Baumläufer S. 40

Rauchschwalbe
Hirundo rustica

Foto: oben links
N S.218 S S.230

Schwalben, Hirundinidae. **Kennzeichen:** Schlank, lange Flügel und lange Schwanzspieße bei den ad. Juv. haben kürzeren Schwanz. Oberseite dunkel metallisch blau, Stirn und Kehle braunrot, dunkelblaues Kropfband, die übrige Unterseite rahmfarben. Juv. wirken matter, Kopfzeichnung heller. **Stimme:** Häufiger Ruf »wid wid . . .«, bei Gefahr hoch »ziwitt«. Gesang ist ein melodisches, rasches Zwitschern; die Strophe endet mit einem hellen Schnurrer. **Lebensraum:** Luftjäger, bei kühlem Wetter oft über dem offenen Wasser; Brutvogel in Dörfern, Höfen und Kleinstädten, selten im Inneren von Großstädten. **Vorkommen:** Sommervogel; April–Oktober, in allen Teilen Mitteleuropas.

Häufig gesellig, im Spätsommer und Herbst in Scharen auf Leitungsdrähten. Jagen fliegende Insekten. Das Nest steht im Inneren von Gebäuden, meist auf einer Unterlage. Es bildet eine offene Schale aus Lehm, Erde und Halmen. Brutzeit Mai–September; in der Regel 2 Jahresbruten.

Eisvogel
Alcedo atthis

Foto: oben rechts
R 2

Eisvögel, Alcedinidae. **Kennzeichen:** Ein gedrungener Vogel mit kurzem Schwanz, kurzen Flügeln und langem, dolchförmigem Schnabel. Oberseite glänzend metallisch blau und smaragdgrün, Kehle und Halsfleck weiß, Wangen und Unterseite rostbraun. Schnabel dunkel, Füße korallenrot. Juv. blasser gefärbt. **Stimme:** Hoher, durchdringender Pfiff »tiht«, oft wiederholt. Gesang kurzer Triller, selten zu hören. **Lebensraum:** Flüsse, Bäche, Seeufer, seltener an der Meeresküste; im Winter auch in der Großstadt. **Vorkommen:** Jahresvogel; Brutvogel in allem Teilen Mitteleuropas, doch heute fast überall sehr selten geworden. Nach der Brutzeit und im Winter oft weitab von Brutplätzen.

Eisvögel sitzen oft ruhig auf einer Warte am oder im Wasser, um dann im Tauchstoß kleine Fische zu erbeuten; mitunter jagen sie auch im Rüttelflug. Flug niedrig und schnurrend, meist geradlinig dicht über der Wasseroberfläche. In lehmige oder sandige Steilufer werden horizontale Bruthöhlen gegraben; die Nestkammer liegt 60 bis 110 cm tief. Brutzeit April–August; 2, manchmal auch 3 Jahresbruten.

Bachstelze
Motacilla alba

Foto: unten
J S.212 N S.222

Stelzen, Motacillidae. **Kennzeichen:** Langer Schwanz, lange schlanke Beine, schwarzweiß. Kopfplatte, Kehle und Vorderbrust schwarz, Rücken hellgrau; Schwanz schwarz, mit weißen Außenkanten; Stirn, Kopfseiten und Bauch weiß. Im Herbst Kopf grau. Juv. mehr bräunlichgrau, graubraunes Kropfband. **Stimme:** Rufe »tsip«, »zilip« usw.; Gesang schwätzend. **Lebensraum:** Am Wasser, in Dörfern und Städten und offenen Landschaften. **Vorkommen:** Sommervogel, einige auch im Winter; März–November, in allen Teilen Mitteleuropas.

Auffallendes Schwanzwippen und schnelle Trippelschritte. Nahrung besteht aus Insekten. Nester in Mauerlöchern, auf Dachbalken, unter Ziegeln. Brutzeit April–August; meist 2 Jahresbruten.

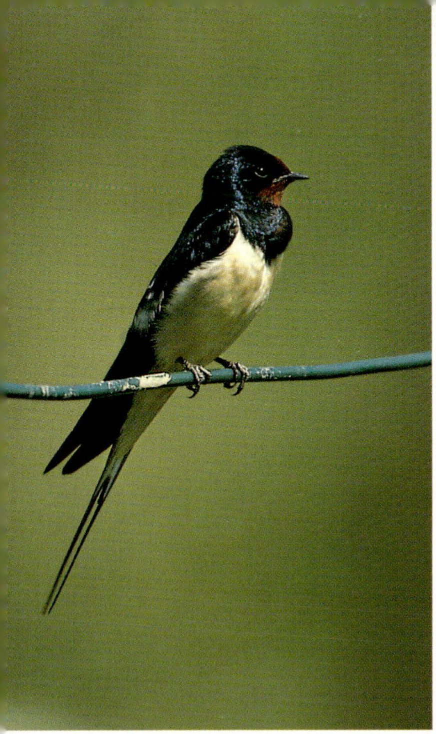
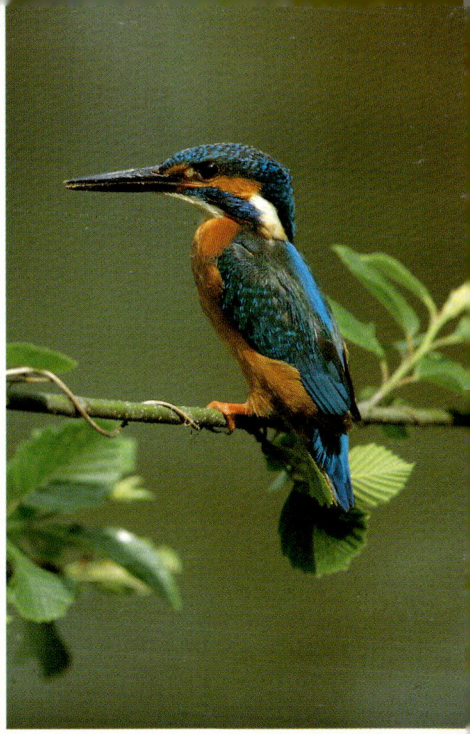
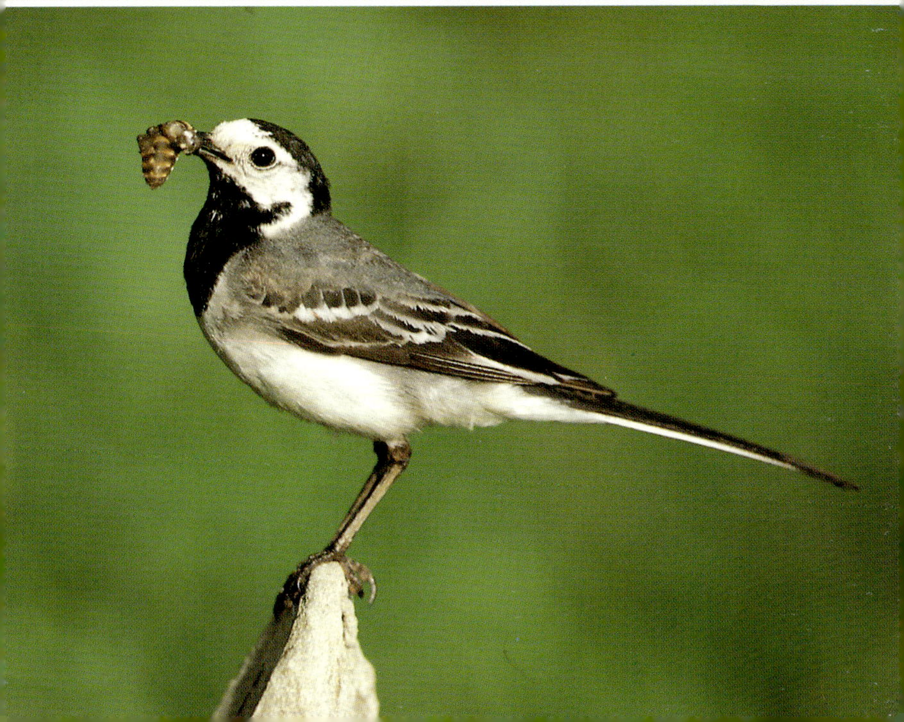

Schafstelze
Motacilla flava

Foto: oben ♂
Ⓡ 3

Stelzen, Motacillidae. **Kennzeichen:** Etwas kleiner und kurzschwänziger als Bachstelze und vor allem Gebirgstelze. Unterseite einfarbig gelb, Oberseite grünlicher als bei Gebirgstelze. ♂ mit blaugrauem Oberkopf und gelber Kehle; meist ist auch ein heller Überaugenstreif zu erkennen. Vor allem im Frühjahr können aber auch Angehörige anderer Schafstelzenrassen in Mitteleuropa auf dem Durchzug beobachtet werden, z. B. ♂ mit schwarzem Oberkopf oder mit grauem Oberkopf und weißer Kehle, wobei der Überaugenstreifen oft fehlt. ♀ blasser als ♂, Oberkopf olivgrün bis braungrau, Unterseite z. T. weniger leuchtend gelb. Juv. oberseits bräunlich, Unterseite weißlich bis rahmfarben; dunkles Kropfband erkennbar. **Stimme:** Ruf scharf, fast einsilbig »psie«, meist im Flug zu hören. Gesang unauffällige kurze Strophe mit Elementen, die an die Rufe erinnern. Gelegentlich kurzer Singflug. **Lebensraum:** Wiesen und Weiden, aber auch Äcker des Tieflandes, ferner Feuchtwiesen, Moore, Sümpfe. Fehlt als Brutvogel im Bergland. Auf dem Durchzug oft direkt am Wasser, sonst weniger ans Wasser gebunden als andere Stelzen. **Vorkommen:** Sommervogel; März–September, in allen offenen Landschaften des Tieflandes, in manchen Gebieten jedoch neuerdings Abnahme.

Läuft rasch und wippt dabei wie die anderen Stelzen mit dem Schwanz. Fast immer am Boden; außerhalb der Brutzeit häufig in Trupps. Die Nahrung besteht hauptsächlich aus Insekten und anderen wirbellosen Kleintieren. Das Nest liegt am Boden, meist in einer Mulde unter dichtem Pflanzenwuchs. Es besteht aus Halmen, Gräsern und Wurzeln. Brutzeit Mai–Juli; 1–2 Jahresbruten.

Gebirgstelze
Motacilla cinerea

Foto: Mitte ♂, unten ♀

Stelzen, Motacillidae. **Kennzeichen:** Langschwänziger als die ebenfalls unterseits gelbe Schafstelze; Oberseite grau, Flügel dunkler. ♂ im Sommerkleid mit schwarzem, durch seitlichen weißen Streifen fein abgesetztem Kehllatz; Brust und Unterschwanzdecken leuchtend gelb, Bauch heller. ♀ mit weißer Kehle, Unterseite weniger leuchtend gelb als bei ♂. Im Winter sind Altvögel auf der Unterseite heller, das ♂ hat keinen schwarzen Kehllatz. Juv. oberseits graubraun, Unterseite hell rahmfarben, nur Unterschwanzdecken deutlich gelb. **Stimme:** Scharf ein- bis viersilbig »ziss zississ«, auch »züih« (mehr im Sitzen). Die Rufe klingen durchdringender als die ähnlichen der Bachstelze. Gesang besteht aus meist etwas abgehackt vorgetragenen Strophen, etwa »zi zi züri . . zizi . .«. **Lebensraum:** Rasch fließende Bäche und Flüsse der Gebirge, aber auch bis ins Flachland hinaus; hier vor allem an kleineren Bächen oder an Staumauern. Außerhalb der Brutzeit einzeln auch an Seeufern oder sogar Parkteichen. **Vorkommen:** Teilzieher, im Winter aber regelmäßig; nur im Norden fehlend.

Fliegt wie alle Stelzen ausgesprochen wellenförmig, oft niedrig über dem Wasser; sitzt gern auf Steinen im rasch fließenden Bach. Im Sitzen und Laufen auffälliges Schwanzwippen. Die Nahrung besteht aus Insekten, kleinen Würmern und Krebstierchen am Wasser. Das Nest steht zwischen Felsen, unter Wurzeln am Ufer oder in Mauerlöchern und ist aus Moos, Gras und kleinen Zweigen gebaut. Brutzeit März–Juli; meist 2 Jahresbruten.

Buchfink
Fringilla coelebs

Foto: links ♂, rechts ♀
J S. 212   N S. 222

so groß wie Spatz

Finken, Fringillidae. **Kennzeichen:** Spatzenähnlicher Vogel, in allen Kleidern jedoch weißlicher Schulterfleck und weißer Flügelstreif; Außenkanten des Schwanzes weiß, Bürzel grünlich. ♂ im Frühjahr und Sommer mit schwarzer Stirn und graublauem Oberkopf und Nacken; Wangen und Brust bräunlichrosa, Bauch weißlich, Schnabel blaugrau. Ab August/September sind die Farben matter, der hellgraue Schnabel hat eine dunkle Spitze. ♀ oberseits hell olivbraun, Unterseite heller, Nacken und Oberkopf mehr grau; kann leicht mit Haussperling verwechselt werden (aber weißer Schulterfleck!). Juv. matter und weiße Abzeichen oft gelblich. **Stimme:** Rufe vielseitig; im Flug ein kurzes »djüb«, bei Erregung laut »pink« (ähnlich Kohlmeise!) oder weich »füid«; ein rauhes »wrrüt« ist der sog. Regenruf, der in einzelnen Gebiet ganz verschieden klingen kann. Der Gesang (»Schlag«) besteht aus einer laut schmetternden und abfallenden Strophe mit einem nach oben gezogenem Endschnörkel, etwa »zizizizizi-zje-zja-ritjuik«. **Lebensraum:** Kommt überall vor, wo es Bäume gibt, und daher auch in allen Parkanlagen und in Gärten häufig. **Vorkommen:** Teilzieher, viele überwintern in Mitteleuropa; überall häufig und einer der verbreitetsten Brutvogel Mitteleuropas. Singende ♂ sitzen meist hoch in Bäumen, zur Nahrungssuche kommen Buchfinken aber oft auf den Boden. Außerhalb der Brutzeit häufig in größeren Schwärmen, auch mit anderen Finkenvögeln oder Ammern vergesellschaftet. Im Winter auch mit Bergfinken zusammen. Die Nahrung besteht aus Sämereien, auch Knospen und Beeren, und vor allem im Sommer aus Insekten. Das kunstvolle Napfnest aus Moos, Gras, Wurzeln und Flechten, außen oft mit Spinnweben durchflochten, steht meist hoch in Bäumen und hohen Büschen. Brutzeit April–Juli; in der Regel 2 Jahresbruten.

Bergfink
Fringilla montifringilla

Foto: links ♂ im Winter, rechts ♀

Finken, Fringillidae. **Kennzeichen:** Gestalt und Verhalten ähnlich Buchfink, im Flügel jedoch weniger Weiß; Schultern und Brust hell orangebraun bis rahmfarben, an den Schultern gelb. Im Abfliegen schmaler weißer Bürzel. ♂ im Winter mit bräunlichem Kopf und Rücken, Nacken und Halsseiten grau, Schnabel gelb mit dunkler Spitze. Im späten Frühjahr werden Kopf und Rücken zunehmend schwarz durch Abnutzung der bräunlichen Federspitzen; Brust und Schultern hellorange, Schnabel blauschwarz. ♀ matter gefärbt, Nacken und Wangen grauer als die bräunliche Oberseite. **Stimme:** Härter als Buchfink »tük« (meist im Flug); besonders typisch ist ein nasales »quäk« oder »dschä«. Gesang bei uns höchstens im späten Frühjahr zu hören als eine Folge gedehnter, an den Grünling erinnernder Laute wie »djää«. **Lebensraum:** In Mitteleuropa vor allem Buchenwälder, Parks und Gärten, auch im offenen Land auf dem Boden. **Vorkommen:** Brutvogel in Skandinavien; in Mitteleuropa regelmäßiger Wintergast Oktober–April, in manchen Jahren in besonders großer Zahl. Nur gelegentlich bleiben einige im Sommer zurück.
Bergfinken sieht man meist in Trupps oder Schwärmen; sie kommen auch ans Futterhaus und sind nicht selten mit Grünlingen oder Buchfinken zusammen. Ihre Nahrung besteht im Winter aus Sämereien und vor allem Bucheckern; im Sommer nehmen sie wie Buchfinken auch Insekten auf.

Haussperling
Passer domesticus

Foto: links ♂, rechts ♀

J S.212

Sperlinge, Passeridae. **Kennzeichen:** ♂ kontrastreich gefärbt, ♀ und juv. unauffälliger. ♂ Oberkopf und Bürzel grau, Nacken und hintere Kopfseiten kastanienbraun, Wangen weiß. Auf Kehle und Vorderbrust ist ein auffälliger schwarzer Latz, der sich von der sonst weißlichen bis hellgrauen Unterseite abhebt. Flügel braun, mit dunklerer Zeichnung und undeutlichen weißen Streifen. Im Herbst und Winter, aber durch die Verschmutzung an den Straßen oft auch im Sommer matter gefärbt. Im Sommer Schnabel schwarz, im Winter graugelblich. ♀ Oberseite graubraun, Unterseite hellgrau; hinter dem Auge rahmfarbener, oft durch Verschmutzung kaum auffallender Strich. **Stimme:** Rufe wie »dchuip« o. ä., meist im Flug; bei Erregung zeternd »tetet . . .« oder »tschet tschet . . .«, auch wohltönend »dü-dü . . .«; Rufrepertoire also viel reichhaltiger als allgemein angenommen. Gesang langanhaltendes rhythmisches »tschilp . . .«. **Lebensraum:** In menschlichen Siedlungen aller Art bis in die Zentren der Großstädte, auch an abgelegenen Einzelhäusern, wenn sie nicht zu isoliert (z. B. im Wald) stehen. **Vorkommen:** Jahresvogel; in allen Teilen Mitteleuropas.

Fast immer gesellig und auch oft Brutvogel in lockeren Kolonien. Im Unterschied zu den sonst ähnlichen Buchfinken hüpfen Sperlinge am Boden mit beiden Beinen gleichzeitig. In Hecken, Alleebäumen oder in Anlagen bilden sich oft große Schlafplatzgemeinschaften. Die Nahrung besteht aus Samen, Früchten, Beeren, Knospen, aber im Sommer auch großenteils aus Insekten. Das Nest wird meist in Mauerlöchern oder -spalten, unter Dächern oder in andere Höhlungen, selten freistehend angelegt. Der etwas unordentlich wirkende kugelige Bau besteht aus Halmen und Stengeln. Brutzeit April–August; 2–3 Jahresbruten.

Feldsperling
Passer montanus

N S.222

Sperlinge, Passeridae. **Kennzeichen:** Etwas kleiner und schlanker als Haussperling, Geschlechter gleich gefärbt. Oberkopf kastanienbraun, schwarzer Kehllatz viel kleiner als bei ♂ Haussperling, schwarzer Fleck auf der weißen Wange; schmaler weißer Halskragen. Oberseite rotbräunlich, 2 dünne weiße Flügelbinden. Im Sommer Schnabel schwarz, im Winter Schnabelbasis gelblich. Juv. matter, schwarze Gesichtszeichnung mehr dunkelgrau, Oberkopf mehr graubraun. **Stimme:** Rufe wie »tek tek . . .«, dazwischen oft helles »zwit«; ferner in Reihen »dschäd« oder »dschid« (weicher als Haussperling). Gesang rhythmisches Schilpen, weicher als Haussperling. **Lebensraum:** Offene Kulturlandschaft mit Hecken, Feldgehölzen, Gärten, aber auch an Dorf- und Waldrändern. In Mitteleuropa weniger an Siedlungen gebunden als der Haussperling. **Vorkommen:** Jahresvogel und Teilzieher; im Tiefland in allen Teilen Mitteleuropas Brutvogel, im Bergland fehlend.

Wie der Haussperling sehr gesellig und meist in Trupps oder größeren Schwärmen, aber oft auch ziemlich scheu und nicht so leicht zu beobachten. In ländlichen Gegenden kommen Feldsperlinge auch ans Futterhaus. Ihre Nahrung besteht aus Samen, Früchten, Knospen, aber auch aus vielen Insekten. Das überdachte Nest aus Halmen und Stengeln, oft mit Federn ausgepolstert, steht fast immer in Höhlen; Nistkästen werden gern bezogen. Brutzeit April–August; 2–3 Jahresbruten.

so groß
wie
Spatz

Gimpel (Dompfaff)
Pyrrhula pyrrhula

Foto: oben ♂, Mitte ♀

S. 222

so groß
wie
Spatz

Finken, Fringillidae. **Kennzeichen:** Gedrungener Vogel, der etwas größer als Haussperling wirkt; kräftiger, aber kurzer schwarzer Kegelschnabel. Flügel, Schwanz und bei den Altvögeln Kopfkappe schwarz; breites weißes Flügelband und weißer Bürzel. ♂ oberseits blaugrau, Unterseite leuchtend rosenrot. ♀ oberseits mehr graubraun, Unterseite rötlichgrau. Juv. Kopf und Rücken einfarbig braun, Unterseite gelblichbraun, Bürzel nicht reinweiß. **Stimme:** Häufig zu hören ist ein sanft pfeifendes »düh«; beim Abfliegen meist kürzer »büt büt . .«. Der leise vorgetragene Gesang besteht aus zwitschernden gepreßten Tönen. **Lebensraum:** Nadel- und Mischwald, Fichtenanpflanzungen, Waldränder, aber auch in Parks und Gärten, sofern Gebüsch oder dichte Hecken vorhanden sind. **Vorkommen:** Jahresvogel; in allen Teilen Mitteleuropas Brutvogel, im Sommer oft recht heimlich.

Im Flug ist der weiße Bürzel ein auffälliges Kennzeichen. Meist sieht man Gimpel paarweise, im Winter auch in kleineren Trupps. Dann sind die Vögel oft nicht scheu und lassen sich aus der Nähe beobachten. Bewegungen recht gemächlich. Die Nahrung besteht aus kleinen Sämereien von Stauden, Sträuchern und Bäumen, im Frühjahr häufig Knospen, im Sommer auch Insekten und im Herbst Beeren. Das locker gebaute Nest aus Reisig, Moos und Wurzeln ist meist in dichten Büschen oder jungen Nadelbäumen versteckt. Brutzeit April–August; meist 2 Jahresbruten.

Mehlschwalbe
Delichon urbica

Foto: unten
S. 218   S. 230

Schwalben, Hirundinidae. **Kennzeichen:** Von der Rauchschwalbe durch rein weiße Unterseite und schon von weitem durch den weißen Bürzel zu unterscheiden. Im Flugbild Flügel etwas breiter, Schwanz gegabelt, aber ohne lange äußere Schwanzspieße. Oberseite metallisch blauschwarz. Juv. oberseits bräunlichschwarz. **Stimme:** Rufe im Flug »prrt« oder »tschirrip«, weicher als der ähnliche Ruf der Uferschwalbe. Bei Gefahr hoch »zier« oder »ziürr«. Gesang ist ein kurzes Schwätzen, das im wesentlichen aus Rufen besteht, weniger abwechslungsreich als Rauchschwalbe, ohne einen Schnurrer am Ende. **Lebensraum:** Brutvogel in Dörfern und Vorstädten, in großen Städten seltener; gelegentlich auch an Felswänden. Jagt über offenem Gelände, an regnerischen und wolkigen Tagen auch über dem Wasser. **Vorkommen:** Sommervogel; April–Oktober (kommt später als Rauchschwalbe zurück), in allen Teilen Mitteleuropas.

Im Flug mehr flatternd und weniger elegant als Rauchschwalbe. Beide Arten jagen aber oft zusammen. Mehlschwalben sind ausgesprochen gesellig; oft stehen die Nester dicht nebeneinander. Vor dem Abzug sitzen oft große Schwärme auf Leitungsdrähten, nicht selten mit Rauchschwalben untermischt. Die Nahrung besteht aus kleinen Insekten, die ausschließlich im Flug in der Luft erbeutet werden. Die Nester hängen im Unterschied zu jenen der Rauchschwalbe außen an Gebäuden, meist unter Dachvorsprüngen. Brettchen können das Abstürzen der gemörtelten Lehmkugeln verhindern, die im Unterschied zu den Nestern der Rauchschwalbe bis auf einen kleinen Einflugschlitz geschlossen sind. Das Baumaterial wird aus Pfützen und feuchten Bodenaufschlüssen geholt; als Klebstoff dient auch Speichel. Brutzeit Mai–September; meist 2, manchmal auch 3 Jahresbruten.

Kohlmeise
Parus major

Foto: oben links
J S. 210 N S. 220

Meisen, Paridae. **Kennzeichen:** Größte einheimische Meise. Kopf schwarz, mit weißen Wangen; Oberseite grün bis graublau, schmaler weißer Flügelstreif. Unterseite gelb, mit schwarzem Mittelstrich, der bei den ♂ breiter als bei den ♀ ist; Schwanzseiten weiß. Juv. matter gefärbt, Kopfzeichnung mehr schwarzbraun, Wangen gelblich, Unterseite matter gelb. **Stimme:** Sehr variabel. Rufe ein- oder mehrsilbige »pink« (wie Buchfink), bei Erregung »tscherr« oder »zi detetet«, dann auch »zit tuit«. Die ausgeflogenen Jungen rufen viel, etwa »dsche dsche dsche . .«. Gesang besteht aus kurzen rhythmischen Strophen, wie etwa »zi zi be be . .« oder »dschi dschi . . . züti züti . .« (kräftiger als Tannenmeisen). **Lebensraum:** In Wäldern aller Art, Parks und Gärten. **Vorkommen:** Jahresvogel; in allen Teilen Mitteleuropas, meist die häufigste Meise.

Häufigkeit und Auffälligkeit machen Kohlmeisen zu den bekanntesten heimischen Vögeln; in Parkanlagen sind sie auch oft futterzahm. Die Nahrung besteht aus Insekten und deren Larven, Spinnen, Sämereien; im Winter gern am Fettfuttergemisch. Höhlenbrüter, häufig in Nistkästen. Brutzeit April–Juli; 1–2 Jahresbruten.

Kleiber
Sitta europaea

Foto: oben rechts
N S. 218

Kleiber, Sittidae. **Kennzeichen:** Gedrungener Vogel mit kurzem Schwanz und kräftigem Schnabel. Oberseite blaugrau, Unterseite rahmgelb bis weißlich; beim ♂ Flanken lebhaft kastanienbraun, beim ♀ heller rötlichbraun; langer schwarzer Augenstrich; kräftige Beine und lange Zehen. **Stimme:** Rufe auffallend »tuit« oder »twit«, auch feiner »sit« oder »tit tit tsirr«. Gesang entweder ein lautes Pfeifen, etwa »wiwiwiwi . . .«, oder trillernd »trirrr«. **Lebensraum:** Laub- und Nadelwälder, Parks und Gärten mit alten Bäumen. **Vorkommen:** Jahresvogel; in allen Teilen Mitteleuropas.

Kleiber sind unermüdliche Kletterer und können am Stamm auch abwärts und an großen Ästen kopfunter klettern. Im Winter besuchen sie häufig auch das Futterhaus, meist nur einzeln. Die Nahrung besteht aus Insekten, Spinnen, gröberen Sämerein und am Futterplatz auch aus Nüssen. Höhlenbrüter, der meist Rindenstückchen (Spiegelrinde der Kiefer) einträgt. Das Schlupfloch wird meist verklebt (Name!) und dadurch der Körpergröße angepaßt. Brutzeit April–Juni; 1 Jahresbrut.

Kleinspecht
Dendrocopos minor

Foto: links ♂, rechts ♀

Spechte, Picidae. **Kennzeichen:** Kleinster einheimischer Specht. Schwarzer Rücken mit feinen weißen Querstreifen; Unterseite weißlich, Flanken dunkel gestreift. Oberkopf beim ♂ rot und weißlich gefleckt, beim ♀ meist weißlich bis hellbraun. **Stimme:** Rufe, wie »kick«, selten zu hören. Gesang hell und rasch »kikiki . .« (viel feiner als Buntspecht). **Lebensraum:** Lichte Wälder und Gehölze, Auwälder, Obstgärten. **Vorkommen:** Jahresvogel; in Tieflandgebieten Mitteleuropas überall anzutreffen, aber nicht häufig.

Brütet in selbstgezimmerten Baumhöhlen. Brutzeit April–Juli; 1 Jahresbrut.

Steinschmätzer
Oenanthe oenanthe

Foto: links ♂, rechts ♀
Ⓡ 2

Sänger, Muscicapidae. **Kennzeichen:** Aufrecht sitzender Bodenvogel, der beim Abfliegen am Hinterende einen großen weißen Fleck zeigt. Bürzel und basale Schwanzhälfte sind weiß, das Schwanzende ist breit schwarz gesäumt und in der Mitte des Schwanzes läuft ein breiter schwarzer Streifen nach vorne; die Zeichnung ähnelt einem umgekehrten schwarzen T auf weißem Grund. Kein anderer heimischer Singvogel hat ein derart auffälliges weißes Körperende (jedoch nur im Auffliegen sichtbar!). ♂ im Sommer Oberseite grau, weißer Überaugenstrich und dunkler Strich durchs Auge, der sich zu einer kleinen schwarzbraunen Gesichtsmaske verbreitert; Flügel schwarz, Unterseite hellbräunlich bis weiß. Im Herbst Oberseite graubraun; Unterseite mehr hellbraun, insgesamt also dem ♀ ähnlicher. ♀ bräunlich, Gesichtsmaske undeutlicher, bräunlich; Überaugenstreif rahmfarben. **Stimme:** Rufe hart »töck« oder fast stimmlos »tk«, auch hohe »fi«. Gesang kurzes Zwitschern mit wohltönenden Pfeiftönen, aber auch harten und gepreßten Elementen. **Lebensraum:** Offenes steiniges oder felsiges Gelände, z.B. Brach- und Ödland, Kiesgruben, Dünen, Moor- und Heidelandschaften, aber auch die Felsstufe der Hochgebirge. Auf dem Durchzug häufig an Gräben mit aufgeworfenen Erdhaufen oder auf frisch umgepflügten Äckern. **Vorkommen:** Sommervogel; April–Oktober, als Brutvogel in ganz Mitteleuropa verbreitet, doch überall selten geworden; regelmäßiger Durchzügler im Frühjahr und Herbst.

Steinschmätzer sitzen fast immer auf dem Boden, aber gerne erhöht auf Erd- und Steinhaufen oder Zaunpfosten. Ihre Nahrung besteht aus Insekten und anderen Kleintieren. Das Nest ist in Steinhaufen, Erdhöhlen oder Mauerlöchern versteckt. Brutzeit April–Juni; 1 Jahresbrut.

Rohrammer
Emberiza schoeniclus

Foto: links ♂, rechts ♀

Ammern, Emberizidae. **Kennzeichen:** Oberseite rotbraun mit kräftiger dunkler Strichzeichnung; Schwanzseiten weiß. ♂ im Sommer mit schwarzem Kopf, der durch einen breiten weißen Halskragen vom dunklen Rücken abgesetzt ist; auffälliger weißer Wangenstreif. Unterseite weiß, Flanken dunkel gestrichelt. Im Herbst ist der Kopf überwiegend bräunlich und der weiße Halskragen nur schwach erkennbar. ♀ Kopf überwiegend graubraun, mit hellem Überaugenstrich und oft recht auffallender schwarzweißer Bartzeichnung. Kein deutlich abgesetztes weißes Halsband. Unterseite hellbräunlich, lebhafter gestrichelt als bei ♂. Juv. ähnlich ♀. **Stimme:** Ruf hoch »zih« (häufig zu hören), aber auch schilpend »tschink«. Gesang besteht aus kurzen, etwas abgehackten Strophen, etwa »zji-zja-ziz-zississ«. **Lebensraum:** In Schilf- und Seggenbeständen an Seen und Flüssen, in Weidenbüschen von Feuchtgebieten, oft an kleinen Tümpeln und Vernässungen. **Vorkommen:** Teilzieher, aber nur in milderen Tieflandgebieten regelmäßig im Winter; meist Februar–November, in allen Teilen Mitteleuropas.

Die singenden ♂ sitzen oft im Schilf; Rohrammern wirken aber nicht so schlank wie Rohrsänger. Die Nahrung besteht aus Insekten und anderen Kleintieren, aber auch aus kleinen Sämereien. Das Nest aus Schilfblättern und Halmen steht meist niedrig in Büschen, Seggenbülten oder im umgebrochenen Schilf. Brutzeit Mai–Juli; meist 2 Jahresbruten.

Gartenrotschwanz
Phoenicurus phoenicurus

Foto: links ♂, rechts ♀

R 3 J S. 212

so groß
wie
Spatz

Sänger, Muscicapidae. **Kennzeichen:** ♂ im Sommer recht bunt gefärbt. Oberseite grau, Gesicht schwarz, mit auffallender weißer Stirn. Brust und Flanken lebhaft orange, Schwanz orangerot. Ab August/September sind die Farben durch bräunliche und weißliche Federspitzen viel matter. ♀ sind schwer vom Hausrotschwanz zu unterscheiden, insgesamt aber heller, vor allem an der Kehle und auf der Unterseite. Juv. sind auf der Unterseite bräunlich gefleckt, viel auffallender als juv. Hausrotschwänze. **Stimme:** Rufe etwas klagend »huit« oder bei Erregung »huit tek tek«. Gesang schwer zu beschreiben, insgesamt wohltönender als der des Hausrotschwanzes; setzt meist mit einem hohen gedehnten Ton ein, dem 2–3 kürzere, tiefere folgen, etwa »hüi träträträ ...«; dann schließt sich eine Folge von wohltönenden oder gepreßten Lauten an, denen auch Nachahmungen anderer Vogellaute beigemischt sein können. **Lebensraum:** Lichter Laub- und Mischwald, Obstgärten, Parks und Gärten, auch an Häusern. **Vorkommen:** Sommervogel; April–Oktober, in allen Teilen Mitteleuropas.

Beide Rotschwanzarten knicksen und zittern häufig mit dem Schwanz und sitzen vor allem beim Singen gerne frei auf hohen Warten. Die Nahrung besteht aus kleinen Insekten, die mitunter im kurzen Jagdflug von der Sitzwarte aus erbeutet werden oder auf einem kurzen Flug zum Boden. Im allgemeinen sitzen Gartenrotschwänze aber weniger häufig auf dem Boden als Hausrotschwänze (s. unten). Das Nest steht in Baumhöhlen, Fels- und Mauerlöchern; Nistkästen mit großem Einflugloch oder Halbhöhlen werden gerne angenommen. Brutzeit Mai–Juli; 1, oft auch 2 Jahresbruten.

Hausrotschwanz
Phoenicurus ochruros

Foto: links ♂, rechts ♀

J S. 212

Sänger, Muscicapidae. **Kennzeichen:** ♂ im Sommer überwiegend schwarz bis dunkel schiefergrau, mit auffallendem weißem Flügelspiegel; Schwanz rostrot, mit dunkler Mitte. Im Herbst sind ♂ matter gefärbt. Man kann aber auch singende ♂ beobachten, die wie ♀ gefärbt sind (einjährige ♂). ♀ ähnlich Gartenrotschwanz, doch vor allem auf der Unterseite dunkler graubraun. Juv. dunkler als Gartenrotschwanz und weniger deutlich auf der Brust gefleckt. **Stimme:** Rufe kurz »tsip« oder ähnlich Gartenrotschwanz »hid tek tek« (kürzer und härter), auch fast stimmlos »tk tk ..«. Gesang besteht aus 4–5 einleitenden Elementen auf gleicher Höhe, denen dann fast stimmlose und gepreßte Elemente folgen. **Lebensraum:** Ursprünglich Felsbewohner und als solcher im Hochgebirge und in Steinbrüchen auch heute noch Brutvogel; als Hausbewohner in Dörfer und Städte eingewandert. **Vorkommen:** Sommervogel (einzelne in milden Gegenden auch im Winter); März–November, in allen Teilen Mitteleuropas.

Singende Hausrotschwänze sitzen oft hoch auf Dachfirsten oder Antennen und singen auch mitten in der Großstadt, oft schon vor Sonnenaufgang. Bei der Nahrungssuche sieht man sie auch häufig auf dem Boden (Schwanzzittern, vgl. Gartenrotschwanz). Das Nest steht in Fels- und Mauerlöchern, unter Dächern und in Scheunen; auch Halbhöhlen-Nistkästen werden angenommen. Brutzeit April–Juli; meist 2 Jahresbruten.

Baumpieper S. 94; Mönchsgrasmücke S. 90; Neuntöter S. 108

Grauschnäpper
Muscicapa striata

Foto: oben links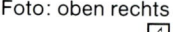

 so groß wie Spatz

Sänger, Muscicapidae. **Kennzeichen:** Optisch und akustisch sehr unauffälliger Vogel, der leicht übersehen wird. Sitzt gerne ziemlich aufrecht auf freien Warten und startet von dort zu kleinen Jagdflügen, um wieder auf den Ausgangspunkt oder in die Nähe zurückzukehren. Flügelzucken und Schwanzwippen; Färbung graubraun, Bauch weißlich. Außer feinen Strichen an Brust und Stirn (die man aber nur aus der Nähe sieht) keine Abzeichen. **Stimme:** Rufe scharf »tzk« oder »zek«, auch gereiht wie »zi-tek-tek«. Gesang unauffällig mit gepreßten Elementen. **Lebensraum:** Lichte Wälder, meist Laub- und Mischwälder, aber auch an Rändern und Lichtungen von Nadelwäldern; Parks und Gärten, nicht selten an Häusern. **Vorkommen:** Sommervogel; April–September, in allen Teilen Mitteleuropas.

Einzelgänger. Nahrung besteht hauptsächlich aus fliegenden Insekten. Das Nest wird in Höhlen und Nischen angelegt, z.B. in Baum- und Felshöhlen, Mauerlöchern unterm Dach, in Halbhöhlen-Nistkästen. Brutzeit Mai–Juli; 1–2 Jahresbruten.

Feldschwirl
Locustella naevia

Foto: oben rechts

Grasmücken, Sylviidae. **Kennzeichen:** Ein Vogel, den man eher hört als sieht. Schlank; relativ langer, abgerundeter Schwanz. Oberseite oliv- bis hellbraun und dunkel gefleckt; Unterseite ungezeichnet, rahmweiß. **Stimme:** Gesang ist eine sehr lange Folge heuschreckenähnlicher Schwirrer, aus denen man ein »i« heraushören kann; singt auch nachts. **Lebensraum:** Dichtes Gebüsch in Sumpfwiesen, aber auch in feuchten Wäldern oder auf trockenen Waldlichtungen, auch hochrasige und mit Schilf durchsetzte Sumpfwiesen. **Vorkommen:** Sommervogel; April–September, im Tiefland Mitteleuropas, gebietsweise nicht selten.

Feldschwirle halten sich meist im Dickicht versteckt und schlüpfen geschickt durch dichten Pflanzenwuchs. Der Gesang erinnert überhaupt nicht an einen Vogel! Die Nahrung besteht aus Insekten und Spinnen. Das tiefe Napfnest steht nahe am Boden in der Vegetation. Brutzeit Mai–Juli; 1 Jahresbrut.

Heckenbraunelle
Prunella modularis

Foto: unten

Braunellen, Prunellidae. **Kennzeichen:** Unauffälliger, spatzenähnlicher Vogel (doch schlanker Schnabel). Kopf und Brust grau, Rücken und Flügel bräunlich, mit dunklerer Streifung; Flanken gestrichelt. **Stimme:** Rufe metallisch »zieht« oder feine »di di di«. Gesang besteht aus wohlklingenden auf- und absteigenden zwitschernden Strophen. **Lebensraum:** Buschiges Gelände, z.B. Fichtenschonungen und Unterwuchs der Wälder, Parks, verwilderte Gärten; im Gebirge bis über die Baumgrenze. **Vorkommen:** Teilzieher; vor allem März–November, in allen Teilen Mitteleuropas.

Hält sich meist in der Vegetation verborgen, doch singende ♂ sitzen frei auf hohen Warten. Nahrung besteht aus Kleintieren und feinen Sämereien. Das feste Moosnest ist in Jungfichten oder im Gebüsch versteckt. Brutzeit April–Juni; meist 2 Jahresbruten.

84

Grünling
Carduelis chloris

Foto: links ♂, rechts ♀

S.222

Finken, Fringillidae. **Kennzeichen:** Robuster und etwas dicklicher Vogel mit kräftigem Kegelschnabel; Schwanz relativ kurz und deutlich gegabelt. Gesamtfärbung grün bis grüngrau, an den Handschwingen und an der Basis des Schwanzes gelblich. ♂ oberseits olivgrün, Unterseite gelbgrün, im Flügel etwas grau; im Herbst insgesamt etwas matter gefärbt. ♀ oberseits graubraun und schwach dunkel gestrichelt, Unterseite überwiegend grau mit gelblicher Tönung. Im Flügel und am Schwanz weniger Gelb als ♂. Juv. oberseits bräunlich, Unterseite heller; mehr oder minder deutlich gestrichelt. **Stimme:** Ruft im Abfliegen klingelnd »gügügüg«, sonst auch »dui« oder gedehnt »dschwuit«. Gesang besteht aus hellen Trillern, die etwas an einen Kanarienvogel erinnern und mit einem quetschenden »schwoänsch« enden; dazwischen auch weithin hörbare Pfeiflaute. **Lebensraum:** Lichte Laub- und Mischwälder, Waldränder, Hecken und Feldgehölze, Parks und Gärten, auch mitten in der Großstadt. Jahresvogel (ein kleiner Teil zieht auch weg); in allen Teilen Mitteleuropas, häufig.

Die singenden ♂ führen im Frühjahr oft einen schmetterlingsartigen Singflug aus. Im Winterhalbjahr einer der häufigsten Besucher am Futterhaus, meist in kleinen Trupps, auch oft auf dem Boden. Die Nahrung besteht aus Sämereien (mit dem kräftigen Schnabel können auch größere Körner bewältigt werden), Knospen und Blüten, im Sommer auch aus Insekten. Das locker gebaute Nest besteht aus kleinen Zweigen, Halmen und Moos und steht meist halbhoch in dichten Büschen und Bäumen, mitunter auch in Blumenkästen auf dem Balkon oder in Kletterpflanzen an der Hauswand. Brutzeit April–August; 2–3 Jahresbruten.

Hänfling
Carduelis cannabina

Foto: links ♂, rechts ♀

Finken, Fringillidae. **Kennzeichen:** Kleiner, schlanker Finkenvogel mit relativ schlankem Schnabel und gegabeltem Schwanz; Oberseite zimtbraun, im Flügel und an der Schwanzbasis etwas Weiß. ♂ im Frühjahr und Sommer an Stirn und Brust karminrot, Kopf grau, Kehle und Bauch hell. Im Herbst ist das Rot größtenteils verdeckt. ♀ matter gefärbt (Oberseite weniger intensiv rotbraun) und ohne rote Abzeichen. **Stimme:** Im Flug typische Rufe etwas nasal »gegege«, in Erregung gedehnt »üje«. Gesang ist schwer zu beschreiben, das nasale Geckern ist herauszuhören, dann aber Triller und Pfeiftöne sowie geräuschhafte Laute. **Lebensraum:** Offene Kulturlandschaft mit Hecken und Gehölzen, z.B. abwechslungsreiche Ackerlandschaft, verbuschte Flächen, Ödland mit Staudenfluren, Friedhöfe mit dichten Hecken, auch in Gärten oder an Dorfrändern. **Vorkommen:** Teilzieher; im Tiefland in ganz Mitteleuropa verbreitet, in Waldgebieten und vor allem im Bergland oft selten.

Außerhalb der Brutzeit oft in kleinen Schwärmen vielfach an Hochstauden oder in Gebüschen, auch am Boden, weniger in höheren Bäumen. Die Nahrung besteht aus kleineren Sämereien, im Sommer auch aus Insekten. Das Nest ist meist niedrig in Büschen, Hecken oder jungen Bäumen versteckt; nicht selten brüten mehrere Paare dicht beieinander. Das Baumaterial besteht aus Halmen, Wurzeln und anderen Pflanzenmaterialien. Brutzeit April–August; meist 2 Jahresbruten.

Goldammer
Emberiza citrinella

Foto: links ♂, rechts ♀
 N S. 222

Ammern, Emberizidae. **Kennzeichen:** ♂ im Sommer mit größtenteils gelber Unterseite und leuchtend gelbem Kopf; meist rotbrauner Bartstreifen und über die Brust zumindest Andeutung eines rotbraunen Bandes; Strichzeichnung im Gesicht. Oberseite rotbraun und dunkel gestrichelt. Im Herbst und Winter ist das Gelb matter, Kopf und Kehle sind fein gestrichelt. ♀ mit viel weniger Gelb, Brust mehr rostfarben; Kopf und Kehle dunkel gezeichnet. In allen Kleidern Bürzel rostbräunlich bis braun; im Auffliegen sind weiße Außenkanten des Schwanzes sichtbar. **Stimme:** Rufe hart »ziß« oder »zrik«, oft auch nur fast stimmlos »trs«. Gesang besteht aus sehr charakteristischen Strophen, etwa »zizizizizizi-ziihdüh«, oft ist der etwas tiefere Schluß auch verkürzt, wie »zizi. . . . . .-düh«. **Lebensraum:** Abwechslungsreiche, überwiegend offene Kulturlandschaft, wie Waldränder, Hecken und Feldgehölze, auch am Dorfrand. **Vorkommen:** Teilzieher; in allen Tieflandsgebieten Mitteleuropas, im Gebirge meist selten und nur in den Tälern.

Goldammern singen meist freisitzend auf Leitungsdrähten, Buschspitzen oder anderen erhöhten Warten, auch noch bis weit in den Sommer hinein, wenn andere Singvögel meist schon verstummt sind. Zur Nahrungssuche sieht man sie häufig auf dem Boden, außerhalb der Brutzeit meist in kleineren Trupps. Die Nahrung besteht im Sommer großenteils aus Insekten und anderen Kleintieren, sonst aus Sämereien und grünen Pflanzenteilen. Das Nest aus Gräsern und Halmen steht im Gebüsch oder in jungen Baumkulturen meist nahe am Boden, oft an Wegböschungen oder Gräben. Brutzeit April–Juli; meist 2 Jahresbruten.

Rotkehlchen
Erithacus rubecula

J S. 212   N S. 220

Sänger, Muscicapidae. **Kennzeichen:** Kleiner rundlicher Vogel mit großen dunklen Augen und schlankem Schnabel; relativ lange Beine. Oberseite olivbraun, Bauch weißlich; Gesicht und Brust rotorange, an den Halsseiten grauer Saum. Juv. Ober- und Unterseite dunkelbraun und rahmfarben gefleckt, keine rötliche Kehle! **Stimme:** Häufig zu hörender Ruf scharf »zik«, oft in rascher Folge (»Schnickern«), vor allem abends. Der Gesang besteht aus einer perlenden Tonreihe von etwas wehmütigem Klang; dazwischen aber auch scharfe, fast zischende Laute. **Lebensraum:** Dichtes Gebüsch, so vor allem unterholzreiche Wälder, Parks und Gärten mit dichten Hecken und Büschen (ähnlich wie Heckenbraunelle). **Vorkommen:** Teilzieher, in kalten Gebieten im Winter oft nur unregelmäßig; verbreiteter Brutvogel in allen Teilen Mitteleuropas, auch hoch hinauf in den Gebirgswäldern.

Rotkehlchen sind oft gar nicht scheu und lassen sich vor allem in der kalten Jahreszeit mitunter aus nächster Nähe beobachten. Zur Nahrungssuche hüpfen sie auch oft auf den Boden; im Sitzen hängen die Flügel meist etwas herunter, der Schwanz wird gestelzt. Knickst häufig. Den Gesang kann man fast das ganze Jahr über hören, vor allem an milden Abenden oft noch bei völliger Dunkelheit. Die Nahrung besteht aus Insekten, kleinen Würmern, Schnecken und Spinnen, vor allem im Spätsommer und Herbst auch aus Beeren und kleinen Früchten; einzelne Vögel kommen auch ans Futterhaus, um Weichfutter oder kleine Sämereien aufzunehmen. Das Napfnest steht am Boden. Brutzeit April–Juli; meist 2 Jahresbruten.

Mönchsgrasmücke
Sylvia atricapilla

Foto: oben ♂, Mitte ♀

Grasmücken, Sylviidae. **Kennzeichen:** Schlanker grauer Vogel mit dünnem Schnabel; etwas schlanker als Gartengrasmücke. ♂ oberseits graubraun, Unterseite etwas heller; schwarze Kopfkappe bis etwa an den Oberrand der Augen. ♀ insgesamt etwas bräunlicher, rotbraune Kopfkappe. Auch die juv. tragen eine rotbraune Kopfkappe, die bei den jungen ♂ aber etwas dunkler ist. **Stimme:** Rufe hart »tek«, in Erregung auch gereiht. Der Gesang ist ähnlich der Gartengrasmücke, doch flötender. Der Folge reiner und lauter Flötentöne geht oft ein leise schwätzender Vorgesang voraus, den man aber aus größerer Entfernung nicht hört. Manche ♂ »leiern« auch und bringen eine Folge etwa wie »dila dila dila . .«. **Lebensraum:** Dichtes Gebüsch in lichten Laub- und Nadelwäldern, Auwäldern, Parkanlagen und Gärten (in vielen Gebieten hier häufiger als die »Garten«-grasmücke!), auch in Jungfichtenbeständen. **Vorkommen:** Sommervogel; April–Oktober (einzelne auch noch später), in allen Teilen Mitteleuropas, auch im Bergland.

Mönchsgrasmücken leben meist recht versteckt; daher ist der laute Gesang ein wichtiges Kennzeichen. Vor allem im Spätsommer und Herbst sieht man sie aber häufiger als manche anderen Buschbewohner, da sie dann gern an Beerensträuchern (z. B. Holunder) Nahrung suchen. Die Hauptnahrung bilden kleine Insekten und Spinnen. Unter den heimischen Grasmücken ist die Mönchsgrasmücke im Sommerhalbjahr am längsten bei uns. Das Nest ist meist niedrig im Gebüsch versteckt, besteht aus feinen Halmen, kleinen Wurzeln und anderem zarten Pflanzenmaterial und ist meist in die Zweige eingeflochten. Brutzeit Mai–Juli; 1–2 Jahresbruten.

Gartengrasmücke
Sylvia borin

Foto: unten

Grasmücken, Sylviidae. **Kennzeichen:** Größe wie Mönchsgrasmücke, doch Schnabel etwas kräftiger. Einfarbig grauer Vogel ohne auffällige Abzeichen. Vom Grauschnäpper (S. 84) durch Verhalten und andere, mehr langgestreckte Gestalt, von Laubsängern oder Gelbspötter durch bedeutendere Größe zu unterscheiden. **Stimme:** Ähnlich Mönchsgrasmücke. Rufe wie »tschäk«, doch meist weniger hart, auch rauh »tscharrr« und wiederholte »wed wed wed«. Der Gesang ist wohltönend und kräftig; im Unterschied zu den mehr flötenden Strophen der Mönchsgrasmücke könnte man den Gesang der Gartengrasmücke als »orgelnd« bezeichnen (er wirkt »kehliger«); er wird hastiger vorgetragen; die Strophen sind oft lang und plätschern dahin. **Lebensraum:** Gebüsche, z. B. in unterholzreichen lichten Laubwäldern meist an Waldrändern und an Lichtungen, im Ufergebüsch, in Parks und Gärten (vgl. Mönchsgrasmücke). **Vorkommen:** Sommervogel; Mai–September, in Mitteleuropa weit verbreitet.

Da sich Gartengrasmücken ausgezeichnet verstecken und meist gleich wieder in die Deckung zurückfliegen, sind sie schwer zu beobachten. Der Gesang ist wie bei der Mönchsgrasmücke ein wichtiges Zeichen, ihre Anwesenheit festzustellen. Mit einiger Übung kann man die beiden Gesänge gut unterscheiden. Die Nahrung besteht aus kleinen Insekten; im Herbst werden auch Beeren angenommen. Das Nest steht meist niedrig in Büschen oder in Hochstauden (z. B. Brennesseln); es ist meist schlampiger gebaut als das der Mönchsgrasmücke. Brutzeit Mai–Juli; 1–2 Jahresbruten.

Wasserpieper
Anthus spinoletta

 ♩ Ⓡ 4

Stelzen, Motacillidae. **Kennzeichen:** Die in Mitteleuropa brütenden Vögel, die man häufig auch als »Bergpieper« bezeichnet, haben im Sommer eine einheitliche hellgraue Oberseite und eine weiße bis rahmfarbene Unterseite mit leichtem rötlichem Anflug; weißlicher Überaugenstreif, kaum gefleckt; Außenkante des Schwanzes weiß. Im Winter dem Wiesenpieper ähnlich, doch Oberseite dunkler braun, Beine dunkel, kräftige Brust- und Flankenfleckung. Im Winter aber auch »Strandpieper« in Mitteleuropa, mit dunkel olivbrauner Oberseite, mehr graubräunlicher Unterseite und kräftigen Flecken; Schwanzaußenkante mehr grau, nicht reinweiß. **Stimme:** Ruf »psri« oder »wist«, unreiner, rauher und etwas tiefer als der sehr ähnliche Ruf des Wiesenpiepers; im Flug meist einsilbig und nicht zwei- bis dreimal gereiht. Die Rufe von Wiesen- und Wasserpieper sind aber nicht immer leicht zu unterscheiden. Gesang ziemlich lange Strophe im Singflug vorgetragen; beginnt meist während des Aufsteigens mit kurzen »tschri tschri . . . . .«, dann Schnarrlaute und auch reine Pfiffe, endet oft erst nach dem Einfallen am Boden. **Lebensraum:** Brutgebiete sind Bergwiesen und Matten bis an die alpine Felsstufe. Im Winterhalbjahr regelmäßig an Flüssen und Seeufern oder auf Ödflächen sowie an der Küste und in ihrem Hinterland. **Vorkommen:** Sommervogel auf den Bergwiesen der Alpen und hoher Mittelgebirge, Wintergast im Tiefland (»Bergpieper«); Wintergast aus Nordeuropa an der Nord- und Ostseeküste sowie in der Ebene von den Niederlanden bis Polen (»Strandpieper« oder »Felsenpieper«).

Wasserpieper sind Bodenvögel, die sich fast nur am Brutplatz auf erhöhte Warten (kleine Bäume, Büsche) setzen und im Winter meist in kleinen Trupps nach Nahrung suchen, die aus Bodeninsekten, Spinnen und anderen Kleintieren besteht. Das Nest ist eine Bodenmulde, die meist unter Grasbüscheln gut versteckt ist. Brutzeit Mai – August (in den Alpen je nach Schneelage); 1–2 Jahresbruten.

Wiesenpieper
Anthus pratensis

 ♩ Ⓡ 3

Stelzen, Motacillidae. **Kennzeichen:** Geringfügig kleiner als Wasser- und vor allem Baumpieper. Oberseite oliv- oder grünlichbraun (vgl. Baumpieper), mit dunkleren feinen Strichen; Unterseite weißgrau bis rahmfarben, Bruststriche feiner und dichter als bei Baumpieper oder Wasserpieper im Winter; Schwanzseiten weiß, Beine hell (vgl. Wasserpieper). **Stimme:** Im Abfliegen meist mehrsilbig »ist ist . . .«, auch »psip«; Rufe sind feiner und höher als die des Wasserpiepers, außerdem sind Wiesenpieper ruffreudiger (vgl. Wasserpieper). Gesang besteht aus langen Strophen, die im Singflug vorgetragen werden (Start vom Boden oder von einer niedrigen Warte), Einleitung etwa »tchip tchip . . .«, dann kurzes Schnarren und leise »jüjü . . . .«. **Lebensraum:** Offenes Land, wie Moore, Feuchtwiesen, Ödland, Heiden, Dünen und Weiden. **Vorkommen:** Teilzieher; im Tiefland Mitteleuropas verbreitet, doch im Süden meist nur lückenhaft.

Bodenvogel, der sich nur auf niedrige Warten (Zaunpfosten, kleine Bäume usw.) setzt. Die Singflüge sind meist nicht sehr hoch. Die Nahrung besteht aus Insekten und anderen Kleintieren; das Nest steht gut versteckt am Boden. Brutzeit April–Juli; 1–2 Bruten.

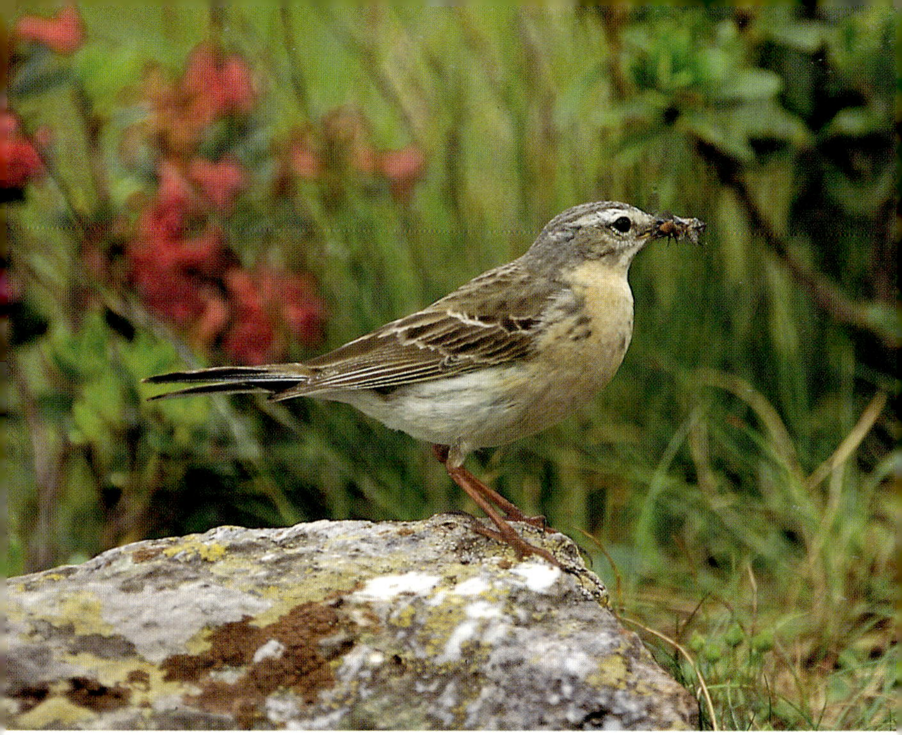

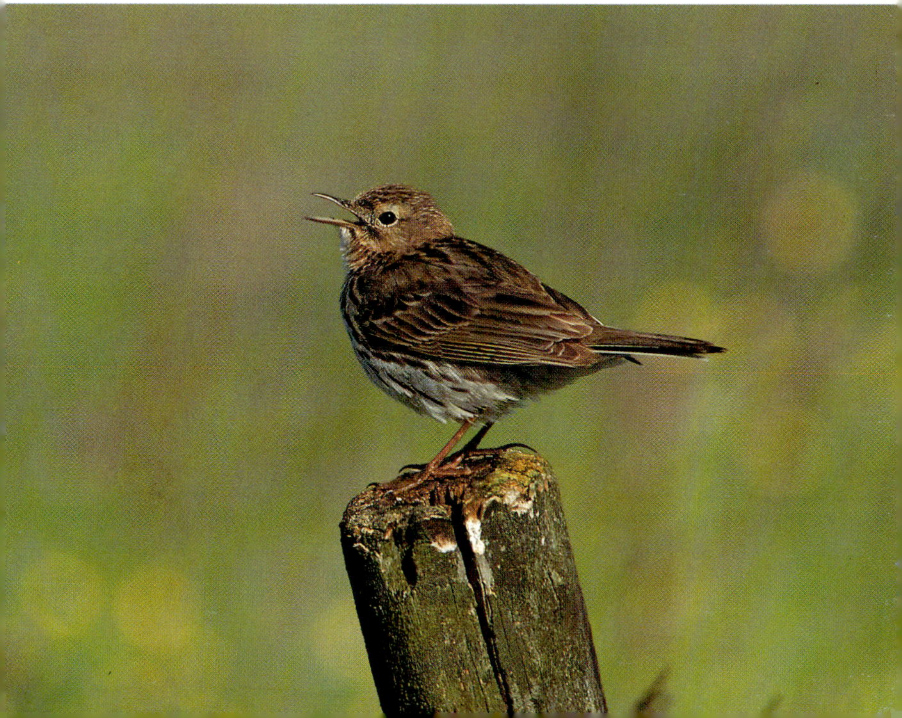

Baumpieper
Anthus trivialis　　　　　　　　　　　　☐ 　N　S. 222

Stelzen, Motacillidae. **Kennzeichen:** Plumper und etwas größer als Wiesenpieper. Oberseite braun bis olivbräunlich, Unterseite rahmfarben, mit dunklen Strichen auf Brust und Flanken; Beine hell, Schwanzseiten weiß. Insgesamt bräunlicher und auf der Unterseite gelblicher als Wiesenpieper. Wichtige Unterscheidungsmerkmale bieten Stimme und Verhalten. **Stimme:** Rufe heiser »psie« oder »zieht«, bei Erregung vor allem am Brutplatz immer wiederholte »tsitt«. Gesang wird von hohen Baumspitzen aus oder in einem auffallenden Singflug vorgetragen, zu dem der Vogel auf hohe Warten aufsteigt und dann vom höchsten Punkt aus mit ausgebreiteten Flügeln fallschirmartig heruntergleitet. Die laute und schmetternde Strophe enthält zwitschernde, trillernde und pfeifende Touren und endet meist mit einem charakteristischen »zia zia zia . .« oder kürzeren »zizizizi . . .«. **Lebensraum:** Lichtungen und Ränder von Laub- und Nadelwäldern, lockere Baumbestände mit Wiesen untermischt, Moore und Heiden mit einzelnen Bäumen. **Vorkommen:** Sommervogel; April–Oktober, in allen Teilen Mitteleuropas verbreiteter Brutvogel bis ins Hochgebirge.

Unter den einheimischen Piepern ist nur der Baumpieper regelmäßig im Wald anzutreffen. An seinem charakteristischen Gesang und seinem auffälligem Singflug ist er leicht zu erkennen. Die Nahrung wird hauptsächlich am Boden aufgenommen und besteht aus Insekten, Spinnen und anderen Kleintieren. Das aus trockenen Halmen und Moos gebaute Nest ist meist hervorragend am Boden unter einem Pflanzenbüschel versteckt. Brutzeit Mai–Juli; 1–2 Jahresbruten.

Feldlerche
Alauda arvensis　　　　　　　　　　J　S. 210　　N　S. 218

Lerchen, Alaudidae. **Kennzeichen:** Gut sperlingsgroßer Bodenvogel, der fast nie auf einem Baum sitzt. Oberseite braun und dunkel gestrichelt, Unterseite weiß bis rahmfarben, Brust gestrichelt. Im Flug fallen die langen zugespitzten Flügel mit schmalem weißem Hinterrand auf; der relativ lange Schwanz hat eine weiße Außenkante. Bei Erregung werden die Oberkopffedern zu einer kleinen Haube gesträubt (vgl. Haubenlerche). **Stimme:** Rufe klingen wie »tschrl« oder »tschrüp« und sind meist im Flug zu hören. Der bekannte Gesang besteht aus einer langen Folge von Trillern und flötenden Teilen, die oft in langer Folge ohne Pause im Singflug vorgetragen werden. Auch Nachahmungen anderer Vögel werden eingeschaltet. Zum Gesang steigt die Lerche meist stumm auf und steigt dann ununterbrochen singend steil in die Höhe, bleibt oben stehen oder kreist mit schnellen Flügelschlägen. **Lebensraum:** Weiträumig offene Landschaften, vor allem Wiesen und Äcker, aber auch Feuchtwiesen und Ödland. **Vorkommen:** Teilzieher, aber nur in milden Gegenden regelmäßig überwinternd; meist Februar–November, in allen Teilen Mitteleuropas.

Im Streckenflug meist in großen Bögen wirken die Flügelschläge etwas flatternd. Mit einiger Übung kann man Feldlerchen daran sicher erkennen. Außerhalb der Brutzeit auch in kleinen Trupps. Die Nahrung besteht aus Insekten und anderen kleinen Bodentieren, aber auch aus Sämereien und grünen Pflanzenteilen. Nest aus Gras in einer Bodenmulde. Brutzeit April–Juli; meist 2 Jahresbruten.

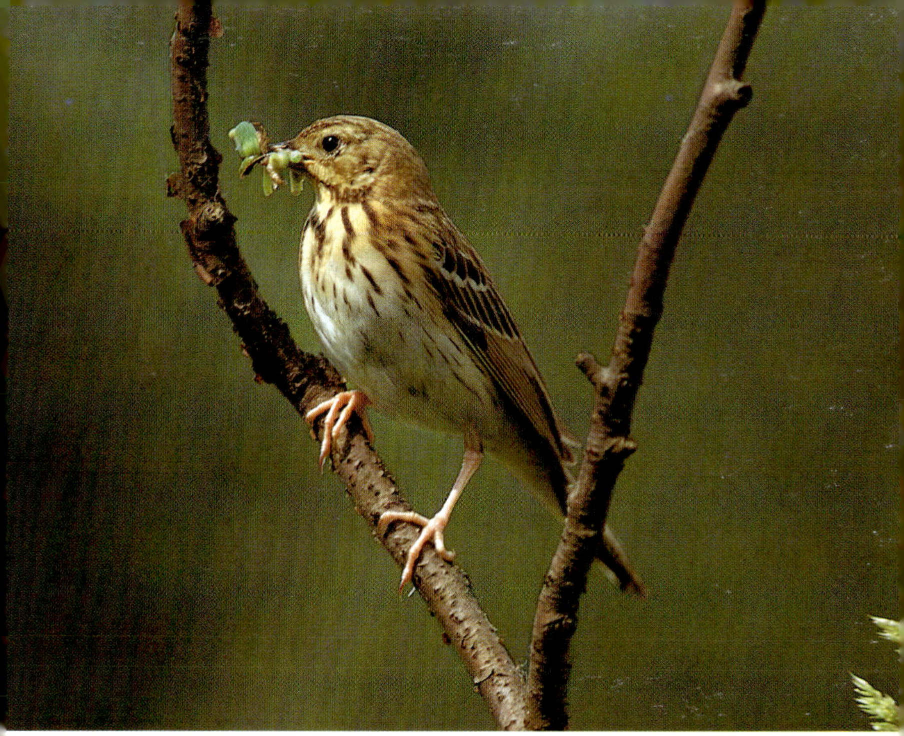

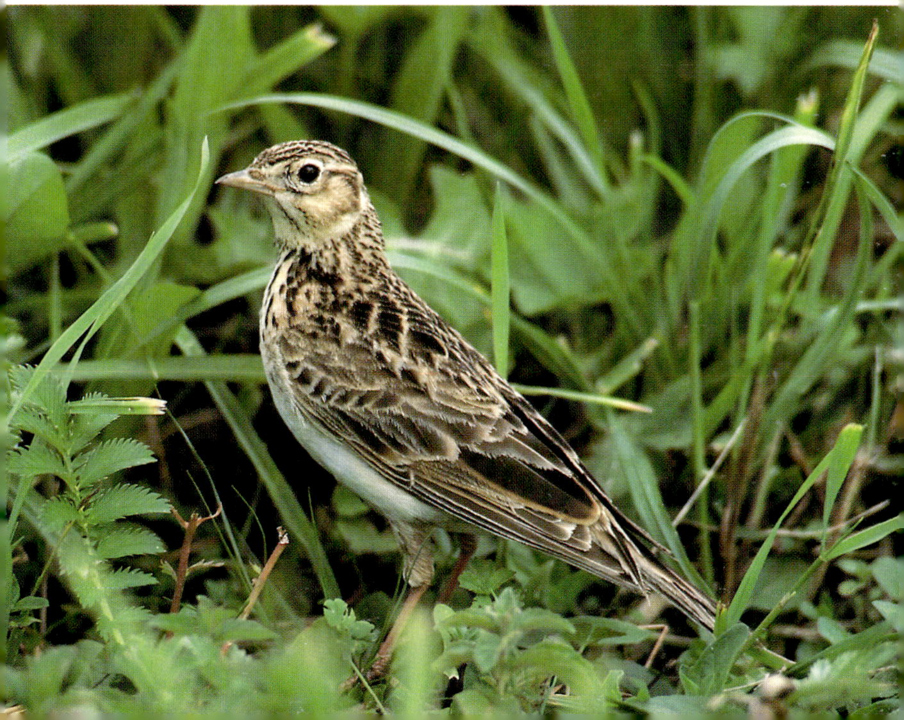

Haubenlerche
Galerida cristata

Lerchen, Alaudidae. **Kennzeichen:** Etwas kleiner, plumper und kurzschwänziger als Feldlerche; Schwanzseiten gelbbraun; auf dem Kopf deutlich sichtbare Federhaube (auch Feldlerchen zeigen manchmal ein Häubchen!); Schnabel leicht gebogen. Oberseite sand- bis graubraun, Unterseite weißlich, Brust gestrichelt. Im allgemeinen etwas heller als Feldlerche. **Stimme:** Ruf melodisch »djui«, bei Erregung auch »die-di-dri« oder »dü-dü-düdrli« o. ä. Der Gesang ist viel kürzer als bei der Feldlerche, mit pfeifenden und zwitschernden Elementen, auch mit Nachahmungen anderer Vogelstimmen. Singt von einer niedrigen Warte aus oder im kreisenden Singflug. **Lebensraum:** Steppen und Halbwüsten. Öd- und Brachland; in Mitteleuropa meist auf Fabrik- und Sportanlagen, Bauplätzen und Gleisanlagen sowie anderen Ödflächen, auch mitten in Großstädten. **Vorkommen:** Jahresvogel; in Mitteleuropa zwar weit verbreitet, aber nirgends häufig und in vielen Gebieten fehlend; nur im Tiefland.

Haubenlerchen sind meist wenig scheu und trippeln in den Städten teilweise neben dem Verkehr herum. Die Nahrung besteht aus Sämereien, grünen Pflanzenteilen, Insekten und anderen Kleintieren. Das Nest steht meist gut versteckt auf dem Boden; neuerdings haben sich Haubenlerchen mancherorts auch auf Flachdächern angesiedelt. Brutzeit April–Juni; wohl meist 2 Jahresbruten.

Heidelerche
Lullula arborea ℝ 2

Lerchen, Alaudidae. **Kennzeichen:** Kleiner und gedrungener als Feldlerche, auffallend kurzer Schwanz mit braunen Außenkanten und weißen Ecken an der Spitze. Auffallende helle Überaugenstreifen, die im Nacken zusammenlaufen. Nahe dem Flügelbug am Flügelunterrand ist eine schmale schwarze Marke mit hellem Saum, auch am zusammengelegten Flügel zu sehen ist. Oberseite braun, mit kräftigen dunklen Längsstrichen; Unterseite hell, mit feiner Brust- und Flankenstrichelung. **Stimme:** Ruf sanft und melodisch »didloi«. Gesang wird von einer hohen Warte oder im hohen, wellenförmigen Singflug vorgetragen; auch ausgesprochener Nachtsänger. Die melodischwehmütigen Strophen bestehen aus unterschiedlichen, abfallenden Reihen, etwa wie »düdlüdlüdl . . .« oder »düdidüdidüdi . . .«. **Lebensraum:** Trockene Gebiete, wie lichte Kiefernwälder, Waldlichtungen in Nadelwäldern, sandige Heidegebiete, locker mit Bäumen bestandene Viehweiden und Trockenrasen. **Vorkommen:** Sommervogel (gebietsweise auch Teilzieher); März–Oktober, in vielen Teilen Mitteleuropas Brutvogel, doch gebietsweise selten oder fehlend, wie z.B. im Alpenvorland; allgemeine Abnahme und in vielen Gebieten gefährdet.

Heidelerchen sind die einzigen heimischen Lerchen, die auf Bäumen sitzen. Die Nahrung besteht aus Insekten und anderen Kleintieren sowie grünen Pflanzenteilen und kleinen Sämereien. Das Nest aus Gräsern und Moos steht gut versteckt am Boden. Brutzeit März–Juni; meist 2, mitunter auch 3 Jahresbruten.

Haussperling ♀ S.74; Rohrammer ♀ S.80; Garten- und Hausrotschwanz ♀ S.82; Fichtenkreuzschnabel S.112; Nachtigall S.114; Wendehals S.116

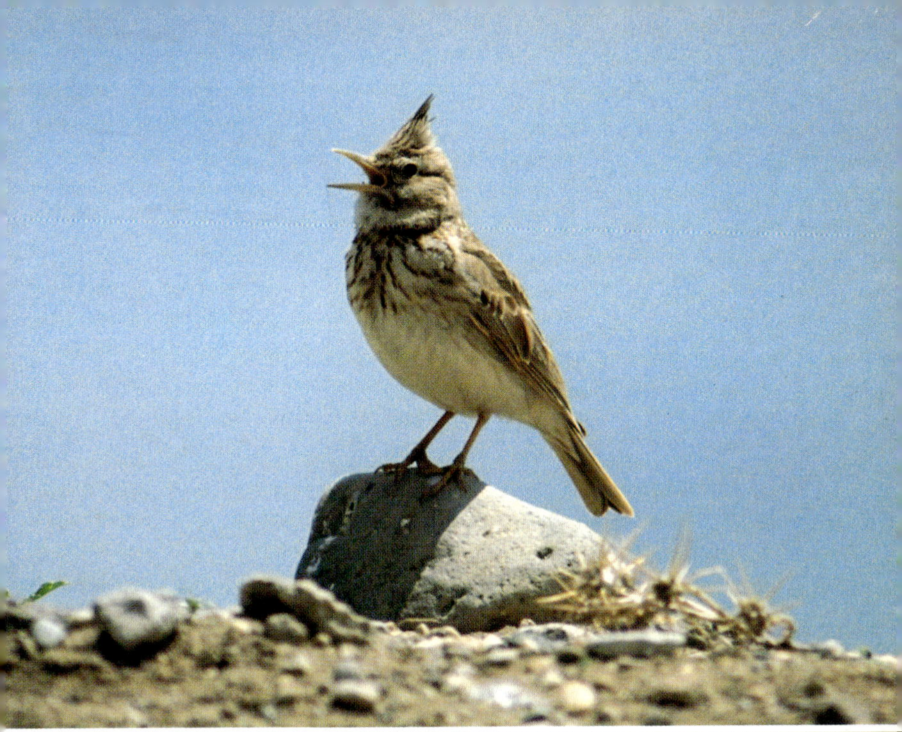

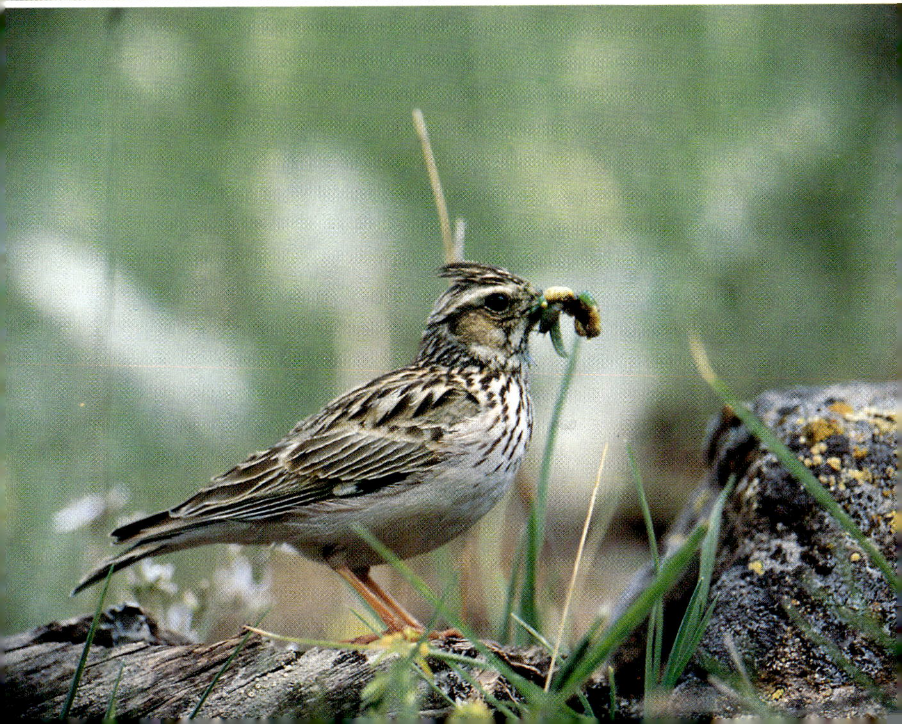

Raubwürger
Lanius excubitor

Foto: oben links
 ⃞R 1

Würger, Laniidae. **Kennzeichen:** Auffälliger schwarzweißer Vogel mit ziemlich langem Schwanz und kräftigem dunklem Schnabel. Oberseite hellgrau, Unterseite weiß; breiter schwarzer Streifen durchs Auge (Gesichtsmaske) und darüber schmaler weißer Überaugenstreif. Flügel schwarz, mit weißen Abzeichen; Schwanz schwarz, mit weißer Außenkante. Juv. oberseits mehr braungrau, Maske und Flügel braunschwarz. **Stimme:** Ruf rauh »wääd« oder schrill »schriä«. Schwätzender Gesang, nicht oft zu hören. **Lebensraum:** Moor- und Heidegebiete mit Baumgruppen, auch Waldränder, Heckenlandschaften und große Obstgärten. **Vorkommen:** Teilzieher; in allen Teilen Mitteleuropas im Tiefland, doch überall sehr selten geworden und gebietsweise auch schon verschwunden.

größer
Spatz
bis
Amsel

Raubwürger sitzen gern auf Baumspitzen und bewegen dabei oft den Schwanz auffällig hin und her. Flug bogenförmig, bei der Jagd auch Rüttelflug auf der Stelle. Die Nahrung besteht aus Großinsekten, Kleinsäugern, kleinen Vögeln, Eidechsen usw.; manchnal wird die Beute auch auf Dornen aufgespießt. Ziemlich großes Nest auf Bäumen oder in hohen Büschen. Brutzeit April–Juni; 1 Jahresbrut.

Flußuferläufer
Actitis hypoleucos

Foto: oben rechts
 ⃞R 1

Schnepfenvögel, Scolopacidae. **Kennzeichen:** Kompakter und relativ kurzbeiniger Watvogel. Oberseite braun; Unterseite weiß, mit dunkler Wölkung an den Halsseiten oder deutlichem Brustlatz. Beine grünlich. Im Abflug weiße Flügelbinde und weiße Schwanzaußenkanten. Wichtige Kennzeichen liefert das Verhalten: Im Stehen ständiges Wippen des Hinterkörpers; Abflug meist niedrig über das Wasser mit nach unten gebogenen Flügeln; rasche Flügelschläge wechseln mit Gleitphasen ab. **Stimme:** Im Abflug hoch »hididi«, bei Gefahr gedehnt »hiet«. Gesang ein rhythmisches »tihidi tihidi«. **Lebensraum:** Brutvogel an naturnahen Flüssen und daher am Ufer zu sehen; zur Zugzeit auch an Seeufern oder kleinen Pfützen, auch an Betonmauern von Kanälen und Stauwehren usw. **Vorkommen:** Sommervogel; April – Oktober, nicht häufiger Brutvogel an Alpenflüssen, noch seltener im Tiefland; im Frühjahr und Herbst fast überall einzeln am Wasser.

Nahrung Insekten und andere Kleintiere. Das Nest ist eine gepolsterte Bodenmulde. Brutzeit Mai–Juli; 1 Jahresbrut.

Flußregenpfeifer
Charadrius dubius

Foto: unten
 ⃞N S.216

Regenpfeifer, Charadriidae. **Kennzeichen:** Kurzschnäbelig und rundköpfig. Oberseite braun, Unterseite weiß; breites schwarzes Brustband (bei juv. braun), weißes Halsband, weiße Stirn, schwarze Gesichtsmaske. Kein weißes Flügelband im Abflug. **Stimme:** Rufe hoch »piu«. Gesang im Flug rauh »krri-a krri-a . . .«. **Lebensraum:** Brutvogel auf Flußkiesbänken, in Kiesgruben oder fernab vom Wasser auf Ödland. **Vorkommen:** Sommervogel; März–September, im Tiefland meist nicht häufiger Brutvogel.

Die Nahrung besteht aus Kleintieren, vor allem Insekten. Das Nest ist eine seichte Mulde im Kies; die Eier sind hervorragend getarnt. Brutzeit April–Juli; 1–2 Jahresbruten.

Singdrossel

Turdus philomelos   ☐ ☐ S. 210   ☐ S. 220

Sänger, Muscicapidae. **Kennzeichen:** Etwas kleiner als Amsel; Oberseite braun, Brust und Flanken rahmfarben bis gelblich, Bauch weißlich. Die ganze Unterseite ist mit großen dunklen, z.T. dreieckigen Flecken besetzt. Großes dunkles Auge, kein deutlicher Überaugenstreif. Im Flug gelblicher Unterflügel erkennbar (vgl. Rotdrossel). **Stimme:** Ruf im Flug scharfes »zip«, Alarmruf zeternd »gegegeg«, ähnlich Amsel, aber nicht so durchdringend und schrill. Gesang wohltönend und auffallend. Im Unterschied zum Amselgesang werden die sehr abwechslungsreichen Motive meist zwei- bis dreimal wiederholt; ausgesprochener Dämmerungssänger. Das singende ♂ sitzt meist auf hohen Bäumen. **Lebensraum:** Hochstämmige und nicht zu dichte Nadel-, Laub- und Mischwälder, Parks mit alten Bäumen und größere Gärten. In manchen Gegenden auch in die Stadt eingewandert. **Vorkommen:** Sommervogel; März–November, in allen Teilen Mitteleuropas.

Singdrosseln sieht man oft auf dem Boden bei der Nahrungssuche herumhüpfen; sie sitzen meistens etwas aufrechter als Amseln. Ihre Nahrung besteht aus bodenbewohnenden Kleintieren, wie Würmer und Insektenlarven. Auch Gehäuseschnecken werden angenommen, dabei auf einem Stein oder einer anderen harten Unterlage die Gehäuse aufgeschlagen (»Drosselschmiede«). Im Herbst gehen Singdrosseln wie Amseln und andere Drosseln gerne an Beeren oder Obst. In Oktobernächten kann man das leise »zip« ziehender Singdrosseln vom Nachthimmel hören. Das stabile, tiefmuldige Nest steht meist nicht sehr hoch in Bäumen, häufig in Jungfichten versteckt. Es besteht aus Gras und altem Laub, die Mulde ist mit feuchter Erde ausgestrichen. Brutzeit April–Juli; meist 2 Jahresbruten.

Misteldrossel

Turdus viscivorus   ☐

Sänger, Muscicapidae. **Kennzeichen:** Färbung ähnlich Singdrossel, doch bedeutendere Körpergröße (deutlich größer als Amsel); Schwanz länger als Singdrossel, Unterseite gröber gefleckt; Unterflügel weiß. Oberseite graubraun, Brust und Flanken hell rahmfarben, Bauch und Kehle weiß; große runde oder dreieckige schwarze Flecken; äußerste Schwanzecken weiß. **Stimme:** Ruf laut schnarrend »trrrt«, besonders beim Abfliegen. Der Gesang erinnert sehr an Amsel, die Strophen sind aber kürzer, nicht so abwechslungsreich und meist durch Pausen voneinander getrennt. Singende ♂ sitzen auf hohen Baumspitzen. **Lebensraum:** Laub- und Nadelwald (vor allem in hochstämmigen Fichtenwäldern typisch), besonders im Norden Mitteleuropas auch in Feldgehölzen und z.T. sogar in die Parkanlagen der Großstädte eingewandert. Im Gebirge bis zur Baumgrenze. **Vorkommen:** Teilzieher, in rauheren Gegenden aber im Winter fehlend; Februar–November, in allen Teilen Mitteleuropas.

Am ehesten sieht man Misteldrosseln auf dem Boden von Waldlichtungen oder waldnahen Wiesen bei der Nahrungssuche, im Sommer und Herbst auch in größeren Trupps mit anderen Drosseln auf frisch gemähten oder kurzrasigen Wiesen. Die Nahrung besteht aus Würmern, Schnecken, Insekten; im Herbst auch aus Beeren und Obst. Das große Nest aus Halmen, Gras und Wurzeln, mit Erde verfestigt, steht meist ziemlich hoch in einer Astgabel. Brutzeit März–Juni; meist 1 Jahresbrut.

größer Spatz bis Amsel

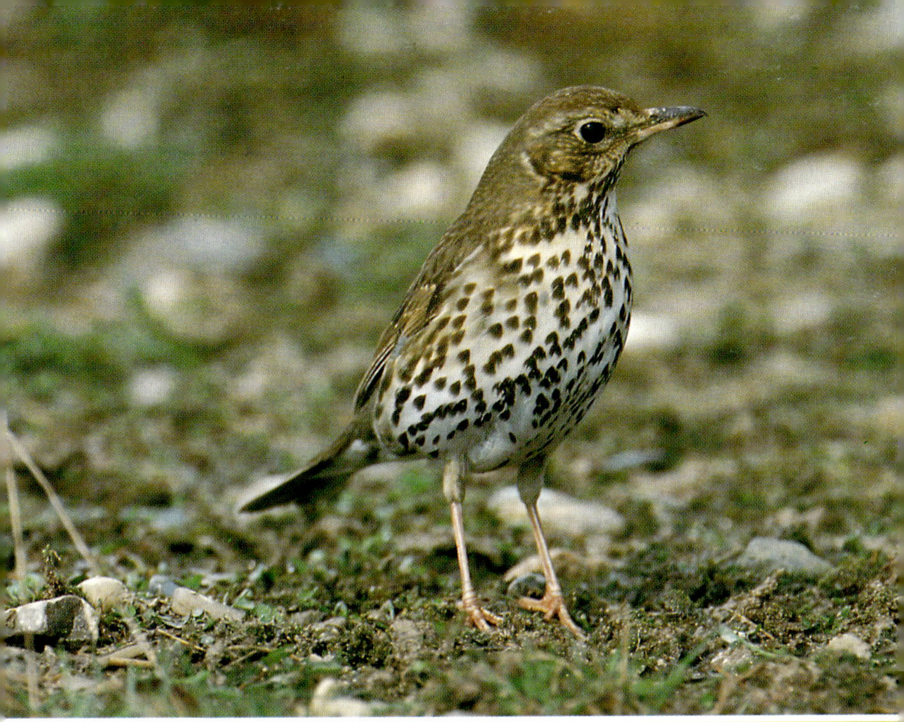

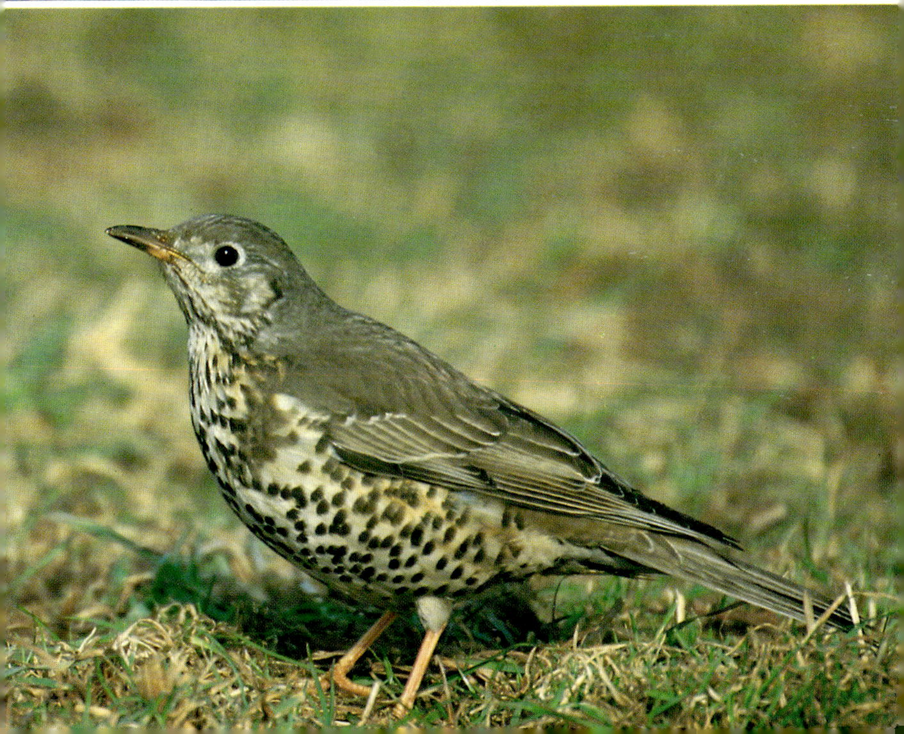

Wacholderdrossel

Turdus pilaris

Sänger, Muscicapidae. **Kennzeichen:** Große Drossel mit relativ langem Schwanz, geringfügig kleiner als Misteldrossel. Oberseite mehrfarbig: Kopf und Nacken grau, Rücken und Flügel kastanienbraun, Bürzel wie Nacken; Schwanz schwarz. Brust rötlich-gelbbraun, bleicht während des Sommers aus, Bauch weiß. An Brust und Flanken kräftige dunkle Fleckenzeichnung. Auf dem vorderen Teil des Oberkopfes mehr oder minder deutliche feine schwarze Fleckung. **Stimme:** Ruf im Flug laut »schak schak schak« oder rauher »trrät«, bei Alarm hart »trrrtrrrt«. Gesang schwätzend, mit harten und schrillen Elementen durchsetzt, nicht mit den anderen Drosseln zu vergleichen; wird meist im Flug vorgetragen. **Lebensraum:** Überwiegend offene Landschaften mit Bäumen und Gehölzen, wie Waldränder, Feldgehölze, Auwälder, große Parkanlagen, teilweise auch in Gärten eingewandert. **Vorkommen:** Teilzieher (einheimische ziehen meist weg; nordische überwintern bei uns); heute in allen Teilen Mitteleuropas, im Westen noch in Ausbreitung begriffen.

Wacholderdrosseln sind fast immer gesellig und bilden zu den Zugzeiten und im Winter oft große Trupps. Nahrungssuche vor allem auf Wiesen; die Vögel sitzen relativ aufrecht auf dem Boden und hüpfen (vgl. Star!). Der Flug ist wellenförmig, oft von Gleitstrecken unterbrochen. Auch die Nester stehen häufig zu mehreren beieinander, nicht selten bilden sich lockere Brutkolonien (z.B. in einem Feldgehölz), deren Mitglieder gemeinsam auf den benachbarten Wiesen Nahrung suchen. Früher war die Art bei uns fast nur Wintergast aus dem Osten und Norden (»Krammetsvogel«). Die Nahrung besteht aus Würmern und anderen Bodentieren, im Herbst vor allem aus Beeren und Obst. Die Nester stehen auf Bäumen und sind innen mit feuchter Erde ausgestrichen und mit Gras ausgepolstert. Brutzeit April–Juni; 1–2 Jahresbruten.

Rotdrossel

Turdus iliacus

Sänger, Muscicapidae. **Kennzeichen:** Kleinste Drossel, kleiner und dunkler als Singdrossel. Oberseite einheitlich braun; auffallender heller Überaugenstreif und Bartstreif, der von der Schnabelbasis unter den Wangen gegen den Nacken zieht. Unterseite weißlich, nicht gefleckt, sondern dunkel längsgestrichelt. Flanken rot bis rostbraun, Unterflügel rötlich (nur im Auffliegen zu sehen). **Stimme:** Rufe im Sitzen bei Erregung gedämpft »djück«; sehr charakteristischer Flugruf rauh »tsieh« (den man auch im Herbst nachts von ziehenden Rotdrosseln hört, vgl. Singdrossel). Voller Gesang bei uns selten zu hören, eine abfallende laute Reihe wie »trü trü trü trü«; dazu schwätzender Nachgesang, den rastende Trupps auch in Mitteleuropa nicht selten hören lassen. **Lebensraum:** Brutvogel lichter nordischer Wälder bis zur Tundra, auch in Gärten und Parks; in Mitteleuropa in Parks, offener Landschaft mit Bäumen und Gehölzen. **Vorkommen:** Durchzügler und Wintergast; Oktober–April (im Herbst und Frühjahr am häufigsten), Brutvogel in Nordeuropa (in Mitteleuropa nur ausnahmsweise).

Im Herbst und Frühjahr sieht man Rotdrosseln meist in Trupps, oft auch mit anderen Drosseln zusammen. Die Nahrung besteht vor allem aus Beeren, im Sommer wie bei anderen Drosseln aus bodenbewohnenden Kleintieren.

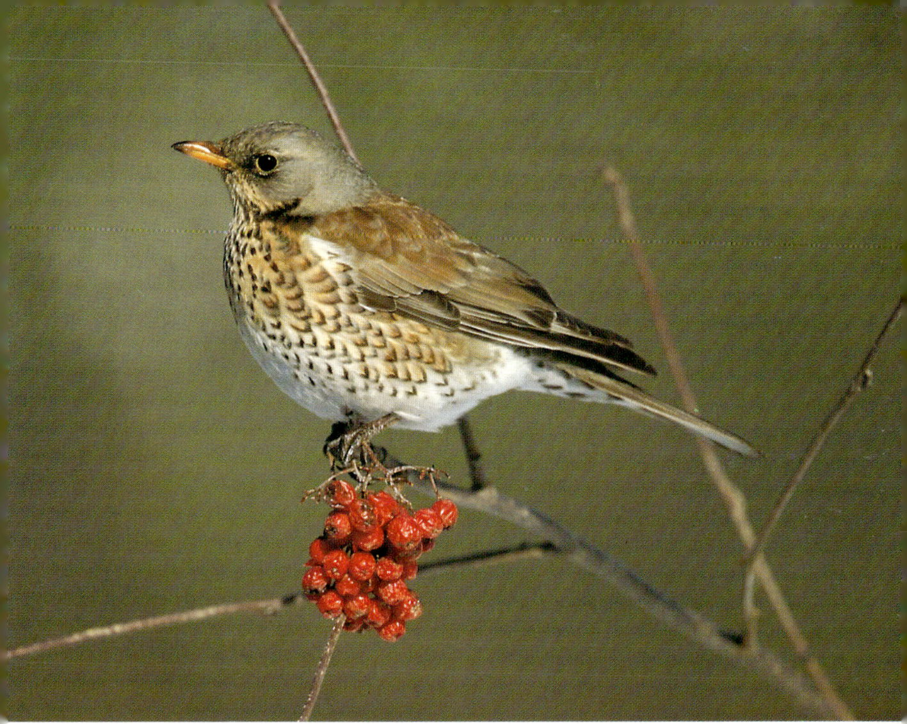
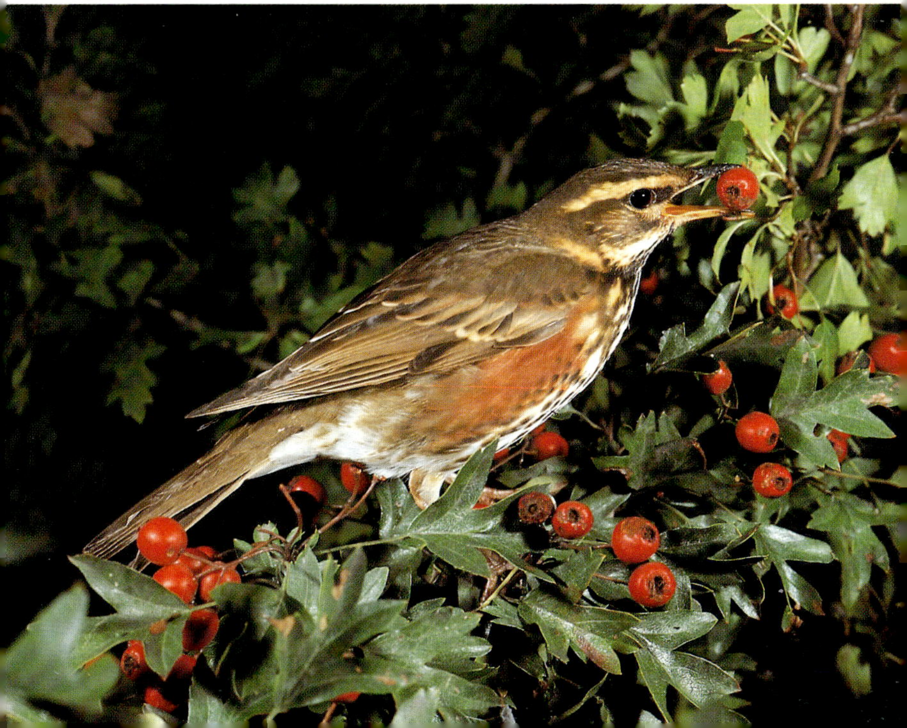

Pirol

Foto: oben links

Oriolus oriolus

Pirole, Oriolidae. **Kennzeichen:** Vogel der Baumkronen, öfters zu hören als zu sehen. ♂ leuchtend gelb; größter Teil der Flügel, eine breite Y-förmige Schwanzzeichnung und ein Strich vom Schnabel zum Auge schwarz. ♀ gelbgrün und hellgrau; Unterseite dunkel gestrichelt; Flügel und breitere Schwanzzeichnung mehr braun. ♂ im 2. Kalenderjahr ähnlich ♀. **Stimme:** Rufe krächzend. Gesang melodisch »düdlio« (»Vogel Bülow«). **Lebensraum:** Laubwälder, Auwälder, Alleen und große Parkanlagen mit alten Baumbeständen. **Vorkommen:** Sommervogel; Mai–August, verbreitet im Tiefland, doch gebietsweise nicht häufig und im Bergland fehlend.

Pirole verhalten sich ausgesprochen heimlich und zählen zu den am spätesten aus dem Winterquartier zurückkommenden Zugvögeln. Die Nahrung besteht aus Insekten, Beeren und Früchten. Das Nest ist kunstvoll in eine Astgabel eingeflochten. Brutzeit Ende Mai–Juli; 1 Jahresbrut.

größer
Spatz
bis
Amsel

Kernbeißer

Foto: oben rechts

Coccothraustes coccothraustes

Finken, Fringillidae. **Kennzeichen:** Kräftiger, dickköpfiger Finkenvogel mit mächtigem Schnabel und kurzem, gerade abgeschnittenem Schwanz. Rücken und Schultern braun, Nacken grau; schwarzer Kehllatz und schwarze Umrandung des Schnabels. Zwei weiße Flügelfelder und weiße Flecken am Schwanzende. ♂ Schwungfedern mit blauem Metallglanz. Schnabel im Sommer blaugrau im Winter gelblich. **Stimme:** Rufe hart und explosiv »tsicks«, auch gedehnter »ziek« und gereiht »tsicks tsikit . . . .«. Gesang wenig auffallend, klirrende und nasale Laute. **Lebensraum:** Laub- und Mischwälder, Parks und große Gärten mit alten Bäumen. **Verbreitung:** Teilzieher; in allen Teilen Mitteleuropas, gebietsweise aber nicht häufig.

Kernbeißer sitzen meist hoch in Bäumen. Die Nahrung besteht aus Sämereien, Knospen und Insekten; auch Kerne von Steinobst werden aufgeknackt. Das etwas sperrige Nest aus Zweigen steht meist hoch in Bäumen. Brutzeit April–Juni; 1–2 Jahresbruten.

Wasseramsel

Foto: unten

Cinclus cinclus

Ⓡ 3 Ⓝ S. 218

Wasseramseln, Cinclidae. **Kennzeichen:** Gedrungener, kurzschwänziger Wasservogel; schwarzbraun, mit auffälligem großem weißem Brustlatz. Oberkopf meistens dunkel- bis graubraun, übrige Oberseite mehr grau. Bauch hinter dem weißen Brustlatz oft mehr rotbraun. **Stimme:** Rufe im Flug scharf »trzit« oder »zerrb«. Schwätzender Gesang mit trillernden, zwitschernden und kratzenden Lauten. **Lebensraum:** Schnellfließende klare Bäche und Flüsse im Tiefland wie im Gebirge; manchmal auch in Städten. **Vorkommen:** Jahresvogel; verbreitet, im Norden selten.

Oft sitzen die Vögel knicksend auf einem Stein oder fliegen geradlinig niedrig über das Wasser. Einziger Singvogel, der schwimmen und tauchen kann. Die Nahrung besteht aus Wasserinsekten und deren Larven, kleinen Krebstieren, Würmern und kleinen Fischchen. Das Nest ist ein großer überdachter Bau aus Moos mit seitlichem Eingang und steht unter Wurzeln und Überhängen am Ufer, nicht selten auch unter Brücken oder in der Uferverbauung. Brutzeit März–Juli; meist 2 Jahresbruten.

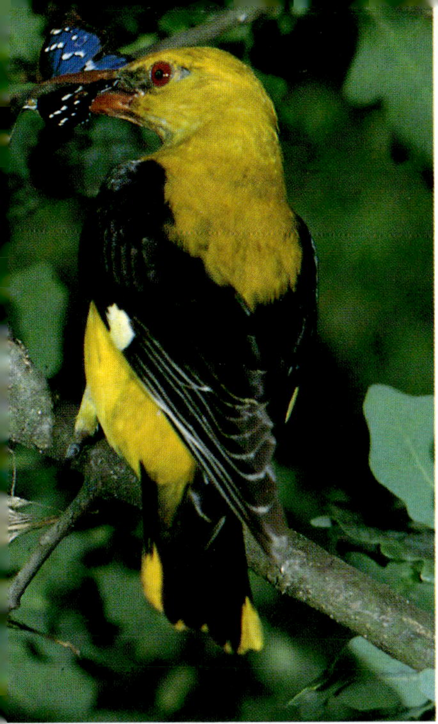
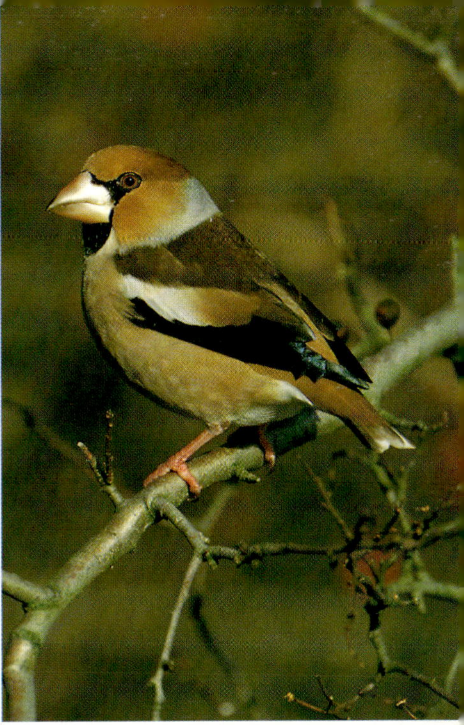
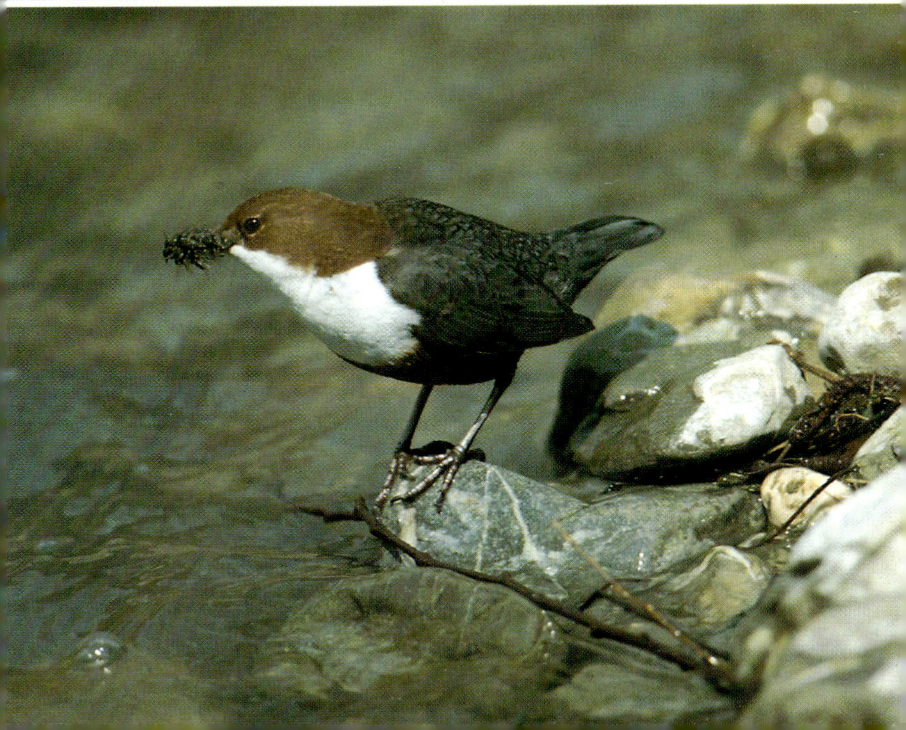

Neuntöter (Rotrückenwürger)
Lanius collurio

Foto: links ♂, rechts ♀
R 2

Würger, Laniidae. **Kennzeichen:** Aufrecht sitzender Vogel mit länglichem Schwanz und kräftigem Schnabel. ♂ sehr auffällig gefärbt: Rücken und Flügel rotbraun, Oberkopf und Bürzel grau; breiter schwarzer Strich von der Schnabelbasis durchs Auge (Gesichtsmaske); Unterseite leuchtend rosaweiß; Schwanz schwarz, mit weißen Seiten. ♀ Oberseite rotbraun (weniger rötlich als bei ♂), Oberkopf und Bürzel mehr braun; bräunliche Gesichtsmaske, darüber weißlicher Überaugenstreif; Unterseite rahmweiß, mit zarten dunklen Halbmonden besetzt (mitunter haben auch ♀ grauen Oberkopf). Juv. ähnlich den ♀, aber Ober- und Unterseite kräftig geschuppt. **Stimme:** Ruf rauh »gäck« oder »trret«; flügge juv. betteln durchdringend »quiää«. Gesang ist ein abwechslungsreiches Schwätzen mit gepreßten und kratzenden Elementen, selten zu hören; kann andere Vogelstimmen imitieren. **Lebensraum:** Weitgehend offene Landschaft mit Büschen (besonders Dornbüschen), wie Waldränder, Moor- und Heideflächen, Acker- und Wiesenlandschaften mit Hecken, trockene Hänge und verwilderte Buschflächen. **Vorkommen:** Sommervogel; Ende April–September, in allen Teilen Mitteleuropas verbreitet, doch fast überall Rückgang.
Neuntöter sitzen oft auf erhöhter Warte (Buschspitzen, Zaunpfosten, Leitungsdrähte) und drehen bei Erregung den Schwanz hin und her. Die Nahrung besteht aus Großinsekten, wie Käfern, Heuschrecken, Hummeln, aber auch kleinen Eidechsen, jungen Mäusen und Vögeln. Bei Überfluß wird die Beute auf Dornen aufgespießt. Das Nest steht meist relativ niedrig in Büschen versteckt. Brutzeit Mai–Juli; 1 Jahresbrut.

Buntspecht
Dendrocopos major

Foto: links ♂, rechts ♀
J S.208

Spechte, Picidae. **Kennzeichen:** Auffälliger schwarz-weiß-roter Klettervogel. Oberkopf und Rücken schwarz, mit großem weißem Schulterfleck. Flügel mit unterbrochenen weißen Streifen. Kopfseiten weiß, mit einem schwarzen Bartstreifen und einem von der Brust zum Nacken ziehenden schwarzen Band. Unterseite weißlich, Unterschwanzdecken leuchtend rot. Schwanz schwarz, an den Seiten weißlich. ♂ mit rotem Fleck im Nacken, ♀ ohne Rot am Kopf. Juv. mit ganz rotem Oberkopf (ab etwa August/September wie Altvögel). **Stimme:** Ruf kurz «kick«, bei Erregung auch gereiht und in schneller Folge. Im Frühjahr hört man häufig das Trommeln, wobei der Schnabel in schneller Folge auf einen dürren Ast schlägt (mitunter trommeln Buntspechte auch auf Leitungsmasten oder Blechdächern). **Lebensraum:** Wälder, Parks und Gärten. **Vorkommen:** Jahresvogel; verbreitetster und häufigster Specht Mitteleuropas; kommt auch an Futterstellen.
Klettert unter Einsatz seines Stützschwanzes an Stämmen nach oben. Die Nahrung aus holzbewohnenden Insekten und deren Larven wird meist aus dem Holz herausgehämmert. Auch Sämereien spielen vor allem im Winterhalbjahr eine wichtige Rolle (z.B. Fichtensamen, die aus den Zapfen herausgeholt werden; »Spechtschmiede«). Die Eier werden in eine selbstgezimmerte Baumhöhle gelegt. Brutzeit Mai–Juli; 1 Jahresbrut.

Star S.110

→ Neuntöter (Rotrückenwürger)

Star
Sturnus vulgaris

Foto: links Frühjahr, rechts Herbst

Stare, Sturnidae. **Kennzeichen:** Nicht ganz amselgroßer dunkler Vogel, der viel auf dem Boden herumläuft (nicht hüpft!) und zu manchen Jahreszeiten in sehr großen Schwärmen auftritt. Spitzer Schnabel, flache Stirn, kurzer Schwanz, im Flug dreieckige Flügel. Im Sommer schillerndes dunkles Körpergefieder, Schnabel gelb. Im Herbst und Winter Gefieder dicht weiß gefleckt (»Perlstare«); Schnabel dann meist braun. Juv. graubraun, Unterseite etwas heller. Bei der Mauser ins Alterskleid im Herbst kommt dann das dunklere, mit weißen Tupfen besetzte Gefieder durch, so daß man z. B. Vögel mit brauner Oberseite und dunkler, gefleckter Unterseite sehen kann. **Stimme:** Rufe rauh, z. B. »skriien« oder heiser »rää«, bei Erregung hart »spett spett«. Gesang ist ein abwechslungsreiches Schwätzen mit pfeifenden, schnalzenden, ratternden und schnurrenden Bestandteilen sowie vielen Nachahmungen anderer Vogelstimmen und Geräusche. ♂ singen unter Flügelschlagen auf erhöhten Warten (z. B. Antennen, Baumspitzen, vor dem Nistkasten); von Spätsommer bis Vorfrühling auch vielstimmiges Schwätzen im Schwarm. **Lebensraum:** Kulturland mit Bäumen, Waldränder, Parks, Gärten. Außerhalb der Brutzeit in großen Schwärmen auf Wiesen und Äckern, aber auch in Wein- und Obstkulturen. **Vorkommen:** Teilzieher, in rauheren Gebieten meist nur Sommervogel; Februar–November, überall im Tiefland häufig.

Die riesigen Starenschwärme im Spätsommer und Herbst bilden eine Sorge der Winzer und Obstbauern. In vielen Ländern werden immer noch Vernichtungsfeldzüge unternommen; meist versucht man Stare nur zu vertreiben. Die Nahrung besteht im Sommer aus Insekten, Schnecken, Würmern, ab Spätsommer aus Früchten und Beeren. Viele Kleintiere werden aus den obersten Bodenschichten herausgebohrt. Das unordentliche Nest aus Stroh und Halmen wird in Baum- und Mauerhöhlen angelegt; vielerorts ist der Star fast reiner Nistkastenbewohner geworden. Brutzeit April–Juli; 1–2 Jahresbruten.

größer
Spatz
bis
Amsel

Seidenschwanz
Bombycilla garrulus

Seidenschwänze, Bombycillidae. **Kennzeichen:** Etwa starengroßer, gedrungen wirkender Vogel mit kurzem Schnabel und kurzem Schwanz; kleine Kopfhaube, die abgespreizt werden kann. Aus der Entfernung wirkt die Färbung einheitlich braungrau. Beim näheren Zusehen ist der Vogel recht bunt. Kopf, Oberseite, Brust und Körperseiten bräunlich, weinrot überhaucht. Schwarze Gesichtszeichnung besteht aus einem Kehllatz, einer schwarzen Augenmaske und einer feinen schwarzen Linie unter der Haube bis zum Nacken. Weißer Bartstreif, Stirn und Kehlseiten etwas dunkler rotbraun. Der kurze Schwanz trägt am Ende ein dunkel abgesetztes breites gelbes Band; dunkelbraune Flügel mit zwei weißen Binden. An den Schwingenspitzen sind kleine gelbe Flecken und rote Hornplättchen, nur aus der Nähe zu entdecken. **Stimme:** Rufe hoch trillernd, nicht laut »srii« oder »sirrr«. **Lebensraum:** Brutvogel in nordischen Wäldern; in Mitteleuropa in offenen Wald- und Parklandschaften mit beerentragenden Sträuchern, auch in Gärten. **Vorkommen:** In Mitteleuropa nur Wintergast von November bis etwa März, aber nicht in allen Jahren. Von Zeit zu Zeit sehr häufig (Invasionsjahre).

110

Fichtenkreuzschnabel
Loxia curvirostra

Foto: links ♂, rechts ♀

Finken, Fringillidae. **Kennzeichen:** Dickköpfiger Singvogel mit kräftigem Schnabel (die überkreuzten Schnabelspitzen sieht man aus der Entfernung gewöhnlich nicht). ♂ mehr oder minder auffällig ziegelrot, oft nur orange. Am auffälligsten rot sind Oberkopf, Bürzel und Teile der Unterseite; Flügel dunkelbraun. ♀ gelbgrün mit grauem Anflug, auf Oberseite und an Brust und Flanken fein gefleckt. Juv. grüngrau, kräftig schwärzlich gestreift. Einjährige ♂ sind meist gelblich. **Stimme:** Rufe laut »gipgipgip«, im Sitzen wie im Fliegen; daneben auch dunkler »köp« o.ä. Die Rufe bilden auch Bestandteile des Gesangs, der daneben abgehackte Elemente enthält, wie »tertschi« oder »jii«; insgesamt nicht sehr laut und auffallend. **Lebensraum:** Nadelwälder, besonders Fichten. **Vorkommen:** Jahresvogel in allen Teilen Mitteleuropas, nur im waldarmen Norden unregelmäßig. Da die Trupps oft weit umhervagabundieren, sind Kreuzschnäbel fast überall nicht regelmäßig und andauernd anzutreffen. Von Zeit zu Zeit treten vor allem im Norden Mitteleuropas und im Tiefland regelrechte Invasionen auf.

Außerhalb der Brutzeit fast immer gesellig und oft recht zutraulich. Die wichtigste Nahrung bilden Samen von Fichten (aber auch von anderen Nadelbäumen wie Kiefern und Lärchen). Die Vögel turnen an hohen zapfentragenden Fichtenbäumen geschickt herum, um die Samen zwischen den Zapfenschuppen herauszuklauben. Sie halten sich ähnlich wie Papageien auch mit dem Schnabel fest und hängen kopfunter an einem Zapfen. Das stabile, gut gepolsterte Nest aus Reisern, Halmen und Moos steht in der Regel hoch in einer Fichte. Bruten können zu allen Jahreszeiten stattfinden, auch im Winter. In manchen Jahren fallen Bruten ganz aus, in anderen können auch 2 hintereinander stattfinden.

größer
Spatz
bis
Amsel

Grauammer
Emberiza calandra

 2

Ammern, Emberizidae. **Kennzeichen:** Gedrungener grauer Singvogel mit relativ großem Kopf. Oberseite graubraun, mit dunklen Strichen; Unterseite weißlich bis rahmfarben; Kehle, Brust und Flanken fein dunkel gestrichelt. **Stimme:** Rufe hart »tsicks«, im Flug mehrfach wiederholt; auch weicher »sihp«. Gesang ist sehr charakteristisch und leicht zu erkennen. Er besteht aus einer sich beschleunigenden einleitenden Folge von kurzen »tik tiktiktik . . .«, die in einem klirrenden »schnirrps« enden. **Lebensraum:** Offene, trockene und klimatisch milde Landschaften mit Getreidefeldern, Wiesen und einzelnen Büschen, auch in Heiden und auf Ödland. **Vorkommen:** Teilzieher, der regelmäßig in Mitteleuropa überwintert; Brutvogel im Tiefland, doch dort wie viele Vögel der offenen Agrarlandschaft als Folge der Intensivierung der Landwirtschaft teilweise zurückgegangen.

Die ♂ singen oft auf erhöhten Sitzwarten, wie Buschspitzen oder Leitungsdrähten, nicht selten entlang von Feldwegen und Landstraßen. Im Flug sieht man oft die herabhängenden Beine. Die Nahrung besteht aus Insekten, kleinen Schnecken und anderen Kleintieren, aber auch aus Sämereien und grünen Pflanzenteilen. Das lockere Nest aus Gras und Wurzeln steht auf dem Boden oder bodennah im dichten Gebüsch, gelegentlich auch höher. Brutzeit Mai–Juli; 1–2 Jahresbruten.

Amsel
Turdus merula

Foto: oben ♂, Mitte ♀
J S.210 N S.220

Sänger, Muscicapidae. **Kennzeichen:** Allbekannter schwarzer bis überwiegend dunkelbrauner Vogel. ♂ leuchtend schwarz, orangegelber Schnabel und Augenring. ♀ oberseits dunkel grau- bis schwarzbraun; Unterseite teilweise etwas aufgehellt, so Kehle mehr oder minder grau mit schwarzen bis rotbraunen Strichen. Schnabel dunkelbraun bis gelblich. Juv. sind nach dem Verlassen des Nestes deutlich rotbrauner als Altvögel; Unterseite lebhafter gefleckt. Nach der Mauser im August–Oktober kann man die ♂ bereits an ihrem braunschwarzen Federkleid erkennen; der Schnabel ist noch schwärzlich und wird dann im Winter gelb. **Stimme:** Verschiedene Rufe; häufig »tix tix . . .«, oft lange wiederholt und bei Gefahr härter und oft in rascher Folge »tsink tsink . . . .« als regelrechtes Zetern; gedämpft »djuk djuk . .« oder hoch und dünn »tsieh«. Der Gesang ist eine wohltönende Folge von flötenden Elementen, dazwischen auch höhere zwitschernde und gepreßte Laute. Im Unterschied zur Singdrossel Vortrag ruhiger und keine sofortige Wiederholung eines Motivs. **Lebensraum:** Lichte Wälder unterschiedlichen Typs, häufig in Parkanlagen und Gärten, selbst mitten in der Großstadt. **Vorkommen:** Teilzieher, im Bereich menschlicher Siedlungen überwintern viele; in allen Teilen Mitteleuropas häufiger Siedlungsfolger, in Wäldern meist seltener.

größer
Spatz
bis
Amsel

Bei der Nahrungssuche oft auf dem Boden; hüpft mit beiden Beinen gleichzeitig, stelzt oft den Schwanz und läßt die Flügel etwas hängen. ♂ singen meist auf erhöhter Warte, oft schon ab Februar auf Antennen, Dachfirsten oder hohen Bäumen. Die Nahrung besteht hauptsächlich aus Regenwürmern, bodenbewohnenden Insektenlarven und anderen Kleintieren; in der Großstadt wird auch Abfall angenommen. Ab Sommer stellen sich viele Amseln auf Obst und Beeren um und verfüttern sie auch an ihre Jungen. Die Nester aus Grashalmen, Wurzeln und feuchter Erde stehen meist niedrig auf Bäumen oder in Büschen, in Städten jedoch auch auf Fenstersimsen, Balkonen usw. Brutzeit März–Juli; 2–3 Jahresbruten.

Nachtigall
Luscinia megarhynchos

Foto: unten

Sänger, Muscicapidae. **Kennzeichen:** Kleiner als Amsel; relativ langer, gerundeter Schwanz. Oberseite einfarbig rotbraun, Schwanz bis auf die mittleren Federn lebhaft braunrot; Unterseite hell bräunlich bis weißlich, Kehle und Bauch am hellsten. Juv. stark gefleckt, ähnlich Rotkehlchen, doch deutlich größer und Schwanz rotbraun. **Stimme:** Rufe wie Laubsänger, nach oben gezogen »huit« und bei Erregung tief knarrend »karr«. Der laute und wohltönende Gesang wird oft mit einer anschwellenden Reihe von gezogenen »düh düh düh . . . .« eingeleitet und geht dann, oft unter Einschaltung kleiner Pausen, in ein vielseitiges Repertoire über, in dem auch harte »tjuk tjuk . . .«-Reihen (Schluchzen) eingeschaltet sind. Singt meist in dichtem Gebüsch, auch in der Nacht. **Lebensraum:** Laub- und Mischwald mit dichtem Gebüsch, Auwälder, große Feldgehölze, Parks, verwilderte Gärten. **Vorkommen:** Sommervogel; April–September, im Tiefland verbreitet, aber in rauheren Gebieten oft fehlend.

Die Nahrung besteht aus Insekten und anderen Kleintieren. Das Nest ist meist nahe dem Boden versteckt. Brutzeit Mai–Juli; 1 Jahresbrut.

Wendehals

Jynx torquilla   R 2

Spechte, Picidae. **Kennzeichen:** Gleicht eher einem Singvogel als einem Specht. Grau bis braun mit rostfarbener und schwarzer Zeichnung und dadurch sehr gut getarnt. Auf dem Rücken regelrechtes Schlangenmuster; Unterseite heller, sehr fein dunkler quergebändert. **Stimme:** Gedämpfte Rufreihen wie »dähdähdäh . . .«, schnell gereiht, auch von ♂ und ♀ im Duett vorgetragen. **Lebensraum:** Lichte Wälder, so besonders Auwälder, aber auch große Obstgärten, Parks, Feldgehölze und größere Gärten. **Vorkommen:** Sommervogel; April–September, im Tiefland Mitteleuropas verbreitet, doch neuerdings aus unterschiedlichen Gründen starke Abnahme und gebietsweise sogar ganz verschwunden.

Der merkwürdige Name bezieht sich auf das auffällige, langsame Kopfdrehen, das man vor allem bei Gefahr beobachten kann. Wendehälse klettern nicht wie Spechte, sondern sitzen meist auf Ästen, können sich aber an senkrechte Baumstämme anklammern. Zur Nahrungssuche kommen sie auf den Boden, denn sie sind Ameisenspezialisten. Nicht zu dichte und hohe Grasflächen und trockene sandige Stellen sind daher wichtig. Am Boden hüpfen die Vögel meist mit angehobenem Schwanz. Man sieht sie auch nicht selten auf niedrigen Warten (z.B. Holzstößen, Baumstümpfen) sitzen; im Laub der Bäume sind sie sehr schwer zu entdecken. Die Stimme ist dann ein wichtiges Erkennungssignal. Wendehälse sind Höhlenbrüter, die aber nicht wie die anderen Spechte ihre Höhle selbst zimmern, sondern auf Astlöcher, Baumspalten usw. angewiesen sind. Sie nehmen auch gerne Nistkästen an. Mitunter besetzen die spät zurückkommenden Wendehälse eine bereits von Meisen bezogene Bruthöhle und benützen das schon eingetragene Nistmaterial. Brutzeit Mai–Juli; 1–2 Jahresbruten.

Drosselrohrsänger

Acrocephalus arundinaceus   ♪ R 1

Grasmücken, Sylviidae. **Kennzeichen:** Ähnlich gefärbt, doch viel größer als Teich- und Sumpfrohrsänger. Kräftiger langer Schnabel, flacher Kopf, deutlicher Überaugenstreif. Oberseite olivbraun, Unterseite rahmfarben; ohne auffällige Farbmerkmale. **Stimme:** Rufe knarrend und tief »karr«, auch kurz »tschack«. Gesang fällt durch seinen Rhythmus (vgl. Teichrohrsänger) und durch seine raschen Unterschiede in der Tonhöhe auf, etwa »karre karre karre . . . . (tief)« und dann unvermittelt hoch »kriek kriek . . .« o.ä. **Lebensraum:** Große und hohe Schilfbestände unmittelbar am Wasser, z.B. an Seen, Teichen und Flußaltwässern. **Vorkommen:** Sommervogel; Ende April–September, an Gewässern des Tieflandes. In den letzten Jahren fast überall in Mitteleuropa starke Abnahme durch Zerstörung und Veränderung des Lebensraumes, vielleicht aber auch durch Gefahren auf dem Zuge.

Singende ♂ sitzen oft längere Zeit ganz frei auf starken Schilfhalmen oder klettern während des Singens langsam in die Höhe. Von den im allgemeinen versteckt lebenden Rohrsängern ist der Drosselrohrsänger am leichtesten zu beobachten und an seinem lauten Gesang schon aus größerer Entfernung zu erkennen. Die Nahrung besteht aus Insekten, Spinnen und anderen Kleintieren am Wasser. Das fest um starke Schilfhalme geflochtene Nest ist ein stabiler, tiefer Napf aus Schilfblättern und steht meist über dem Wasser. Brutzeit Mai–Juli; 1 Jahresbrut.

116

Mauersegler

Apus apus [J] S. 208 [S] S. 230

Segler, Apodidae. **Kennzeichen:** Von Schwalben durch lange, sichelförmige Flügel, fast einfarbig dunkle Unterseite und andere Flugweise zu unterscheiden. Aus der Entfernung wirken die Vögel ganz schwarz; Kehle jedoch etwas heller bis weißlich. Der Schwanz ist kurz gegabelt; die Steuerfedern werden jedoch im Flug oft zusammengelegt, so daß ein spitzes Schwanzende entsteht. **Stimme:** Rufe schrill durchdringend »srih« im reißenden Flug; in abendlichen Flugspielen oft vielstimmiges und intensives Rufen. **Lebensraum:** Luftjäger, der vor allem in Städten, seltener an einzelnen Häusern oder an Felsen und ausnahmsweise auch in Bäumen brütet. **Vorkommen:** Sommervogel; Ende April bis Mitte August (manchmal bis September) als Brutvogel in den Städten Mitteleuropas weit verbreitet; jagt oft fernab der Brutplätze, vor allem bei kühlem und feuchtem Wetter tief über dem Boden oder über dem Wasser.

größer Spatz bis Amsel

Segler sieht man so gut wie nur in der Luft; sie fliegen reißender als Schwalben mit schnellen Flügelschlägen, dazwischen werden längere Gleitstrecken eingeschaltet; bei den rasanten Jagden, die oft sehr hoch in die Luft führen, wird der Körper häufig abwechselnd auf die Seite geworfen. Fast immer sieht man Segler mit Artgenossen, auch mitunter mit Schwalben zusammen auf der Jagd. Mit ihren kurzen Beinen und den Klammerfüßen hängen Segler nur an senkrechten Wänden und sitzen z. B. nie auf Drähten wie Schwalben. Die Nahrung besteht ausschließlich aus Insekten (und Spinnen), die in der Luft erjagt und im Kehlsack den Nestlingen als Futterballen gebracht werden. Die Nester sind in Löchern und Spalten an Häusern, Türmen, Felsen usw. untergebracht. Das Nestmaterial wird in der Luft erhascht und besteht aus Federn, Halmen, Blättern und anderen kleinen Pflanzenteilen, die mit Speichel zu einem flachen Napf verklebt werden, der auf einer Unterlage steht. Entsprechende unter dem Dach angebrachte Nistkästen werden angenommen. Brutzeit Ende Mai–Juli; 1 Jahresbrut.

Wachtel

Coturnix coturnix [R] 2

Hühnervögel, Phasianidae. **Kennzeichen:** Kleinster europäischer Hühnervogel, schwer zu sehen. Kugelige Körpergestalt, sehr kurzer Schwanz, knapp starengroß. Oberseite schwärzlich, mit rahmgelben Längsstrichen, die oft deutliche helle Streifen bilden. Dunkler Oberkopf mit hellem Mittelstrich, weißlicher Strich über dem Auge. ♂ mit dunkler Gesichtszeichnung und variabler, häufig rostbräunlicher Kehlfärbung; ♀ mit heller Kehle und dunkel gefleckter Brust. **Stimme:** Sehr bezeichnender Gesang des ♂, meist nachts oder in tiefer Dämmerung zu hören »pick-wer-wick« (Wachtelschlag). **Lebensraum:** Feld- und Wiesenflächen mit ausreichender Deckung. **Vorkommen:** Sommervogel; April–Oktober, im Tiefland Mitteleuropas verbreitet, doch von Jahr zur Jahr in sehr unterschiedlicher Häufigkeit und in neuerer Zeit gebietsweise starke Abnahmen durch Zerstörung des Lebensraums und Intensivierung der Landwirtschaft.

Wachteln können sich außerordentlich gut verstecken. Die Nahrung besteht aus Sämereien und Insekten, die vor allem für die Aufzucht der Jungen eine wichtige Nahrung bilden. Das Nest steht am Boden in der Vegetation versteckt. Brutzeit Ende Mai–Mitte August; 1–2 Bruten.

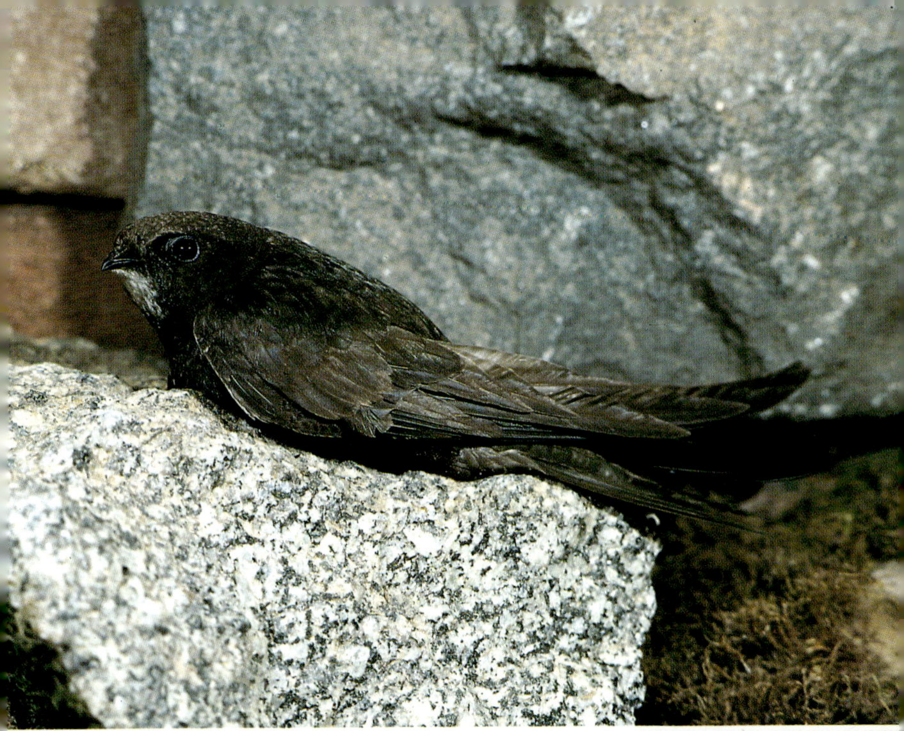

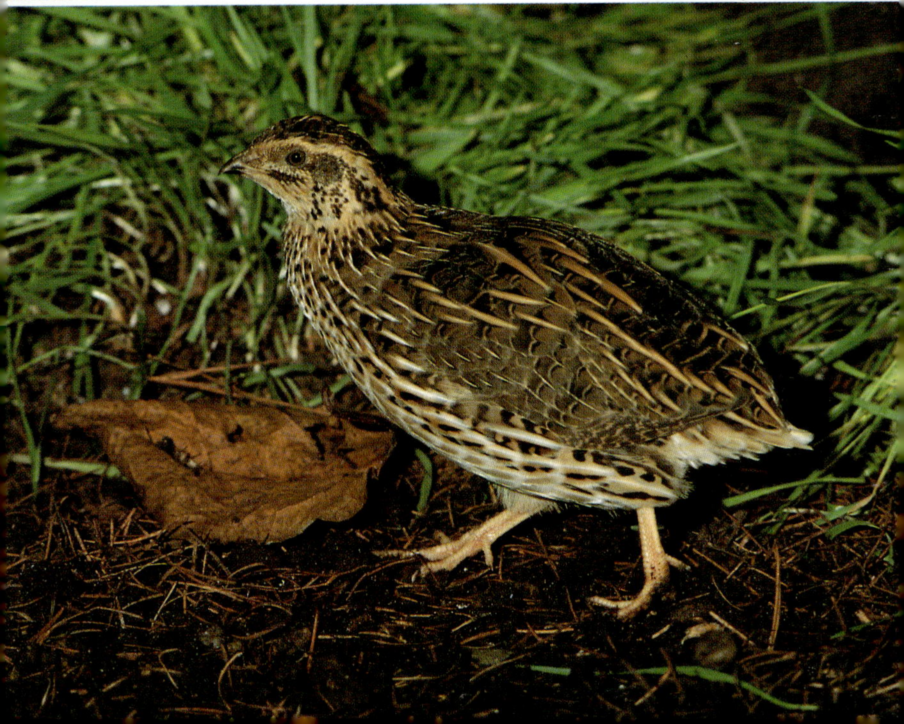

Zwergtaucher
Podiceps ruficollis

Foto: oben Sommer, unten Winter

Lappentaucher, Podicipedidae. **Kennzeichen:** Kleinster einheimischer Schwimm- und Tauchvogel, rundlicher Körper und relativ kurzer Hals; im Sommer oft schwer zu entdecken. Im Sommerkleid kastanienbraune Kehle, die sich den schwarzen Hals entlang weit hinunterzieht; Rücken schwärzlich, Flanken bräunlich. Das Hinterende weißlich; so gut wie kein Schwanz zu erkennen. Die Umrandung des Schnabelspaltes ist leuchtend gelbgrün. Im Winter Oberseite graubräunlich, Unterseite hell, Flanken und Hinterende grau, ebenso der vordere und seitliche Hals; kein auffallend gefärbter Schnabelwinkel. **Stimme:** Rufe hell »wit wit« oder, vor allem im Winter, kurze Triller. Gesang ein hoher, etwas abfallender Triller, der von den Partnern eines Paares im Duett vorgetragen wird und dann zweistimmig klingt. **Lebensraum:** Brutvogel an Seen und Teichen sowie Flußaltwässern oder in der Verlandungszone von Stauseen; oft auf winzigen, stark zugewachsenen Tümpeln. Im Winter häufig auf offenen Wasserflächen, wie Seen, Stauseen und Flüssen; nicht selten als Wintergast auch mitten in Großstädten. **Vorkommen:** Jahresvogel; in allen Teilen Mitteleuropas Brutvogel, doch neuerdings teilweise Abnahme des Brutbestandes. Als Wintergast regelmäßig an offenen Gewässern.

Im Sommer halten sich Zwergtaucher meist sehr gut versteckt zwischen Wasser- und Uferpflanzen, so daß der Triller aus der dichten Vegetation oft der einzige Hinweis auf ihre Anwesenheit bleibt. Im Winter sind sie in ihrem schlichten Kleid viel leichter zu sehen, halten sich aber auch in der Großstadt meist etwas abseits der futterzahmen Wasservögel. Bei Gefahr tauchen sie mit kräftigem Wasserspritzen unter; oft strecken sie beim Auftauchen dann nur Kopf und Hals aus dem Wasser und sind dann vor allem in Ufernähe schwer zu entdecken. Manchmal suchen sie mit plätscherndem Lauf auf der Wasseroberfläche sichere Deckung auf oder jagen sich. Zwischen den Zehen spannen sich keine durchgehenden Schwimmhäute wie z.B. bei Enten oder Möwen; einzelne Schwimmlappen umgeben die Zehen (der Name der Familie bezieht sich auf diese Eigentümlichkeit). Wie bei vielen typischen Tauchvögeln sind die Beine weit hinten eingelenkt (Steuer im Wasser), so daß sich die Vögel auf dem Land sehr ungeschickt fortbewegen. Die Nahrung wird meist durch Tauchen erbeutet. Sie besteht aus größeren Wasserinsekten, kleinen Krebstieren und Mollusken; seltener werden auch kleine Fischchen erbeutet. Das Nest steht meist im Wasser in dichter Ufervegetation und ist ein kleiner Haufen aus aufeinandergeschichteten Pflanzenteilen. Brutzeit April–Juli; meist 2, in manchen Fällen wohl auch 3 Jahresbruten.

größer
Spatz
bis
Amsel

Neuntöter ♀ S. 108; Kernbeißer S. 106; Wacholderdrossel S. 104; Grün- und Grauspecht S. 146

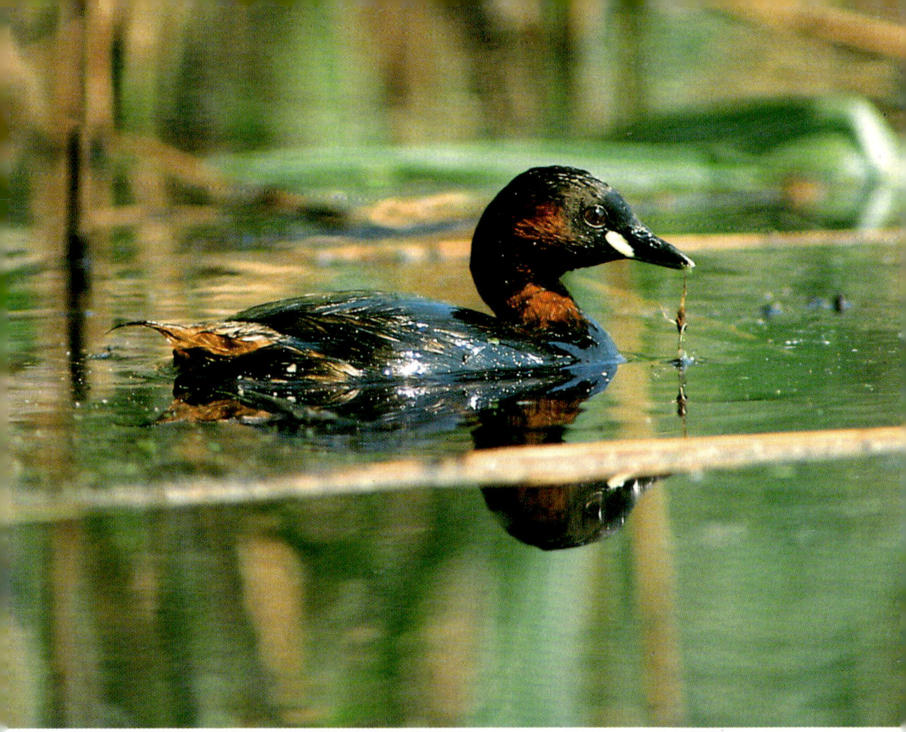
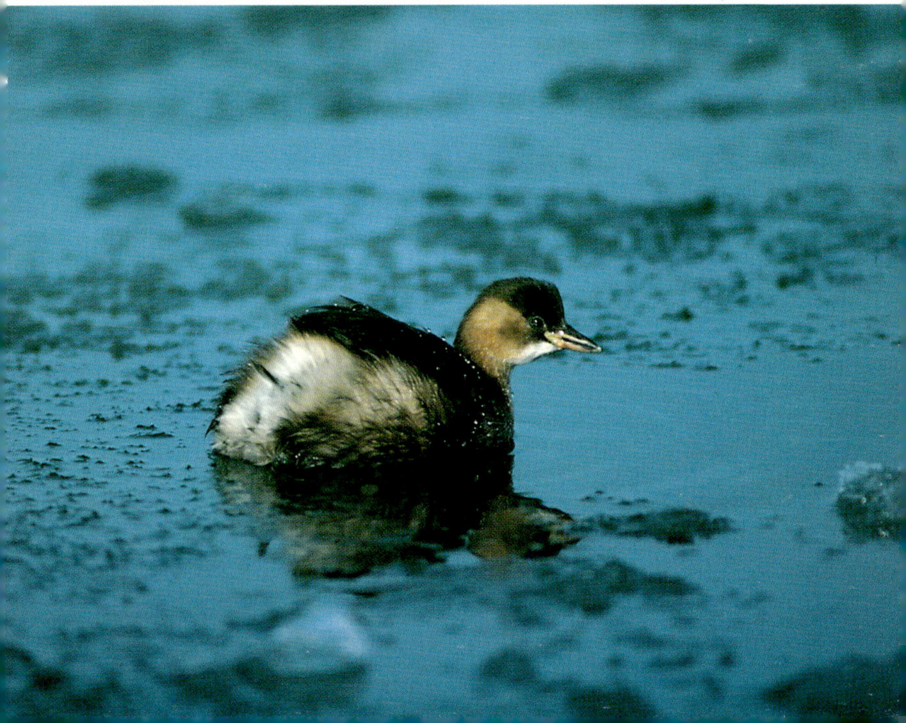

Elster

Pica pica J S. 210 N S. 220 S S. 230

Rabenvögel, Corvidae. **Kennzeichen:** Auffallender, langschwänziger, aus der Entfernung schwarzweiß wirkender großer Vogel. Der lange Schwanz ist am Ende abgerundet oder gestuft, er wird mitunter gefächert und im Laufen und Hüpfen angehoben. Schultern, Bauch und Flanken weiß. Flügel, Schwanz, Rücken und Kopf schwarz, aus der Nähe jedoch mit lebhaftem metallischem Glanz, der an Kopf, Brust und Rücken je nach Lichteinfall blauschwarz und purpurn schillert, an den Flügeln blau und grün, am Schwanz bronzegrün und purpurn. Im Flug fallen die relativ kurzen Flügel auf, die gegen die Spitzen zu ein weißes Feld tragen. Juv. haben zunächst kürzeren Schwanz und zeigen keinen Metallschimmer. **Stimme:** Rufe laut und schäckernd »tschar-ackackack« oder »kekekek« bzw. »jäckjäckjäck«. Gesang ein gurgelndes Schwätzen mit bauchrednerischen und pfeifenden Elementen. **Lebensraum:** Offene Kulturlandschaft mit Hecken, Gehölzen und Baumgruppen, auch in Alleen, Parks und größeren Gärten; in höheren Gebirgslagen oft selten; fehlt im geschlossenen Wald. **Vorkommen:** Jahresvogel; in allen Teilen Mitteleuropas verbreitet, aber von einer allgemeinen Überhandnahme kann keine Rede sein; in manchen Gebieten Verlagerung der Brutgebiete und Einwanderung in Siedlungen.

Der auffallende Vogel ist leicht zu beobachten, doch meist recht scheu. Der Flug wirkt etwas unsicher, schnelle Flügelschläge wechseln mit Gleitstrecken ab; läuft auch viel auf dem Boden. Die Nahrung ist sehr vielseitig und besteht aus Insekten, Würmern, Schnecken, Aas, Abfall, Beeren und Würmern, auch aus Eiern, Jungvögeln und Kleinsäugern. Die Elster für die Gefährdung der Singvögel verantwortlich zu machen, ist zumindest übertrieben. Das Nest ist ein großer überdachter Bau aus Reisern, mit seitlichem Eingang; die Nestmulde ist mit Lehm oder feuchter Erde verfestigt. Alte Elsternnester dienen auch anderen Vogelarten, so z. B. Turmfalke oder Waldohreule als Kinderstube. Brutzeit März–Mai; 1 Jahresbrut.

Wiedehopf

Upupa epops R 1

Hopfe, Upupidae. **Kennzeichen:** Auffälliger hellbrauner Vogel mit schwarzweißer Bänderung an Flügel und Schwanz. Langer gebogener Schnabel. Die Haube wird nur bei Erregung zu einem Fächer aufgerichtet, sonst ist sie zu einem verlängerten Federschopf zusammengelegt. **Stimme:** Rufe z. B. rauh krächzend »räh«. Gesang sehr gedämpft, aber trotzdem weit hörbar; rhythmisch »up up up up«, zwei- bis vier-, meist dreisilbig. **Lebensraum:** Trockene offene Landschaften; wärmeliebend, daher sonnige Waldränder, Heiden und Moore, auch lichte Parks und Gärten, Weinberge, Ödland usw. **Vorkommen:** Sommervogel; April bis Oktober, in Mitteleuropa als Brutvogel sehr selten in milden Tieflandgebieten, nur an wenigen Stellen noch regelmäßig brütend; häufiger im Süden und vor allem im Mittelmeergebiet. Als Durchzügler einzeln, aber regelmäßig im Süden Mitteleuropas.

Auch durch ihren eigenartigen Flug fallen Wiedehopfe auf: Mit langsamen, schmetterlingsartigen Flügelschlägen fliegen sie in wellenförmiger Bahn. Die Nahrung besteht vor allem aus Großinsekten (z. B. Maulwurfsgrillen). Das Nest ist in Höhlungen verschiedenster Art versteckt (z. B. Erdhöhle, Holzstoß, Steinhaufen usw.). Brutzeit Mai–Juli; 1–2 Jahresbruten.

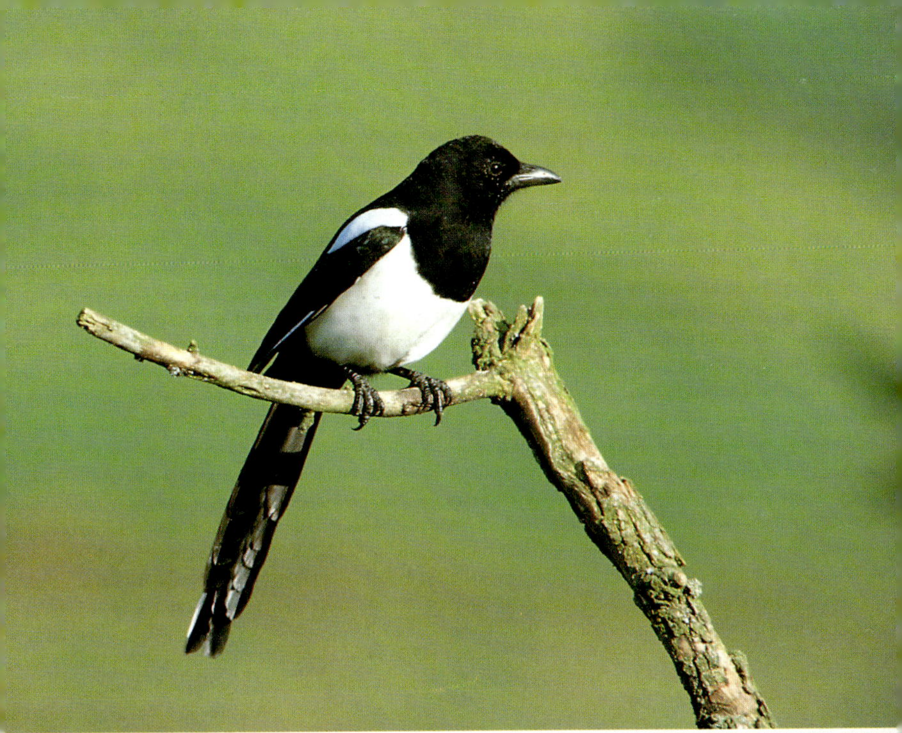
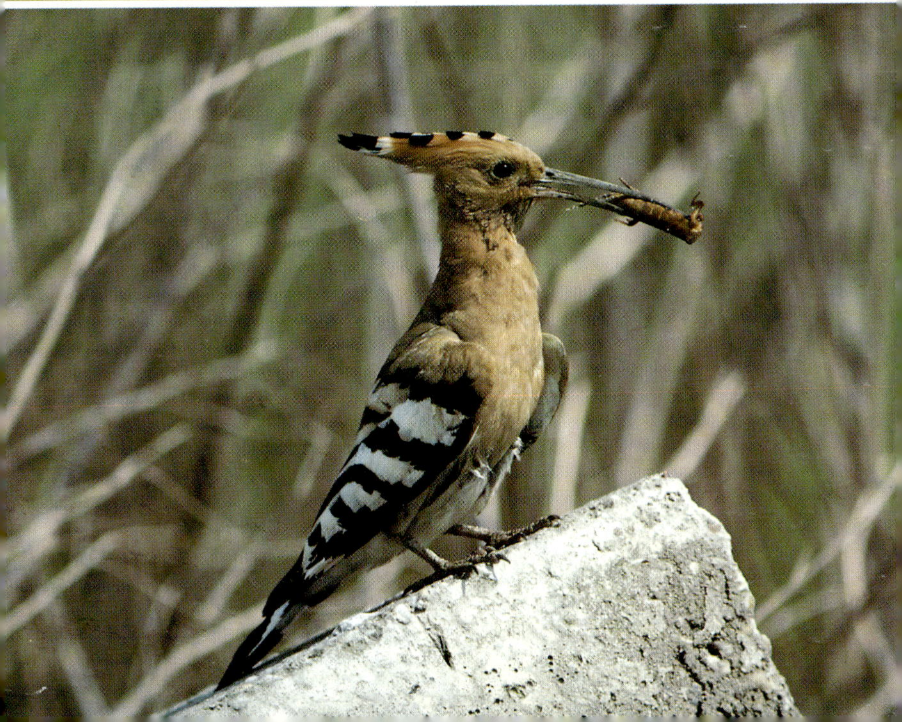

Rotschenkel

Tringa totanus  R 2

Schnepfenvögel, Scolopacidae. **Kennzeichen:** Langbeiniger Watvogel mit dünnem, geradem Schnabel. Oberseite braun, mit einigen dunkleren Flekken und Strichen; Unterseite weiß, unterschiedlich stark dunkelbraun gefleckt oder gebändert. Im Herbst Oberseite einheitlicher gefärbt und Unterseite weniger deutlich dunkel gezeichnet. Die langen dünnen Beine sind rot, bei juv. mehr gelblich; der dunkle Schnabel hat eine mehr oder minder deutlich sichtbare rote Basis. Im Flug ist die Verteilung von Weiß auf der Oberseite ein wichtiges Kennzeichen: Flügelhinterrrand breit abgesetzt, Oberschwanz, Bürzel und in einem spitzen Keil nach vorne weisend auch der Hinterrücken weiß. Beine ragen nur wenig über das Schwanzende. **Stimme:** Rufe melodisch »djü dü dü« oder auch gedehnt »djüh«, bei Gefahr kurz »tjik«. Gesang ist ein melodisches »Jodeln«, etwa »dalüdl dalüdl . . .«, das im Singflug vorgetragen wird. **Lebensraum:** Brutvogel auf Feucht- und Salzwiesen sowie Mooren; auf dem Durchzug an See- und Flußufern sowie anderen Schlammflächen. **Vorkommen:** Sommervogel (im Wattenmeer auch im Winter einige); März–Oktober, als Brutvogel nur in Küstennähe und im nördlichen Tiefland Mitteleuropas verbreitet, im übrigen Binnenland nur an ganz wenigen Stellen; auf dem Durchzug im Frühjahr und ab Spätsommer auch regelmäßig im Binnenland.

An manchen Stellen der Küste und ihres Hinterlandes ist der Rotschenkel noch ein verbreiteter und wegen seiner melodischen Stimme ein auffälliger Brutvogel. Doch hat Zerstörung des Lebensraumes die Bestände teilweise stark abnehmen lassen. Im Binnenland ist der Fortbestand wie bei anderen Wiesenbrütern (z.B. Brachvogel) bedroht. Die Nahrung besteht aus Kleintieren des nassen oder weichen Bodens. Das Nest ist eine in der Vegetation versteckte Bodenmulde. Brutzeit Ende April–Ende Juni; 1 Jahresbrut.

Uferschnepfe

Limosa limosa R 2

Schnepfenvögel, Scolopacidae. **Kennzeichen:** Langbeiniger Watvogel mit sehr langem, geradem Schnabel und aufrechter Körperhaltung. ♂ im Frühsommer Kopf, Hals und Brust zimtbraun bis rotbraun, Bauch weiß, Flanken mehr oder minder deutlich dunkel gebändert. Oberseite dunkelbraun, mit breiter rötlichbrauner Zeichnung. ♀ weniger leuchtend rotbraun und weniger auffällig gezeichnet. Im zeitigen Frühjahr und ab Spätsommer ♂ und ♀ einheitlich graubraun; Unterseite weiß, Hals oft noch etwas bräunlich. In allen Kleidern jedoch auffällige Zeichnung im Flug: Flügel mit breitem weißem Band und schwarzem Hinterrand; Schwanz weiß, mit breitem dunklen Endband. Die dunklen Beine überragen weit das Hinterende des Schwanzes. **Stimme:** Rufe meist nasal »gegeg«, auch Rufe auf »i«. Am Brutplatz im auffälligen Schauflug rhythmische Reihe wie »degritto degritto . . .«. **Lebensraum:** Brutvogel auf Feuchtwiesen und Sümpfen; außerhalb der Brutzeit an Schlammflächen und im Seichtwasser. **Vorkommen:** Sommervogel; März–Oktober, Brutvogel in der Tiefebene im Norden, im Binnenland nur an ganz wenigen Stellen, vielerorts Brutbestand gefährdet. Auf dem Durchzug auch im Binnenland regelmäßiger Gast.

Die Nahrung besteht hauptsächlich aus Boden- und Schlammtieren. Das Nest ist eine offene Bodenmulde. Brutzeit April–Juni; 1 Jahresbrut.

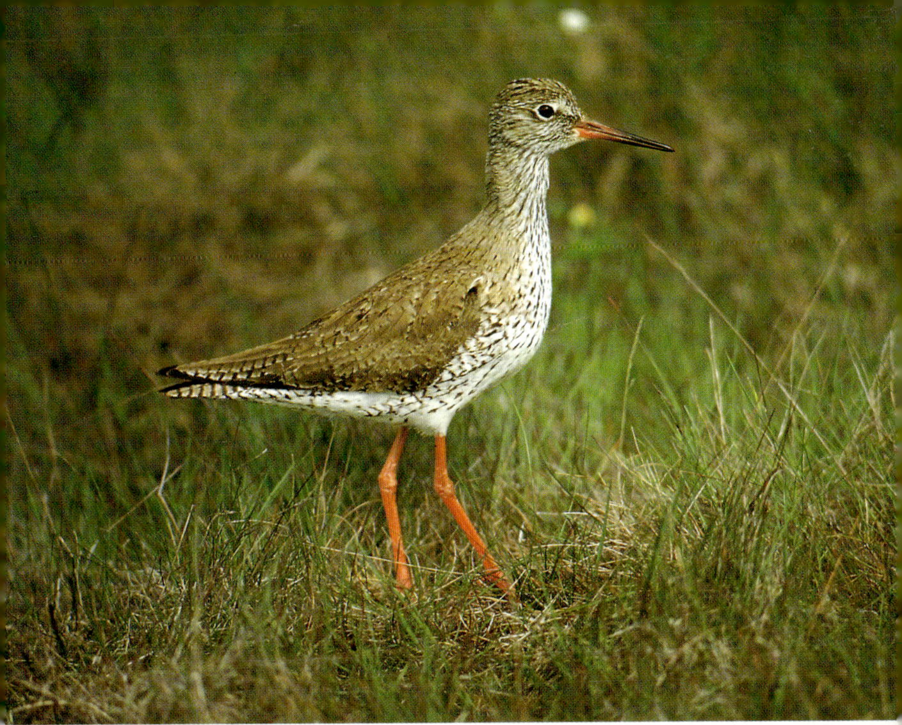

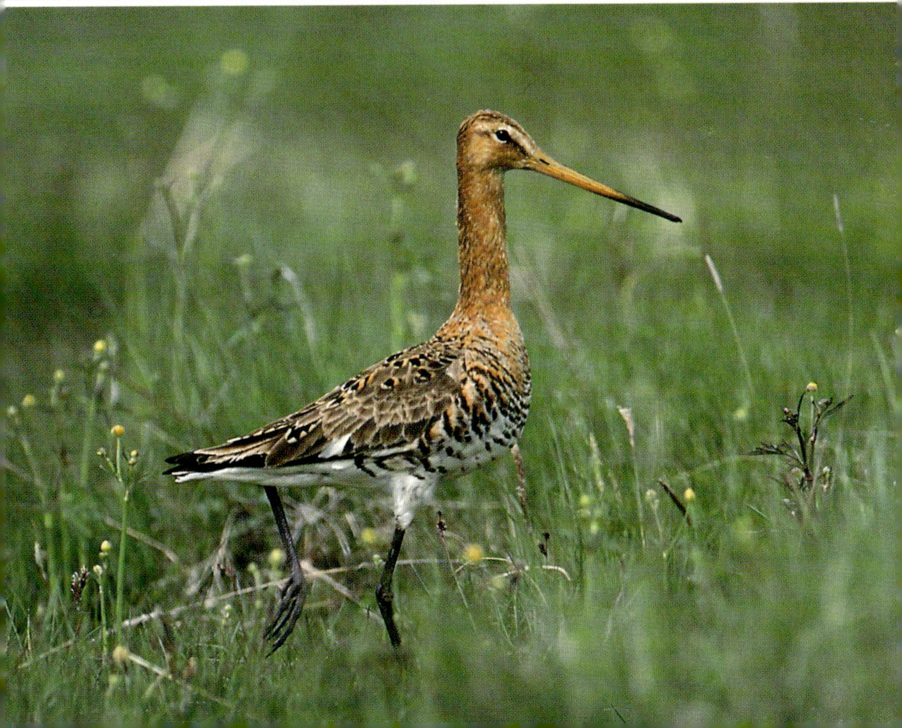

Flußseeschwalbe

Sterna hirundo R 1 S S. 227

Seeschwalbe, Sternidae. **Kennzeichen:** Sehr schlanker und eleganter, der Färbung nach möwenartiger Vogel. Von den viel kompakteren gleichgroßen Möwen (z. B. Lachmöwe) durch schlanken Körper, schmale spitze Flügel und langen, tief gegabelten Schwanz unterschieden. Der Schnabel ist relativ dünn und spitz, die Beine sind auffallend kurz. Seeschwalben sieht man viel häufiger im Flug als sitzend; mit ihren kurzen Beinen laufen sie kaum am Boden wie die Möwen. Das Gefieder ist weiß bis hellgrau (vor allem auf den Oberflügeln, deren Spitzen dunkel gesäumt sind). Im Sommer tragen die Altvögel eine schwarze Kopfkappe, ab Herbst wird die Stirn weiß. Der Schnabel ist orangerot, mit schwarzer Spitze; Beine und Füße sind rot. Juv. weisen auf der Oberseite einige verwaschen bräunliche Flecken auf; der Oberkopf ist weißlich mit dunklen Strichen, Hinterkopf dunkler. Die Schnabelbasis ist blaß fleischfarben, die Beine sind orange. Im Flugbild fällt auch der kürzere Schwanz auf. **Stimme:** Rufe kreischend »kriärr« oder »kirri kirri kirri . . .« und keckernd »kikiki . . «. **Lebensraum:** So gut wie immer am Wasser, sowohl an der Küste als auch über Seen und Flüssen, auch an Stauseen und Fischteichen. **Vorkommen:** Sommervogel; April–Oktober, an der Küste als Brutvogel und an wenigen Stellen des Binnenlandes, vor allem hier durch Vernichtung von Brutplätzen und Störungen aller Art (z. B. Badebetrieb) gefährdet. Als Durchzügler auch an Stellen ohne Brutvorkommen im Binnenland regelmäßig (Frühjahr und Herbst).

Seeschwalben sind nicht nur elegante Flieger, die mit weichen Flügelschlägen und etwas gaukelndem Flug über dem Wasser fliegen. Die meisten Arten haben sich auf eine besondere Technik des Nahrungserwerbs spezialisiert: Aus der Luft stoßen sie ins Wasser herunter, um kleine Fischchen zu erbeuten. Im Frühjahr kann man auch die eleganten Flugspiele und Jagden beobachten. Das ♂ präsentiert dabei dem ♀ oft einen kleinen Fisch. Die Nester sind anspruchslose Mulden im offenen Boden. Flußseeschwalben brüten im Binnenland meist in kleinen Kolonien auf Sand- und Kiesbänken der Flüsse, an der Küste in größeren Kolonien, z. B. in Seevogelschutzgebieten an kahlen Stränden oder auf Inseln. Mit Erfolg hat man an Seen und Stauseen künstliche Seeschwalbeninseln oder Brutflöße eingerichtet. Oft fehlen nämlich als Folge der Begradigung der Flüsse und Verbauung der Seeufer geeignete Brutstellen. Viele Brutplätze werden im Sommer auch durch den Freizeitbetrieb gestört und die Vögel haben nur in bewachten Schutzzonen eine Chance, ihre Jungen großzuziehen. Brutzeit Mai–August; 1 Jahresbrut.

Flußseeschwalben sind die einzigen weißen Seeschwalben, die man regelmäßig auch im Binnenland beobachten kann. An der Küste kommen noch einige weitere Arten als Brutvögel vor. Die Küstenseeschwalbe *(Sterna paradisaea)* ist der Flußseeschwalbe zum Verwechseln ähnlich und nur durch den ganz roten Schnabel und die längeren Schwanzspieße zu unterscheiden. Die größere Brandseeschwalbe *(Sterna sandvicensis)* hat einen schwarzen Schnabel und schwarze Beine. Die kleine Zwergseeschwalbe *(Sterna albifrons; S.202)* hat einen gelben Schnabel mit schwarzer Spitze und auch in der Brutzeit eine weiße Stirn.

größer
Amsel
bis
Taube

Kiebitz

Vanellus vanellus   R 3   J S. 206   N S. 216   S S. 228

Regenpfeifer, Charadriidae. **Kennzeichen:** Auffallender, aus der Entfernung schwarzweiß wirkender Vogel mit breiten, abgerundeten Flügeln und etwas taumelndem Flug mit weichen Flügelschlägen. Die auffällige lange Federhaube sieht man nur beim stehenden Vogel. Gesicht, Kehle und Brust schwarz, Kopfseiten und Hinterkopf weiß mit schwarzen Marken; Oberseite aus der Nähe bronzegrün mit purpurfarbenem Schimmer; Unterseite weiß, breiter schwarzer Kehl- und Brustlatz (beim ♀ und ab Spätsommer auch beim ♂ großenteils weiß); Schwanz weiß, mit breitem schwarzem Endband, Unterschwanz zimtfarben. Im Flug fällt zudem der weiße Unterflügel auf. Juv. mit sehr kurzer Federholle; stumpfer gefärbt; auf der Oberseite hellbraune Federsäume. **Stimme:** Ruf nasal »kiewit«, auch kürzere, einsilbige Rufe. Im auffälligen Schauflug mit steilem Auf- und Absteigen, Körperwenden und Rollen singt das ♂ über dem Brutgebiet »kie-wit-wit . . . . chärruit«; dabei ist aus der Nähe auch ein wuchtelndes Flügelgeräusch zu hören. **Lebensraum:** Brutvogel auf offenen Flächen, wie feuchten und trockenen Wiesen, Mooren, aber auch Äckern und Ödländern; außerhalb der Brutzeit oft am Wasser oder auf Schlammflächen, auch an der Küste. **Vorkommen:** Teilzieher, in vielen Gebieten Sommervogel (Februar–November); Brutvogel im Tiefland, im Süden Mitteleuropas aber lückenhaft verbreitet.

größer
Amsel
bis
Taube

Kiebitze treten fast immer gesellig auf. Schon im Frühsommer bilden sich oft große Schwärme. Die Nahrung besteht aus einer Vielfalt an kleinen Bodentieren; auch Sämereien und Pflanzenteile werden aufgenommen. Das Nest ist eine seichte Bodenmulde, die mit wenig Material ausgekleidet wird und meist ganz offen liegt. Die Eier sind tarnfarbig, werden aber bei häufiger Störung oft eine Beute von Nesträubern (z. B. Krähen). Als ursprünglicher Feuchtwiesenbrüter hat sich der Kiebitz auch auf trockenen Ackerboden umgestellt, kommt aber heute oft mit der intensiven Bearbeitung der Nutzflächen in Konflikt. Brutzeit Ende März–Juli; 1 Jahresbrut.

Baumfalke

Falco subbuteo   R 2

Falken, Falconidae. **Kennzeichen:** Kleiner, schlanker Greifvogel mit relativ kurzem Schwanz und langen, sichelförmigen Flügeln, die ihm eine gewisse Ähnlichkeit mit einem sehr großen Mauersegler verleihen. Flug mit raschen Flügelschlägen und kurzen Gleitstrecken; jagt Beute im pfeilschnellen Flug. Oberseite dunkel schieferfarben, Halsseiten und Kehle cremefarben, deutlicher dunkler Bartstreif. Unterseite rahmfarben, kräftig dunkel längsgefleckt; Unterschwanzdecken rostrot. Schwanz- und Schwungfedern eng gebändert. Juv. oberseits bräunlicher; die Unterschwanzdecken sind nur hell rostbräunlich. **Stimme:** Hohe Rufreihen »kikiki«, die den Rufen des Wendehalses ähneln. **Lebensraum:** Offene Landschaften mit Baumgruppen, vor allem Moor- und Heidegebiete, aber auch über der Kulturlandschaft und besonders gern am Wasser jagend. **Vorkommen:** Sommervogel; April–September, verbreiteter, aber meist seltener Brutvogel des Tieflandes.

Baumfalken jagen Großinsekten und Singvögel im Flug. Die Eier werden meist in alte Krähennester gelegt. Brutzeit Juni–August; 1 Jahresbrut.

Teichhuhn S. 132

128

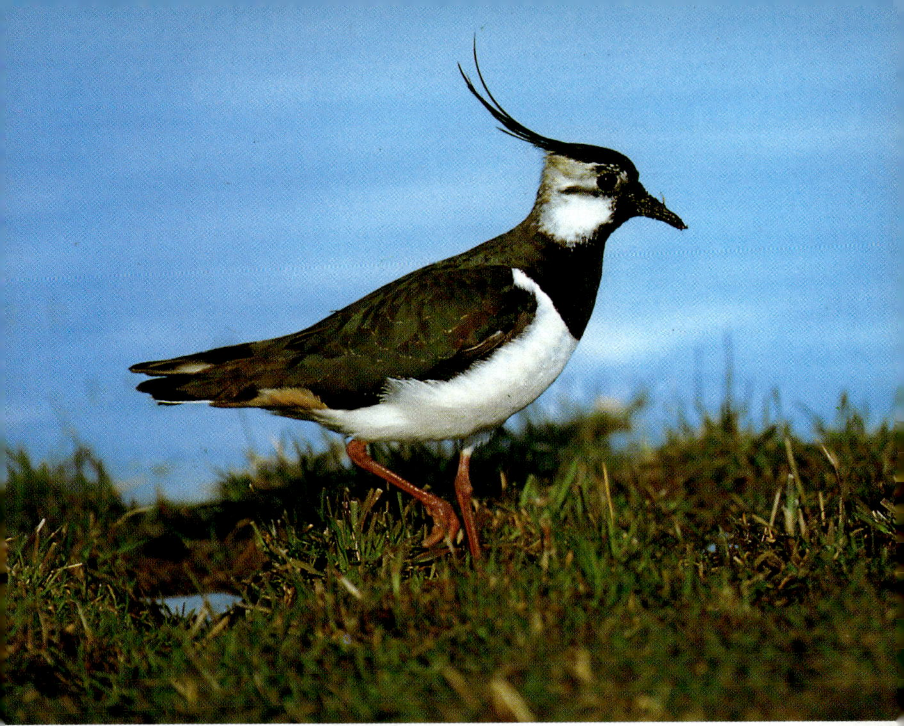

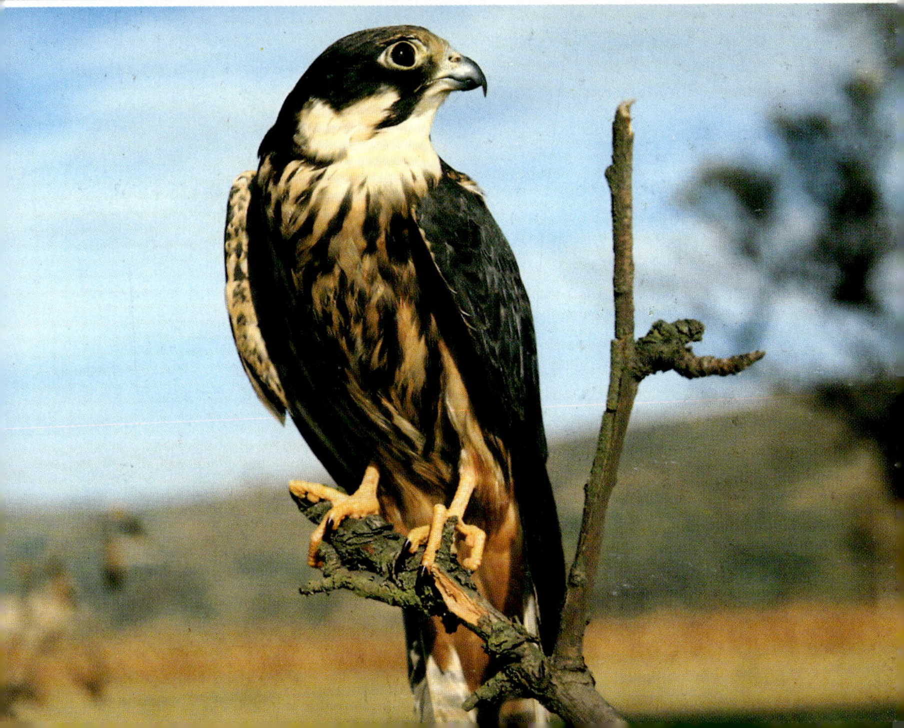

Kuckuck
Cuculus canorus

Foto: links ♀ graue Phase, rechts juv.
J S.208 N S.218

Kuckucke, Cuculidae. **Kennzeichen:** Schlanker Vogel mit spitzen Flügeln und langem, gestuftem Schwanz. ♂ Oberseite und Kopf bis Vorderbrust grau; Unterseite weiß, durchgehend schwarz gebändert. Auf dem dunklen Schwanz viele weiße Flecken. ♀ graubraun, Brustbänderung mehr braun. Neben grauen ♀ kommen auch rostbraune vor mit lebhafter schwarzer Oberseitenzeichnung und brauner Brustbänderung. Sehr selten gibt es auch braune ♂. Juv. oberseits entweder dunkel graubraun oder rostbraun, mit schwarzen Binden. Auf alle Fälle aber weißer Nackenfleck und helle Federsäume; Unterseite hell rahmfarben und sehr eng schwarz gebändert. Von Zieheltern außerhalb des Nestes gefütterte Jungkuckucke haben oft noch relativ kurzen Schwanz. Auffallend ist beim Schnabelöffnen der leuchtend rote Rachen. **Stimme:** Der Gesang des ♂ »kuckuck« ist weit zu hören; ♀ trillern kichernd »kwikwikwik . . .«; aus der Nähe hört man von beiden Geschlechtern heißere »hachhach . . .«. **Lebensraum:** Sehr vielseitig; Wälder, offene Landschaften mit Gehölzen oder Büschen, Fluß- und Seeufer mit Schilf- und Auenvegetation, Feuchtwiesen und Moore, Parks, Gärten usw. **Verbreitung:** Sommervogel; Mitte April–August (juv. bis September), in allen Teilen Mitteleuropas verbreitet, auch im Bergland.
Kuckucke fliegen mit schnellen, flachen Flügelschlägen und erinnern dabei etwas an einen Greifvogel. Im Sitzen hängen die Flügel oft etwas herunter, der lange Schwanz wird angehoben. Die Nahrung besteht aus Insekten und deren Larven; das ♀ verzehrt auch Eier der Wirtsvögel. Der Kuckuck ist reiner Brutschmarotzer. Die ♀ legen jeweils ein Ei in das Nest eines gewöhnlich sehr viel kleineren Singvogels (z.B. Bachstelze, Rohrsänger, Rotschwänze, Rotkehlchen, Pieper). Die Jungen und Eier des Wirtsvogels werden vom jungen Kuckuck unmittelbar nach dem Schlüpfen aus dem Nest geworfen; das Nest wird vor dem endgültigen Selbständigwerden verlassen. Eiablage und Jungenaufzucht durch Wirtsvögel Mai–Juli.

größer
Amsel
bis
Taube

Sperber
Accipiter nisus

Foto: links ♂, rechts ♀
R 4

Greifvögel, Accipitridae. **Kennzeichen:** Im Flugbild breite, kurze Flügel und langer, gerader Schwanz. ♀ deutlich größer als ♂. Oberseite des ♂ schiefer- bis blaugrau, Unterseite weißlich und eng orangerot gebändert, ebenso untere Flügeldecken. Schwingen dunkel gebändert, Schwanz mit 3–4 schmalen Binden und einem breiteren Endband. ♀ oberseits dunkel- oder graubraun; helle Unterseite braun und an den Flanken rostfarben quergebändert. Iris bei Altvögeln gelb. Juv. oberseits braungrau, mit rostfarbenen Federsäumen; Unterseite verschieden dunkel gebändert. Iris zunächst grüngrau, dann gelb. **Stimme:** Selten zu hören; am Brutplatz schrill »kikiki«. **Lebensraum:** Brutvogel in Nadel- und Mischwäldern, Parks. Auf der Jagd, vor allem im Winter, auch in Ortschaften. **Vorkommen:** Jahresvogel; in allen Teilen Mitteleuropas, aber nirgends häufig und z.T. gefährdet.
Wichtiger Hinweis auf Anwesenheit eines Sperbers ist Kleinvogelalarm. Flug sehr schnell mit raschen Flügelschlägen und dazwischen kurzen Gleitstrecken, gelegentlich auch Segelflug. Von einer Warte oder aus der Deckung heraus werden in einer Überraschungsjagd Kleinvögel gefangen. Nest auf Bäumen versteckt. Brutzeit Mai–Juli; 1 Jahresbrut.

Turmfalke
Falco tinnunculus

Foto: links ♂, rechts ♀

$\boxed{J}$ S. 208 $\boxed{N}$ S. 214 $\boxed{S}$ S. 226

Falken, Falconidae. **Kennzeichen:** Schlanker Vogel mit langem Schwanz und langen spitzen Flügeln. ♂ Kopf und Nacken blaugrau; Schultern, Rükken und Flügeldecken leuchtend rotbraun, mit dunklen Flecken besetzt. Flügelenden dunkelbraun bis schwarz; Schwanz blaugrau, mit breitem schwarzem Band und einem sehr schmalen hellen Saum. Unterseite hell gelbbräunlich, Brust, Flanken und Unterflügeldecken dunkel gefleckt. ♀ oberseits rotbraun, mit dunkler Bänderung; Flügelenden dunkelbraun. Bürzel und Schwanz mitunter etwas grau, letzterer mit zahlreichen dunklen Querbändern. Unterseite hell rötlichbraun, stärker als beim ♂ dunkel gezeichnet. Juv. ähnlich dem ♀. **Stimme:** Laut »kikiki . . .«, am Brutplatz auch hoch »zrri«. **Lebensraum:** Offene Landschaften mit Baum- und Gehölzgruppen, auch mitten in Großstädten. **Vorkommen:** Jahresvogel (Teilzieher); verbreitet in allen Teilen Mitteleuropas.

Flug mit raschen Flügelschlägen, seltener gleitend und kreisend. Besonders typisch ist das Rütteln: Der Vogel steht, den Kopf gegen den Wind gerichtet, ruhig in der Luft und bewegt die Flügel rasch; der Schwanz ist dabei gefächert. Ist Beute entdeckt, stößt der Vogel meist nicht sehr rasch auf den Boden herunter; gejagt wird aber auch vom Ansitz aus (z. B. Zaunpfosten, niedriger Baum usw.). Die Nahrung besteht vor allem aus Kleinsäugern, ferner aus großen Insekten und vor allem in der Großstadt auch aus Vögeln. Die Eier werden in Krähen- und Elsternnester gelegt, aber auch in Felsspalten, Mauerlöcher und auf Gesimse. In der Stadt werden vor allem Hochhäuser, Kirchtürme und andere hohe Gebäude als Brutplätze bevorzugt. Brutzeit April–Juli; 1 Jahresbrut.

größer
Amsel
bis
Taube

Teichhuhn
Gallinula chloropus

$\boxed{J}$ S. 206 $\boxed{S}$ S. 229

Rallen, Rallidae. **Kennzeichen:** Dunkler Wasservogel mit hühnerartiger Gestalt, relativ langen Beinen und sehr langen Zehen. Oberseite schwarzbraun, Unterseite schieferschwarz; entlang der Flanken mehrfach unterbrochener weißer Streifen, auf dem meist gestelzten Unterschwanz ein weißes Dreieck. Rotes Stirnschild, roter Schnabel mit gelber Spitze; Beine gelbgrün, mit rötlichen Gelenken. Juv. ähnlich gezeichnet, doch Grundfärbung braun, Flankenstreifen dünner, Kehle zunächst weißlich. **Stimme:** Guttural »kürrk«, bei Störung durchdringend »kirrek«, ferner Reihen lauter »kick kick kick . . .«. **Lebensraum:** Binnengewässer, meist in Ufernähe. Vom großen See bis zum kleinsten Tümpel, auch an Wiesengräben, in Parkanlagen, Flußaltwässern. **Vorkommen:** Jahresvogel (Teilzieher); in allen Teilen Mitteleuropas, im Bergland jedoch fehlend.

Teichhühner schwimmen mit nickendem Kopf, der kleine Schwanz zuckt meist auffällig. Sie laufen auch mit zuckendem Schwanz am Land und werden in Parkanlagen oft ausgesprochen futterzahm. Bei Gefahr suchen sie rasch rennend Deckung auf; dem Auffliegen vom Wasser geht oft ein kurzer Lauf auf der Wasseroberfläche voraus. Im etwas mühsam aussehenden Flug hängen die Beine lang herunter. Die Nahrung ist vielseitig und besteht aus Wasserpflanzen, Gras, Sämereien und vielen Kleintieren. Das Nest ist ein umfangreicher Bau aus altem Pflanzenmaterial und steht in der Vegetation versteckt am Ufer. Brutzeit März–August; 2–3 Jahresbruten.

Tannenhäher

Nucifraga caryocatactes 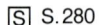 S. 280

Rabenvögel, Corvidae. **Kennzeichen:** Gefieder dunkel schokoladebraun, dicht weiß gefleckt; Oberkopf mit einfarbiger brauner Kappe, Flügel und Schwanz dunkel, letzterer mit weißer Endbinde; Unterschwanzdecken weiß. **Stimme:** Ruf ähnlich Eichelhäher, doch mit einiger Übung leicht davon zu unterscheiden, heiser »krääh«. Halblaut schwätzender Gesang. **Lebensraum:** Brutvogel in Nadel- und Mischwäldern der Hoch- und Mittelgebirge, der im Herbst vielfach die Tallagen aufsucht und auch im Tiefland erscheint. **Vorkommen:** Jahresvogel, Teilzieher und Invasionsvogel; in den Alpen und in waldreichen Mittelgebirgen verbreitet, während der Brutzeit aber oft recht heimlich. Im Herbst häufig in Gärten der Täler, im Winter einzeln außerhalb der Bergwälder; gelegentlich Invasion sibirischer Vögel.

Gestalt und Verhalten ähneln dem häufigeren Eichelhäher. Der Flug wirkt mit den unregelmäßigen Flügelschlägen etwas unruhig, breite Flügel und relativ kurzer Schwanz sind für das Flugbild typisch. Oft sitzen einzelne Vögel frei auf Baumspitzen. Die Nahrung besteht aus Koniferensamen, Haselnüssen und Insektenlarven. Im Spätsommer und Herbst legen die Vögel Wintervorräte an und tragen in den Zentral- und Westalpen vor allem die Samen der Arve im Kehlsack an geeignete Plätze, an denen sie die Samen vergraben. In den Nordalpen und in Mittelgebirgen kann man die Tannenhäher regelmäßig beim Eintragen der Haselnüsse beobachten, die aus den Gärten in den Tälern bergwärts getragen werden. Das Nest steht meist in einem Nadelbaum nahe am Stamm und ziemlich hoch. Brutzeit April–Juni; 1 Jahresbrut.

Eichelhäher

Garrulus glandarius   S. 280

Rabenvögel, Corvidae. **Kennzeichen:** Zur Brutzeit heimlicher, sonst auffallender Vogel, der sehr bunt wirkt. Körper rötlich- bis rosabraun; Oberkopf heller, schwarz gestrichelt, breiter schwarzer Bartstreifen, Kehle weißlich. Flügel schwarz, mit weißem Fleck und einem Schulterfeld aus kleinen blauschwarz-weiß gebänderten Federn (beliebte Hutzier). Schwarzer Schwanz und davon abstechend weißer Bürzel. **Stimme:** Durchdringende Rufe »rätsch«, mitunter täuschend das »hiäh« des Mäusebussards. Viele glucksende, miauende und krächzende Laute. **Lebensraum:** Misch- und Laubwälder, auch Parks und große Gärten. **Vorkommen:** Jahresvogel; in allen Teilen Mitteleuropas verbreitet, doch keineswegs so häufig, daß man ihn der Singvögel wegen kurzhalten müßte.

Eichelhäher fliegen mit etwas unruhigem Schlag ihrer runden Flügel. Im Sommer halten sie sich meist in Deckung und sind außerordentlich heimlich; meist verraten sie ihre Anwesenheit nur durch ihren markanten Ruf. Im Herbst fliegen sie mitunter in kleinen Trupps über das offene Land von Baum zu Baum; man kann richtiggehenden Eichelhäherzug beobachten, der vor allem in waldarmen Gegenden auffällt. Die Nahrung ist wie bei vielen Rabenvögeln außerordentlich vielseitig. Sie besteht aus Früchten und vielen Kleintieren, auch aus Jungvögeln. Den Eichelhäher für die Gefährdung von Singvögeln verantwortlich zu machen, ist allerdings Unsinn, der aber gleichwohl immer wiederholt wird. Das Nest steht gut versteckt in Bäumen und in großen Büschen. Brutzeit April–Juli; 1 Jahresbrut.

größer
Amsel
bis
Taube

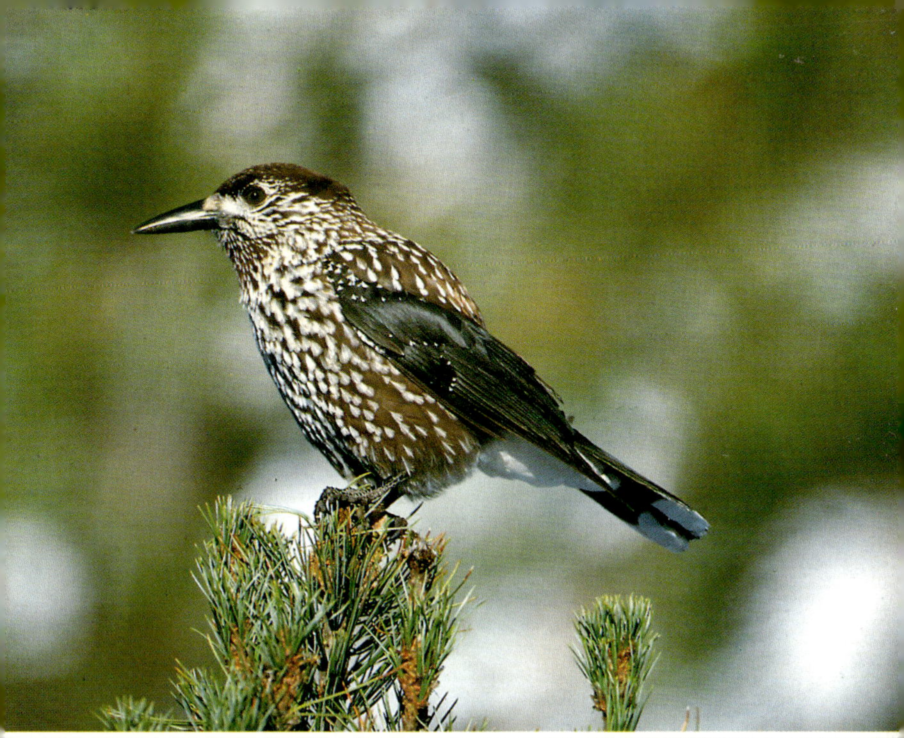

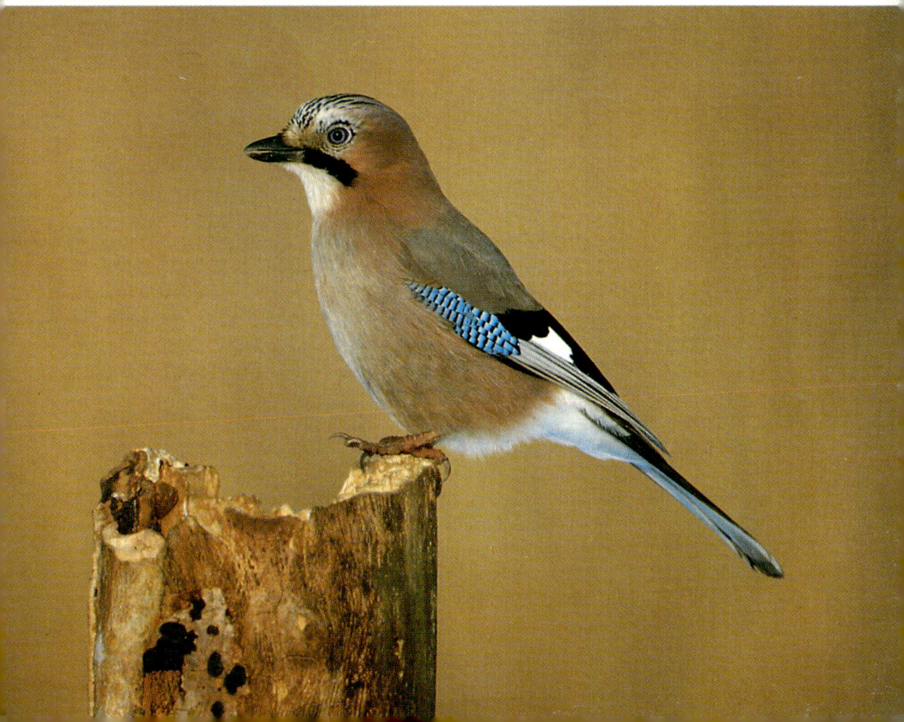

Ringeltaube

Columba palumbus   J S. 208 N S. 216

Tauben, Columbidae. **Kennzeichen:** Größte einheimische Wildtaube; kleiner Kopf und relativ langer Schwanz. Graublau, äußere Flügelhälfte und ein breites Band am Schwanzende dunkel. Im Flügel ein auffälliges weißes Band. Altvögel tragen an den Halsseiten einen weißen Fleck, der von einem purpur bzw. grün schillernden Halsring oben und unten begrenzt wird (aus größerer Entfernung schwer zu sehen). Die Brust ist weinrötlich. Juv. tragen keinen weißen Halsfleck, sind aber an der Größe und im Flug an der weißen Flügelbinde von anderen Tauben gut zu unterscheiden. **Stimme:** Gesang des ♂ rhythmisch »ku ru ku ku« (Betonung auf der 2. Silbe, die letzten beiden Silben kurz). **Lebensraum:** Wälder, Parks, Feldgehölze; bei der Nahrungssuche auf Feldern. In vielen Gebieten heute auch Stadtvogel. **Vorkommen:** Teilzieher (in rauheren Gegenden im Winter fehlend); häufiger Brutvogel in allen Tieflandsgebieten Mitteleuropas, im Gebirge spärlich; Einwanderung in die Großstädte hat vor allem im Norden in neuerer Zeit stattgefunden; im Süden fehlen Ringeltauben in vielen Städten.

Beim raschen Auffliegen hört man Flügelklatschen. Der balzende Tauber steigt steil in die Höhe, klatscht mit den Flügeln und schwebt dann herab. Außerhalb der Brutzeit sieht man Ringeltauben oft in großen Schwärmen auf Feldern zusammen mit Straßentauben und Hohltauben, vor allem im Nordwesten Mitteleuropas. Die Nahrung besteht aus Sämereien, Klee, Blättern und allerlei Kleintieren. Die Jungen werden mit einem Sekret aus dem Kropf (»Kropfmilch«) gefüttert. Das aus Reisern sehr nachlässig gebaute flache Nest steht in Bäumen und Büschen, in Städten auch auf Mauervorsprüngen. Brutzeit April–November; 2–3 Jahresbruten.

Trauerseeschwalbe

Chlidonias niger R 1

Seeschwalben, Sternidae. **Kennzeichen:** Kleine, etwas gedrungen wirkende Seeschwalbe mit kaum eingeschnittenem Schwanz; neben der Flußseeschwalbe als einzige Art regelmäßig im Binnenland anzutreffen. Im Frühjahr und Sommer schwarzer Kopf, schiefergraue Unterseite, Unterflügel heller; Oberseite dunkler und heller grau. Im Spätsommer und Herbst Kopfkappe schwarz, Gesicht und Unterseite weiß; Oberseite bis auf einen weißen Halskragen schiefergrau, an den Brustseiten vom Flügelansatz her dunkler Fleck. Juv. ähnlich, doch Oberseite brauner. **Stimme:** Rufe rauh »krrik« (nicht sehr laut). **Lebensraum:** Binnenseen, Moore, seltener Küste. **Vorkommen:** Sommervogel; April–Oktober, als Durchzügler im Frühjahr und Herbst regelmäßig im Binnenland (hier oft nicht im auffallenden schwarzweißen Brutkleid); sehr seltener und äußerst bedrohter Brutvogel an Binnengewässern im Norden Mitteleuropas.

Anders als die Flußseeschwalbe und ihre näheren Verwandten sind Trauerseeschwalben keine eigentlichen Stoßtaucher, sondern fliegen gaukelnd über dem Wasser, um von der Wasseroberfläche kleine Nahrungspartikel elegant im Flug aufzulesen. Die Nahrung besteht hauptsächlich aus Insekten. Meist sind die Vögel gesellig und jagen in kleinen Trupps über dem Wasser hin und her fliegend. Sie brüten auch in kleinen Kolonien. Die Nester stehen auf Pflanzen oder Treibgut in stillen Buchten von Binnengewässern. Brutzeit Mai–Juli; 1 Jahresbrut.

größer
Amsel
bis
Taube

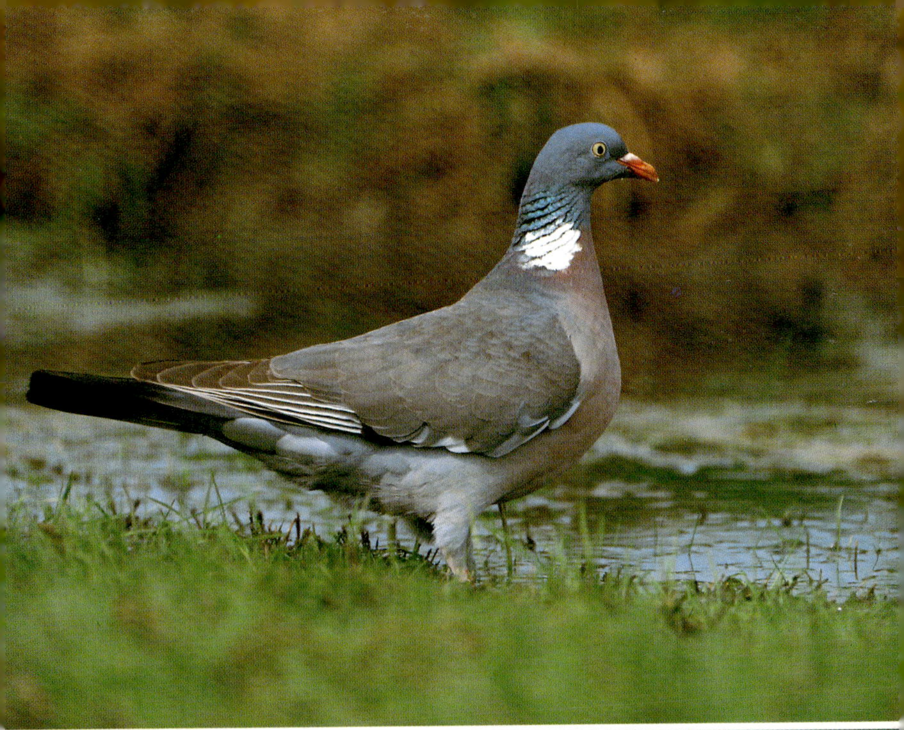
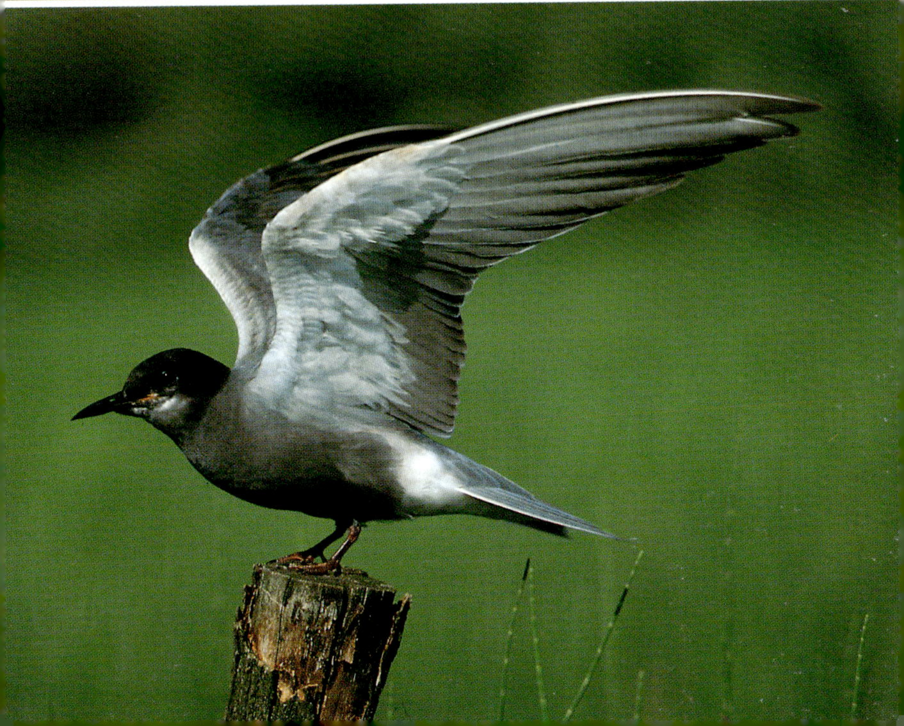

Lachmöwe
Larus ridibundus

Foto: oben Sommer, unten Winter
J S.206 N S.216

Möwen, Laridae. **Kennzeichen:** Häufigste Möwe im Binnenland und hier meist die einzige, die man regelmäßig beobachten kann. Abgerundeter Schwanz, relativ kleiner Kopf und schlanker Schnabel. Altvögel im Sommer mit einer schwarzbraunen Kopfmaske und weißem Augenring. Im Winter Kopf weiß mit schwarzen Flecken an Auge und Ohrgegend. Oberseite weiß bis hellgrau, Spitzen der Schwingen schwarz, im Flug jedoch Flügelspitze immer mit weißem Vorderrand; Schnabel und Beine dunkelrot. Juv. Oberkopf, Rücken und Brustseiten mit viel Braun; Flügel grau, mit braunem Band über die Flügeldecken und dunklem Hinterrand vor einem schmalen hellen Saum; weißer Schwanz mit dunkler Endbinde, Schabelbasis und Beine stumpf gelb. Das Jugendkleid wird schon im Spätsommer bis Herbst gemausert. Das erste Winterkleid gleicht an Kopf und Körper den Altvögeln, Flügel und Schwanz enthalten aber noch die braunen Jugendkleidabzeichen, freilich jetzt oft schon viel heller. Auch im darauffolgenden Sommer kann man die Jungvögel noch an der dunklen Schwanzbinde erkennen. Meist ist die dunkle Maske des Sommerkleides mit vielen weißen Federn durchsetzt und nicht vollständig. Erst im zweiten Winter kann man dann keinen Unterschied zu den Altvögeln mehr feststellen. Vor allem am winterlichen Futterplatz lassen sich Altvögel und Jungvögel gut unterscheiden. **Stimme:** Rufe rauh »kwär« oder kurz »kwep«, bei Gefahr auch »kirr« o.ä. In den großen Brutkolonien herrscht vor allem bei Alarm ein ohrenbetäubender Lärm. **Lebensraum:** Brutvogel in der Verlandungszone von Seen und Teichen, auch Inseln in Stauseen usw.; an der Küste in Dünen und auf Vogelinseln. Die Nahrung wird oft auf Wiesen und Äckern oder an Müllkippen und Abfallhaufen gesucht; im Winter zunehmend häufiger in Großstädten futterzahm. **Vorkommen:** Verbreiteter Brutvogel im Tiefland an geeigneten Koloniestandorten, die oft über viele Jahre hinweg besetzt sind. Einheimische Brutvögel ziehen großenteils weg; die Bestände im Winterhalbjahr stammen meist aus Ost- und Nordeuropa.

Den Lachmöwen wird mit viel Mißtrauen begegnet. Angeblich sollen sie sich zu stark vermehren. Doch die Brutbestände wachsen zumindest in vielen Binnenlandgebieten kaum noch an. Die Zahl der in den Städten überwinternden Vögel mag teilweise zugenommen haben, denn die Möwen haben hier einen nahrungsspendenden Lebensraum entdeckt. Die Ernährung ist außerordentlich vielseitig: Im Sommer spielen z.B. Regenwürmer eine große Rolle, doch eine Schädigung der Bestände des wichtigen Bodenbewohners ist nicht nachzuweisen. Auch bodenbewohnenden Insektenlarven (z.B. Drahtwürmer) werden von den hinter dem Pflug oder auf frisch gemähten Wiesen nahrungssuchenden Möwen aufgenommen. Eine Vielzahl von land- und wasserbewohnenden Kleintieren steht auf dem Speisezettel sowie organischer Abfall; im Winter lassen sich die Vögel mit Brot füttern. Die Nester stehen in Pflanzenbüscheln am oder im Wasser in der Regel dicht beisammen in größeren Kolonien. Brutzeit April–Juli; 1 Jahresbrut.

Teichhuhn S.132; Turteltaube S.142; Krickente S.144

größer
Amsel
bis
Taube

Dohle
Corvus monedula R 3

Rabenvögel, Corvidae. **Kennzeichen:** Kleiner, im Flug fast taubenartig wirkender Rabenvogel mit relativ schmalen, an den Enden wenig gespreizten Flügeln. Rücken und Flügel schwarz, Nacken aschgrau, Unterseite z.T. grau überflogen; Iris hellgrau. Juv. einheitlicher schwarzbraun gefärbt. **Stimme:** Rufe hell »kjak« oder schnarrend »kjarr«. Gesang ein leises variables Schwätzen. **Lebensraum:** Brutvogel in Gehölzen und Parks mit alten Bäumen, aber auch auf Kirchtürmen, Burgen, Ruinen, an Felswänden oder in Steinbrüchen, seltener in einem größeren, dann aber aufgelockerten Wald. Zur Nahrungssuche oft auf Wiesen und Äckern. **Vorkommen:** Verbreiteter Brutvogel im Tiefland, fehlt in höheren Gebirgen; hat in manchen Gebieten abgenommen. Teilzieher, im Winter kommen aber große Schwärme aus Osteuropa nach Mitteleuropa.

Dohlen leben so gut wie immer gesellig. Sie brüten in lockeren Kolonien und fliegen in Schwärmen zur Nahrungssuche. Im Winterhalbjahr sind sie häufig mit großen Saatkrähenschwärmen vergesellschaftet und suchen regelmäßig geeignete Übernachtungsplätze auf. Die Nahrung ist sehr vielseitig: Insekten und andere Kleintiere (vor allem Würmer, Schnecken), Mäuse, Jungvögel, Körner, Früchte und vor allem im Winter Abfälle. Die Nester stehen in Baumhöhlen oder Felsspalten und Mauerlöchern und werden aus grobem Reisig gebaut, innen aber mit feinerem Material ausgepolstert. Brutzeit April–Juni; 1 Jahresbrut.

größer
Amsel
bis
Taube

Alpendohle
Pyrrhocorax graculus

Rabenvögel, Corvidae. **Kennzeichen:** Kleiner schwarzer Rabenvogel der Alpen. Gefieder glänzend schwarz, Schnabel gelb, Beine rot. Juv. Gefieder matter braunschwarz, Beine schwärzlich und Schnabel grünlichgelb. **Stimme:** Rufe scharf »pschirr« oder »prri« oder scharf abfallend »psja«; Gesang halblautes Schwätzen. **Lebensraum:** Hochgebirge; Brutvogel der Felsstufe, im Winter in den Orten der Täler, bei ganzjähriger Bewirtschaftung von Gipfelstationen auch oben um die Berggasthäuser. **Vorkommen:** Verbreiteter Jahresvogel der Alpen; fehlt im Vor- und Flachland.

Jedem Bergsteiger sind die zutraulichen Alpendohlen bekannt, die von den Abfällen einer Gipfelrast profitieren und sich aus nächster Nähe füttern lassen. Im Winter halten sich oft größere Schwärme im Zentrum bekannter Wintersportorte auf, oft pendeln die Trupps zwischen Gipfel und Tal hin und her. Die Nahrung besteht aus Insekten, Würmern, Schnecken, Beeren, Früchten und anderen Pflanzenteilen (z.B. Flechten), Aas und Abfällen. Das Nest aus Reisern und feinen Halmen mit dichter Innenpolsterung wird in wettergeschützten Felshöhlen und -spalten, in denen die Temperaturen an kalten Tagen oft etwas höher als in der Umgebung liegen, angelegt, mitunter auch in Stationen von Bergbahnen oder Tunnels. Brutzeit April–Juli; 1 Jahresbrut.

Raben- und Saatkrähe S. 162

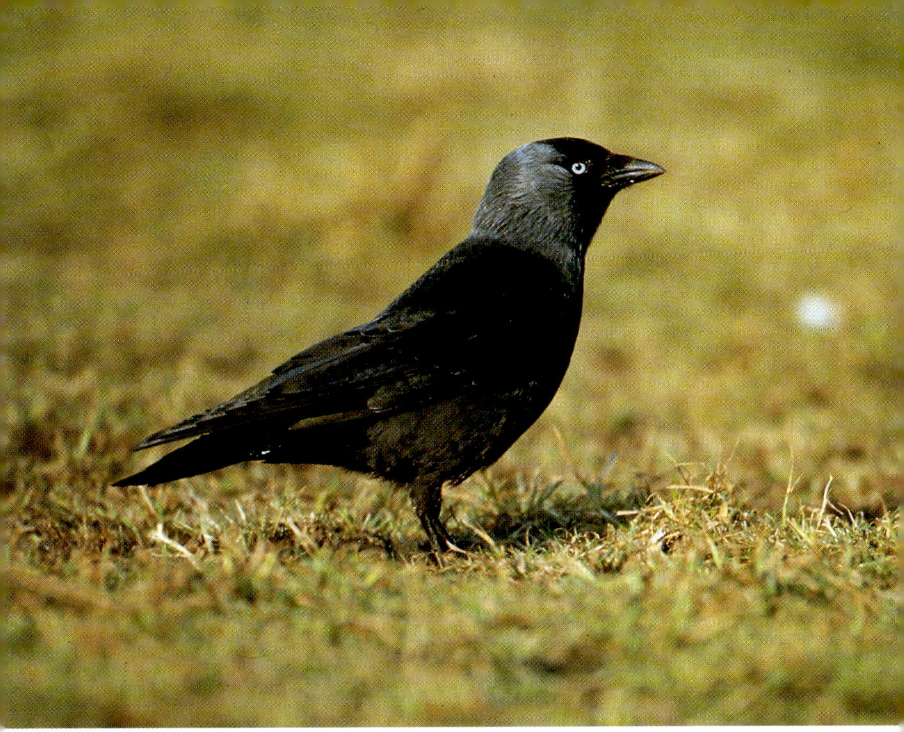
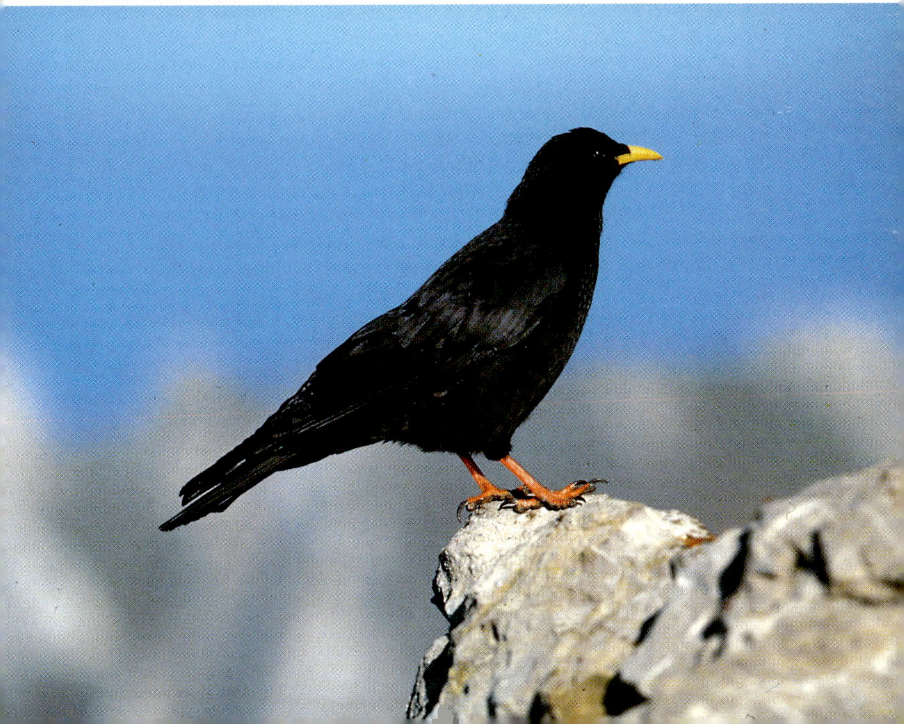

Turteltaube
Streptopelia turtur

Tauben, Columbidae. **Kennzeichen:** Sehr kleine, schlanke Taube mit langem, am Ende gestuftem Schwanz. Rücken und Bürzel graubraun, Schulterfedern und die meisten Flügeldecken rotbraun, Federn mit schwarzen Mittelteilen; Schwanz dunkel, bis auf die mittleren Steuerfedern mit deutlichem weißem Endsaum; Brust rosafarben, Bauch überwiegend weiß. Altvögel mit blaugrauem Kopf und einem schwarzweiß gezeichnetem Fleck auf den Halsseiten. Der graubraune Kopf der juv. trägt keinen Halsfleck; Brust hellbräunlich, Flügel weniger leuchtend rotbraun. **Stimme:** Rufe tief gurrend und fast schnurrend »turrr turrr«. **Lebensraum:** Warme, offene Landschaften, z.B. sonnige Waldränder, lichte Auwälder, wenig intensiv genutzte oder etwas verwilderte Kulturlandschaft mit Gebüsch und Gehölzen, Parklandschaften. **Vorkommen:** Sommervogel; April–Oktober, im Tiefland lückenhaft verbreitet, in waldreichen Gegenden z.T. fehlend.

Der Flug der Turteltauben ist schnell und fast reißend; dabei wird der Körper wechselweise auf die Seite geworfen, der Flügelschlag wirkt zuckend. Gewöhnlich sieht man in Mitteleuropa keine größeren Schwärme. Die Nahrung besteht hauptsächlich aus Sämereien und daneben grünen Pflanzenteilen. Das einfach gebaute Reisignest steht auf hohen Büschen oder Bäumen. Brutzeit Mitte Mai–August; 2 Jahresbruten.

größer
Amsel
bis
Taube

Türkentaube
Streptopelia decaocto

Tauben, Columbidae. **Kennzeichen:** Schlanke, helle Taube mit langem Schwanz. Grundfarbe blaßbraun und grau. Brust rosa überhaucht; Schwanz mit weißen Seiten auf der Oberseite, unterseits großenteils weiß und an der Basis dunkel abgesetzt; Unterschwanzdecken grau. Altvögel tragen am Nacken einen schmalen schwarzen, fein weiß gesäumten Halskragen, der nach vorne offen ist (daher werden die Vögel fälschlich auch als „Ringeltauben" bezeichnet). Bei den juv. ist das Nackenband zunächst nicht zu sehen. **Stimme:** Ruft im Flug nasal »chwi«; Balzstrophe dreisilbig »kuhkuhku« (2. Silbe betont). **Lebensraum:** Im Bereich menschlicher Siedlungen, Dörfer wie Großstädte; besonders häufig in Garten- und Villenvororten oder großen Gütern. **Vorkommen:** Heute häufiger Jahresvogel im Tiefland.

Erst nach 1945 ist die Türkentaube in den meisten Gebieten Mitteleuropas eingewandert und hat in einem Eroberungszug ohnegleichen Europa nach Westen und Norden mittlerweile bis an die äußersten Grenzen besiedelt. Die Gründe für diese spektakuläre Ausbreitung sind nicht ganz klar; Veränderung der Landschaft durch den Menschen mag eine wichtige Rolle gespielt haben. In den meisten Gebieten Mitteleuropas nehmen die Bestände seit langem nicht mehr zu und scheinen da und dort sogar etwas abzunehmen.

Der balzende Tauber steigt mit klatschenden Flügelschlägen steil empor und schwebt dann herab. Beim Landen wird der Schwanz gespreizt. Das auffällige Balzen der Türkentauben kann man leicht beobachten. Die Nahrung besteht aus Sämereien und Früchten; an den zahlreichen Futterstellen wird Geflügelfutter und Brot angenommen. Das Nest steht in Bäumen, vorzugsweise in dichten Nadelbäumen, aber auch auf Mauervorsprüngen, Fenstersimsen, Dachrinnen usw. Brutzeit April–August; 2–3 Jahresbruten.

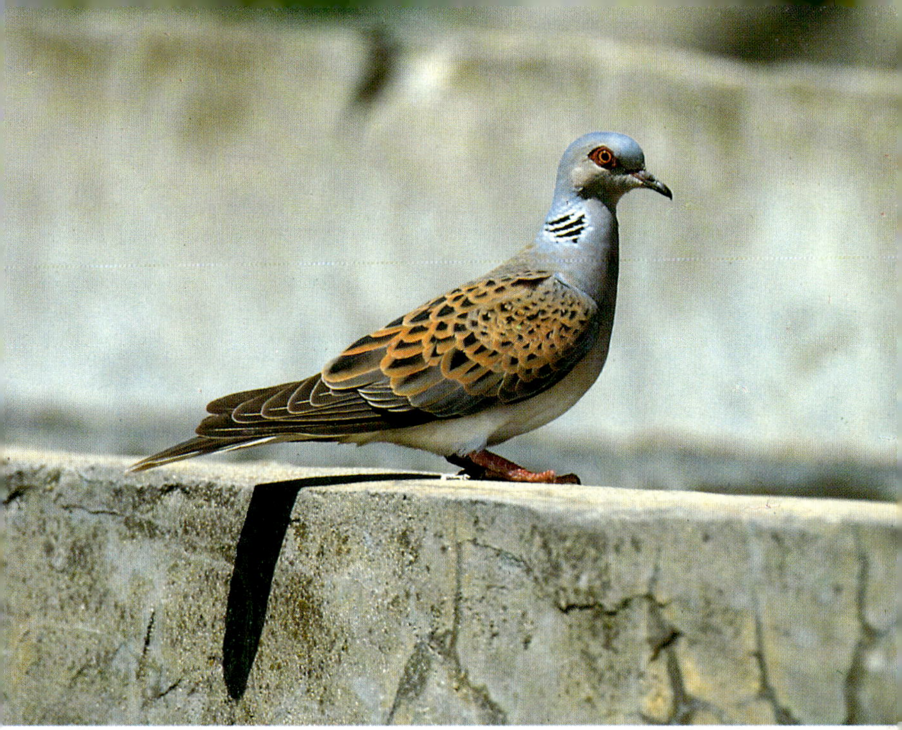

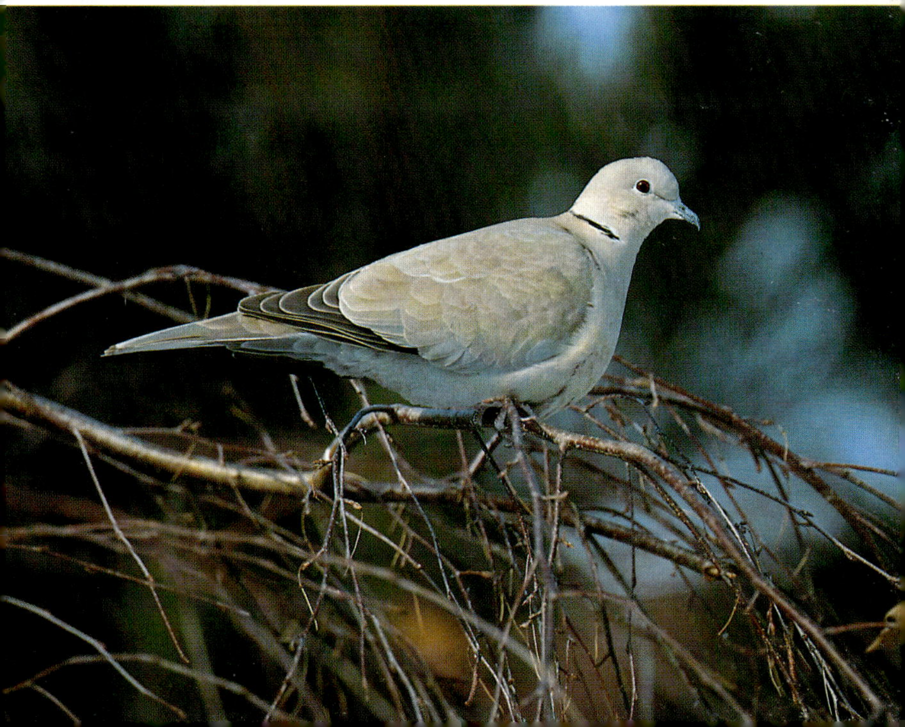

Krickente
Anas crecca  Ⓡ 2

Entenvögel, Anatidae. **Kennzeichen:** Kleinste einheimische Ente. Kurzhalsig und gedrungen mit rundlichem Kopf. ♂ kastanienbrauner Kopf, mit breitem, grün schillerndem Streifen; Körper grau, auffallende gelbe Schwanzseiten und weiße Streifen am Flügel; Brust hell rahmfarben, mit dunkleren Flecken. Im Flug hell eingefaßter, grün schillernder, zum Körper hin schwärzlicher Flügelspiegel. ♀ braun, mit dunklerer Fleckenzeichnung; Schnabel dunkel, Flügelspiegel ähnlich ♂, aber helle Einfassung schmaler. Im Sommer tragen die ♂ ein Schlichtkleid, das dem Kleid der ♀ gleicht. Erst im Herbst legen sie wieder das Prachtkleid an. **Stimme:** Die ♂ rufen hell »krück«, ♀ quaken ähnlich Stockente, doch heller. **Lebensraum:** Brutvogel in Mooren und Feuchtwiesen oder in der dichten Verlandungszone von Seen und Flußaltwässern. Als Durchzügler und Wintergast auf allen Arten größerer stehender und fließender Gewässer. **Vorkommen:** Jahresvogel; seltener Brutvogel in allen Teilen Mitteleuropas, oft aber nur unregelmäßig und einzeln; Brutbestände durch Entwässerung und Vernichtung von Brutplätzen bedroht. Als Durchzügler und Wintergast regelmäßig.

Von allen Enten fliegen die zierlichen Krickenten am leichtesten vom Wasser auf und ähneln mit ihrem reißenden Flug größeren Watvögeln. Die Nahrung – Samen, Wasserpflanzen, kleine Wassertiere – wird im Seichtwasser oder von der Wasseroberfläche aufgenommen. Die Nester stehen gut versteckt in der dichten Vegetation, meist nahe am Wasser; das Vollgelege ist mit Dunen umgeben. Brutzeit Ende April–Juni; 1 Jahresbrut.

größer
Amsel
bis
Taube

Hohltaube
Columba oenas Ⓡ 3

Tauben, Columbidae. **Kennzeichen:** Gedrungene Taube mit relativ kurzem Schwanz, die am meisten unter allen einheimischen Wildtauben wildfarbenen Haustauben ähnelt. Deutlich kleiner als Ringel-, viel größer und plumper als Türken- oder Turteltaube. Oberseite graublau; Flügelspitzen, Flügelhinterrand und zwei kurze Binden auf dem inneren Flügel schwarz. Schwanz mit breitem dunklem Endband. Bei den Altvögeln an den Halsseiten ein grün schillernder Fleck und auf der Brust purpurfarbene Tönung. Juv. ohne Halsfleck und Brust stumpfer gefärbt. **Stimme:** Balzstrophe monoton »huru« (auf der 1. Silbe betont). **Lebensraum:** Laubwälder, große Parks mit alten Bäumen; zumindest auf der Nahrungssuche auch im offenen Kulturland auf Feldern und Wiesen. **Vorkommen:** Meist Sommervogel, nur in milden Gebieten im Nordwesten Mitteleuropas auch im Winter einige; meist März–Oktober, verbreiteter, aber vor allem im Süden z. T. seltener und in manchen Gebieten abnehmender Brutvogel.

Hohltauben treten meist nicht in solch großen Schwärmen auf wie Ringeltauben; auf den Feldern sind sie mit wildfarbigen Haustauben leicht zu verwechseln (die meist 2 längere dunkle Flügelstreifen und auch einen hellen Bürzel aufweisen). Die Gründe für die Abnahme von Hohltauben in manchen Gebieten sind nicht ganz klar; Brutplatzmangel mag eine Rolle spielen. Die Nahrung besteht aus Sämereien und grünen Pflanzenteilen. Die Nester stehen meist in Baumhöhlen; wichtigster Höhlenlieferant ist der Schwarzspecht. Auch künstliche Nistkästen werden angenommen. Brutzeit April–Oktober; 2–3 Jahresbruten.

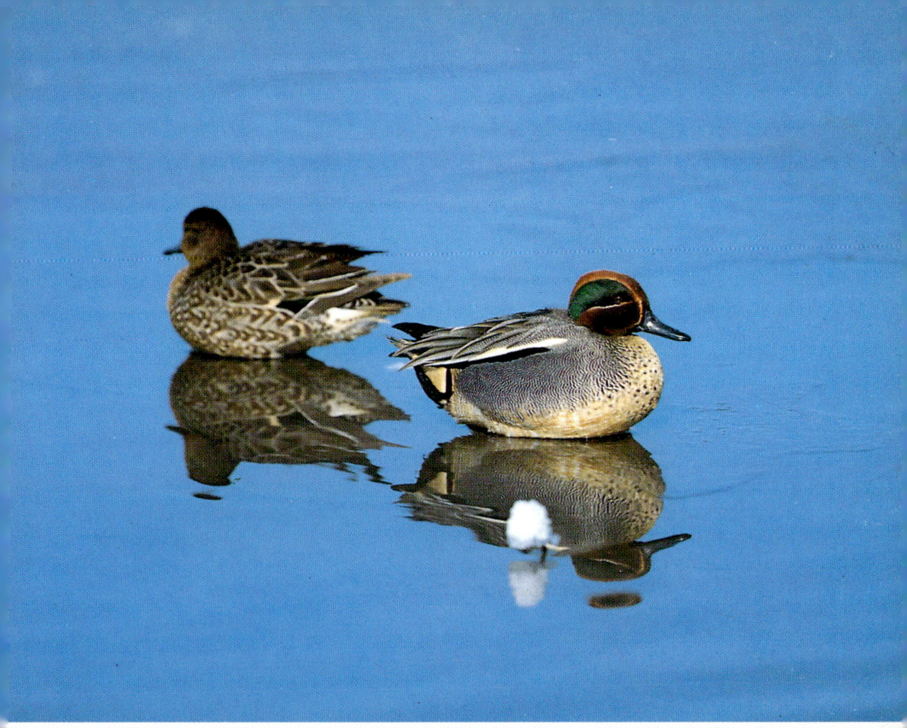

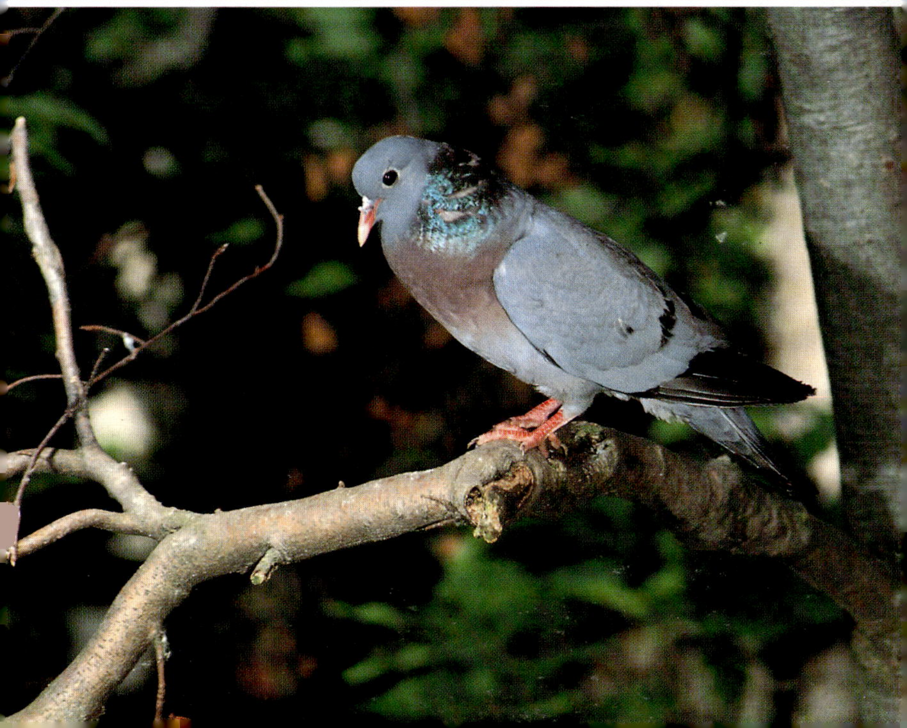

Grünspecht
Picus viridis

Foto: links ♂ , rechts ♀

④ Ⓡ 3

Spechte, Picidae. **Kennzeichen:** Robuster Vogel mit kräftigem hellem Schnabel und relativ kurzem, gestuftem Shwanz. Im Verhalten und Aussehen dem Grauspecht (s. unten) sehr änlich. Wichtigste Unterschiede: In allen Kleidern Oberkopf rot, Gesicht mit deutlicher schwarzer Zeichnung. Oberseite grünlich, Unterseite hellgrau bis weiß (wie bei Grauspecht). ♂ schwarze Gesichtsmaske bis hinter das Auge, breiter Bartstreif in der Mitte rot. ♀ schwarze Gesichtszeichnung nur bis zum Auge, Bartstreif schwarz. Juv. Oberseite grauer, mit weißlichen Flecken und Streifen; Unterseite dunkel gestrichelt und gebändert. **Stimme:** Rufe harte »kjück« oder »kjäck«, auch »kjaik« und entsprechende Reihen. Gesang im Frühjahr eine laut lachende Folge von »kjükjük ...«, die man im Gegensatz zur Grauspechtstrophe nicht nachpfeifen kann. Trommelt selten. **Lebensraum:** Laubwälder, größere Gehölze, Parkanlagen und große Gärten. **Vorkommen:** Jahresvogel in allen Teilen Mitteleuropas.

Grau- und Grünspechte kommen auch nicht selten auf den Boden herunter, vor allem, um mit ihrer langen klebrigen Zunge Ameisen aufzunehmen; aus dem Holz alter Bäume werden Insektenlarven herausgeklopft. Die Nesthöhle wird nicht jedes Mal neu gezimmert; alte Baumhöhlen werden auch als Schlafhöhlen benutzt. Brutzeit Ende April–Juli; 1 Jahresbrut.

größer
Amsel
bis
Taube

Grauspecht
Picus canus

Foto: links ♂ , rechts ♀

④

Spechte, Picidae. **Kennzeichen:** Sehr ähnlich Grünspecht, nur geringfügig kleiner und Schwanz etwas länger; Oberseite weniger leuchtend grün, Kopf mehr grau. Wichtigste Unterscheidungsmerkmale: ♂ nur mit feinem schwarzem Bartstreif und dünnem schwarzem Strich von der Schnabelbasis durchs Auge; nur Vorderscheitel rot (also keine durchgehend rote Kopfplatte und kein roter Bartstreif); ♀ grauer Kopf ohne jedes Rot, dünne schwarze Gesichtsstreifen wie beim ♂. Juv. ähnlich Altvogel, Unterseite z. T. etwas gestreift, schwarze Gesichtszeichnung undeutlich, ♂ am Vorderscheitel orangerot. **Stimme:** Rufe hart »kji« usw., vom Grünspecht oft nicht sicher zu unterscheiden; Gesang im Frühjahr (selten im Herbst) eine Folge von abfallenden »kükükü ...«, nicht lachend wie beim Grünspecht und leicht nachzupfeifen. **Lebensraum:** Laub- und Mischwälder, größere Gehölze und Parkanlagen, vor allem auch Auwälder. **Vorkommen:** Jahresvogel; vor allem im Süden Mitteleuropas und hier teilweise ebenso häufig wie Grünspecht; im Norden selten und in Küstennähe ganz fehlend.

Alle größeren Spechte kann man an ihrem eigentümlichen, wellenförmigen Flug erkennen. Nach einigen raschen Schlägen werden die Flügel geschlossen und der Körper schießt den Vortrieb ausnützend weiter, verliert dabei aber an Höhe, die dann mit ein paar raschen Flügelschlägen wieder gewonnen wird. An Baumstämmen klettern beide Arten in Spiralen empor, können auch kopfunter an einem horizontalen Ast hängen. Am Boden bewegen sie sich hüpfend vorwärts. Die Nahrung besteht aus Insekten und deren Larven, am Boden werden Ameisen aufgenommen. Bruthöhle in weichem und morschem Holz. Brutzeit Mai–Juni; 1 Jahresbrut.

Steinkauz S. 166; Teichhuhn S. 132; Ringeltaube S. 136; Trauerseeschwalbe S. 136

Säbelschnäbler
Recurvirostra avosetta

Stelzenläufer, Recurvirostridae. **Kennzeichen:** Zierlicher, weiß-schwarzer Küstenvogel mit langen, blaugrauen Beinen und einem langen, vorne aufgebogenen Schnabel. Gefieder weiß, Oberkopf und Oberhals schwarz; breite schwarze Streifen über den Rücken und die Innenflügel, schwarzes Spitzendrittel der ausgebreiteten Flügel. Im Flug ragen die Beine weit über das Schwanzende hinaus. Bei juv. sind die schwarzen Marken mehr braun. **Stimme:** Klangvolle Rufe »klihp«, auch zweisilbig »kulit« o. ä. **Lebensraum:** Seichtwasser an Flachküsten und in Meeresbuchten, auch an Flußmündungen und Steppenseen, selten als Gast an Binnengewässern. **Vorkommen:** Meist Sommervogel (an der Küste auch einzeln im Winter); März bis Oktober Brutvogel an der Küste und dort auch regelmäßiger Durchzügler und Gast; im Binnenland einzelner, seltener Gast (nur am Neusiedler See Brutvogel).

Der merkwürdige Schnabel ist ein wichtiges Werkzeug für die Nahrungsaufnahme. Im Seichtwasser wird beim langsamen Waten der Kopf seitlich durchs Wasser oder dem lockeren Schlamm gezogen, die aufgebogene Spitze gleitet dabei parallel zur Unterlage; der Schnabel kann so Kleintiere aus einem größeren Bereich aufnehmen. Säbelschnäbler waten aber auch im tieferen Wasser und tauchen bei der Nahrungssuche den Kopf ganz ein; sie schwimmen auch nicht selten. Die Nahrung besteht aus Insekten, Krebstieren und Würmern. Das Nest ist nur eine flache Mulde im weichen Boden nahe dem Wasser. Brutzeit Ende April–Juli; 1 Jahresbrut.

Austernfischer
Haematopus ostralegus

Austernfischer, Haematopodidae. **Kennzeichen:** Auffälliger schwarzweißer Strandvogel mit kräftigem rotem Schnabel und roten Beinen. Oberseite tiefschwarz, Unterseite weiß; im Flug fallen der weiße Hinterrücken und die breiten weißen Flügelbinden auf; Schwanz mit breiter dunkler Endbinde. Roter Augenring. Im Winter sind die Vögel stumpfer schwarz und tragen ein weißes Kehlband; Beine und Schnabel nicht so leuchtend rot wie im Sommer. Juv. mit undeutlichem weißem Kehlband, Oberseite braunschwarz, Beine hellgrau, kein roter Augenring. **Stimme:** Rufe laut »kwie-wiep« oder einfache »tliip«. Auffallend ist das Trillerspiel, das mit einzelnen »kewik kewik kewik ...« beginnt und dann immer schneller werdend in einem Triller endet. **Lebensraum:** Flachküsten und hier meistens im Watt, auch an Felsküsten; Brutvogel in Dünen oder Sand, aber auch an küstennahen Wiesen, manchmal vom Wasser weit entfernt. **Vorkommen:** überwiegend Sommervogel (an der Küste überwinternd); März–Oktober, vor allem an der Küste, aber auch auf Wiesen des Küstenhinterlandes und der Tiefebene im Nordwesten Mitteleuropas Brutvogel; tiefer im Binnenland seltener Gast zu den Zugzeiten.

Die auffallend gefärbten und ruffreudigen Austernfischer wird man im Sommerhalbjahr bei kaum einem Küstenbesuch vermissen. Sie laufen gemächlich im Watt, können aber auch schnell rennen. Bei Flut bilden sich oft dichte große Schwärme. Die Nahrung besteht vor allem aus Muscheln und Würmern. Das Nest ist eine flache, oft mit Muscheln und anderen kleinen Gegenständen ausgekleidete Mulde. Brutzeit April–Juli; 1 Jahresbrut.

Fasan
Phasianus colchicus

Foto: oben ♂, unten ♀

N S.214

Hühnervögel, Phasianidae. **Kennzeichen:** Auffälligster Hühnervogel der mitteleuropäischen Kulturlandschaft. Die bunten ♂ können im einzelnen ganz verschieden gefärbt sein, da sie aus verschiedenen Rassenmischungen und Zuchten stammen. Meist sind Kopf und Hals leuchtend grünschwarz. Im Gesicht sind die unbefiederten Teile zu leuchtend roten Hautlappen vergrößert, die vor allem das Feld um das Auge einnehmen. Oft sieht man ein mehr oder minder breites weißes Halsband. Körper im wesentlichen kupferbraun, Federn lebhaft gezeichnet und z.T. metallisch glänzend; Flügel meistens heller braun. Die extrem verlängerten Schwanzfedern sind braun und schwarz gebändert. Die Grundfarbe der ♀ ist gelblichbraun, am Rücken oft etwas dunkler; das ganze Gefieder ist lebhaft dunkel gezeichnet, so daß ein ausgesprochenes Tarnmuster zustande kommt. Die ♀ sind auch deutlich kleiner als die ♂, von den noch kleineren Rebhühnern an den langen Schwanzfedern zu unterscheiden. Juv. ähnlich sehr kurzschwänzigen ♀, weniger lebhaft gezeichnet und gewöhnlich heller. **Stimme:** Ruf des ♂ »gok gok«, beim Auffliegen hastig »katak katak . . .«. »Gesang« des ♂ ein lautes, unmelodisches »gö-ök«, dem ein weithin hörbares Flügelschwirren folgt. **Lebensraum:** Offene Flächen mit ausreichend Deckung, z.B. Feldgehölze und heckenreiche Agrar- und Wiesenlandschaften, Waldränder oder lichte Auwaldbestände. **Vorkommen:** Jahresvogel in allen Tieflandgebieten Mitteleuropas; im Bergland oder in sehr regenreichen Gebieten fehlend.

Die ursprüngliche Heimat des Fasans ist Asien. Hier bewohnt er ein riesiges Gebiet mit vielen verschiedenen Rassen. In Europa hat man den beliebten Jagdvogel zunächst in großen Fasanerien gehalten und mittlerweile in vielen Gebieten Mitteleuropas ausgebürgert. Auch heute noch werden Fasane in Massen gezüchtet und vor der Jagd freigelassen. Nur in einigen Gebieten kann sich ein selbständig überlebensfähiger Bestand halten. Da man aber auch in vielen für den Fasan weniger geeigneten Gebieten den bunten Vogel jagen möchte, muß man jährlich viele Fasane aussetzen, von denen dann aber nur die wenigsten bis zum Winter überleben. Intensive Winterfütterung ist in vielen Gebieten notwendig, um die Bestände zu halten. Dagegen hat es wenig Sinn, den Habicht und andere Greifvögel des Fasans wegen zu dezimieren. Künstlich aufrecht erhaltene hohe Fasanendichten sind keineswegs unproblematisch für die Lebengemeinschaft der Feldflur.

Die Nahrung der Fasane besteht aus Sämereien, Beeren, Knospen und jungen Trieben; auch viele Kleintiere werden aufgenommen und sind vor allem für die Aufzucht der Jungen wichtig. Das Nest ist eine flache, mit trockenem Pflanzenmaterial ausgekleidete Bodenmulde, die in der Vegetation gut versteckt ist. Das große Gelege (8–15 Eier) kann vor allem bei dauernder Störung leicht die Beute von Nesträubern werden. Brutzeit April–Juli; 1 Jahresbrut.

größer
Taube
bis
Haushuhn

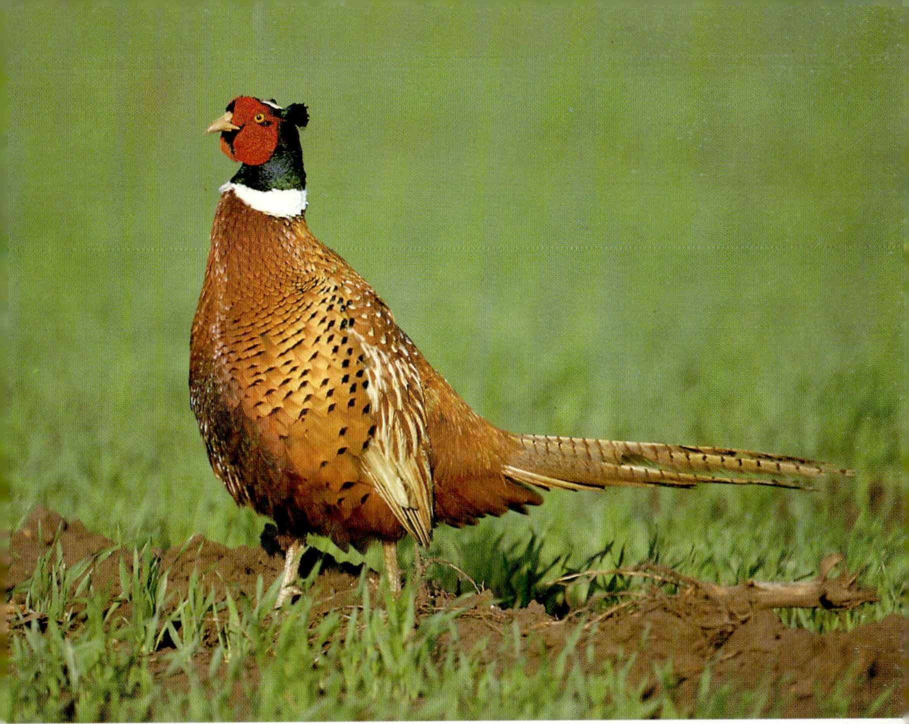
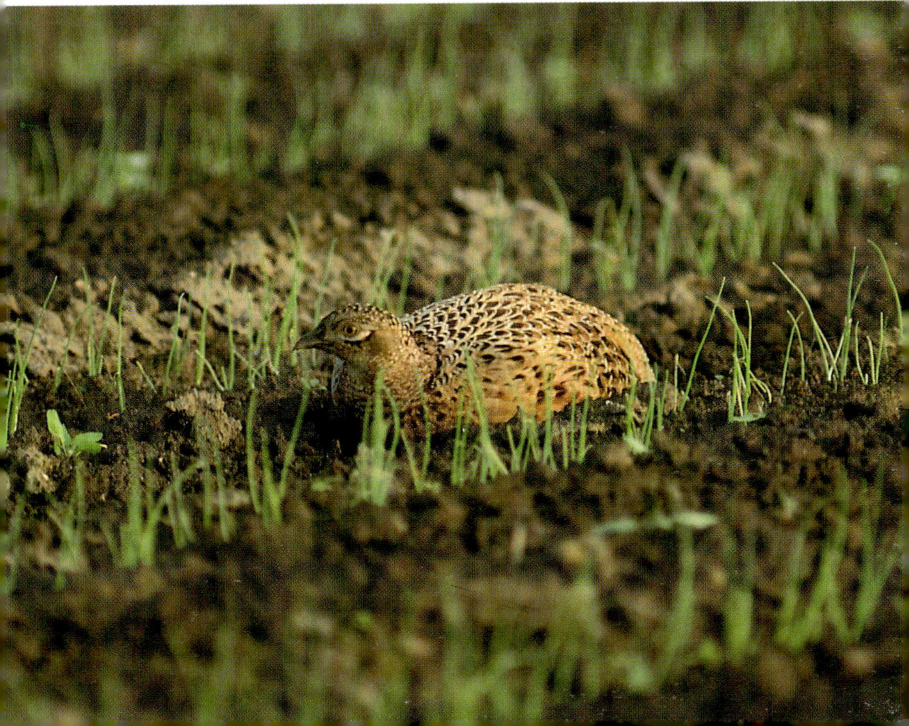

Haubentaucher
Podiceps cristatus

Foto: oben Sommer, unten Winter
S. 214 S. 229

Lappentaucher, Podicipedidae. **Kennzeichen:** Etwa entengroßer Schwimm- und Tauchvogel mit langem schlankem Hals und dolchförmigem Schnabel. Rücken braun, Unterseite weiß, ebenso größter Teil des Halses und Wangen. Im Prachtkleid, das vom Frühjahr bis Spätherbst getragen wird, bildet die schwarze Kopfkappe eine zweispitzige Haube; eine auffällige Halskrause besteht aus braunen, gegen die Spitze zu schwarzen Federn. Dieser Kopfschmuck wird bei Erregung und vor allem während der merkwürdigen Balzspiele im Frühjahr bespreizt. Unterseite und Halsseiten sind mehr oder minder auffällig rötlichbraun überflogen. Im Winter ist die dunkle Kopfkappe graubraun und nicht zu einem Schopf verlängert; Unterseite und fast der ganze Hals reinweiß, Oberseite graubraun. Die von den Eltern betreuten kleinen Jungen tragen zunächst ein auffällig schwarz gestreiftes Dunenkleid; später im fertigen Jugendkleid sind noch schwarze Streifen im Gesicht zu erkennen. **Stimme:** Zur Brutzeit rauhes, kehliges und krächzendes Bellen, etwa »karr arr«. Die Jungen piepsen laut und durchdringend. **Lebensraum:** Brutvogel an Seen, Stauseen, Teichen oder ruhigen Flußaltwässern, mitunter auch auf kleineren Wasserflächen. Wintergast und Durchzügler auf allen Arten stehender Gewässer, wenn sie nicht zu klein sind. **Vorkommen:** Jahresvogel und Teilzieher; überall in Mitteleuropa an größeren Gewässern, doch mancherorts Brutbestände durch Badebetrieb und Wassersport gestört.

Beim Schwimmen liegen Haubentaucher meist tief im Wasser; selten sieht man sie an Land. Hier können sie sich wegen der weit hinten ansetzenden Beine nur unbeholfen fortbewegen. Im Frühjahr kann man die auffälligen Balzspiele auf der offenen Wasserfläche beobachten. Dabei schwimmen zwei Vögel aufeinander zu und führen synchrone Schüttelbewegungen mit dem Kopf und Halsverrenkungen aus. Mitunter tauchen sie auch und bringen Pflanzenmaterial herauf, das sie im Schnabel präsentieren. Während der Brutzeit werden Haubentaucher meist heimlicher und halten sich im Pflanzengürtel der Verlandungszone, in dem sie auch ihr Schwimmnest anlegen. Die Jungen verlassen bald nach dem Schlüpfen das Nest und werden von den Eltern betreut. Oft sitzen sie im Rückengefieder eines Altvogels und bleiben dort auch während des Tauchens. Größere Jungvögel schwimmen meist laut piepsend hinter den Altvögeln her. Die Nahrung wird fast ausschließlich im Tauchen erbeutet. Sie besteht bei den Altvögeln hauptsächlich aus kleinen Fischen und anderen Wassertieren, bei den Jungen zunächst vor allem aus Wasserinsekten, kleinen Krebstieren. Haubentaucher nehmen auch Federn auf, die als Ballen im Magen offenbar eine wichtige Verdauungsfunktion haben. Die meist in der Vegetation, manchmal aber auch ganz offen an einer kleinen Insel verankerten Floßnester bestehen aus altem Pflanzenmaterial. Die Eier werden beim Verlassen des Nestes meist abgedeckt. Brutzeit April–Juli; meist 1, mitunter auch 2 Jahresbruten.

größer
Taube
bis
Haushuhn

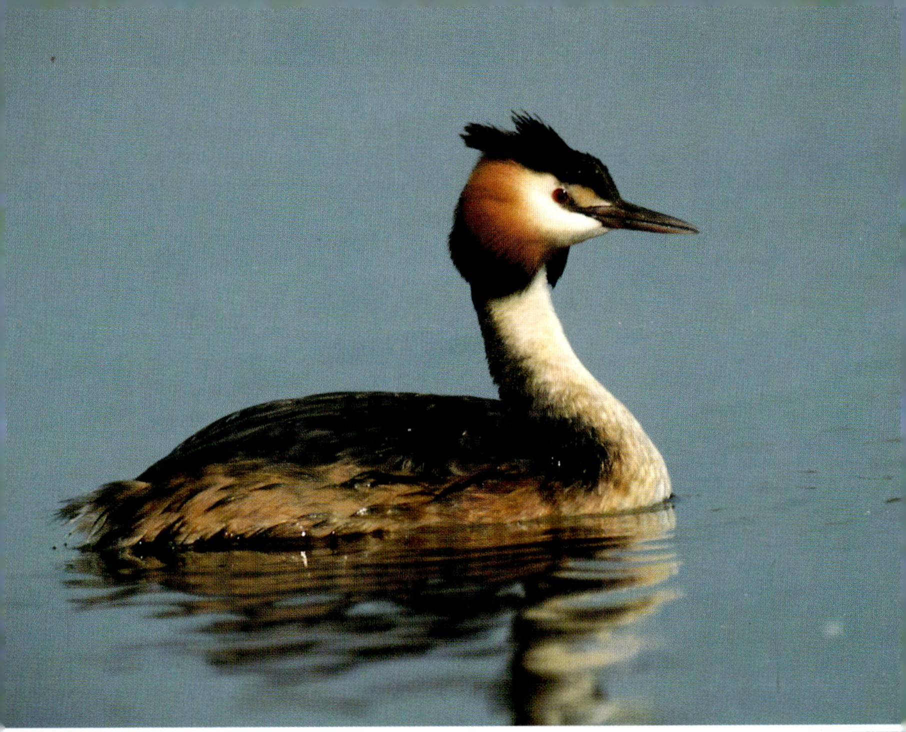
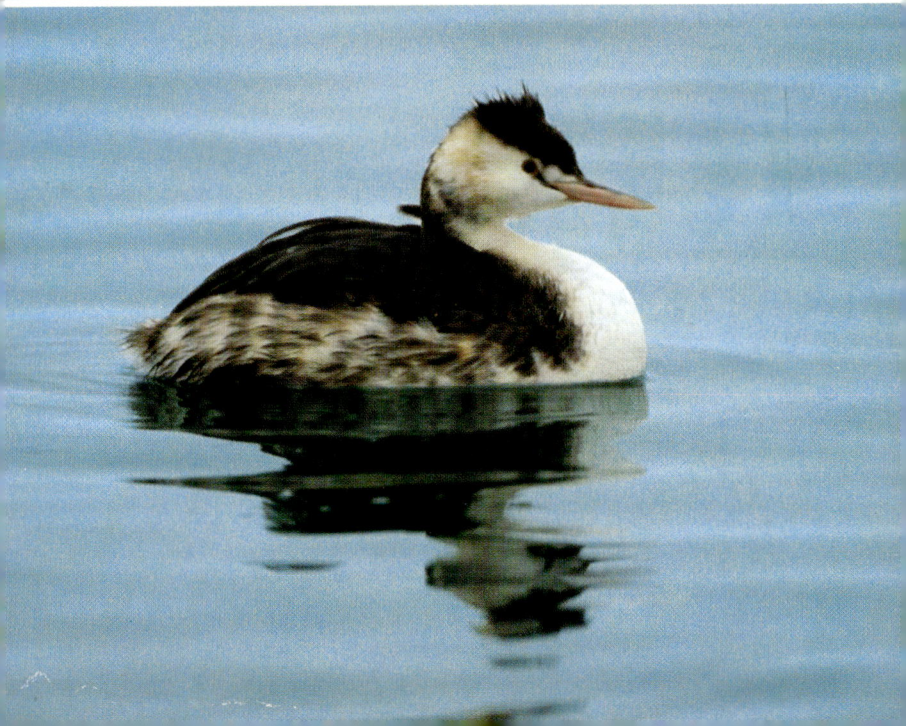

Großer Brachvogel
Numenius arquata 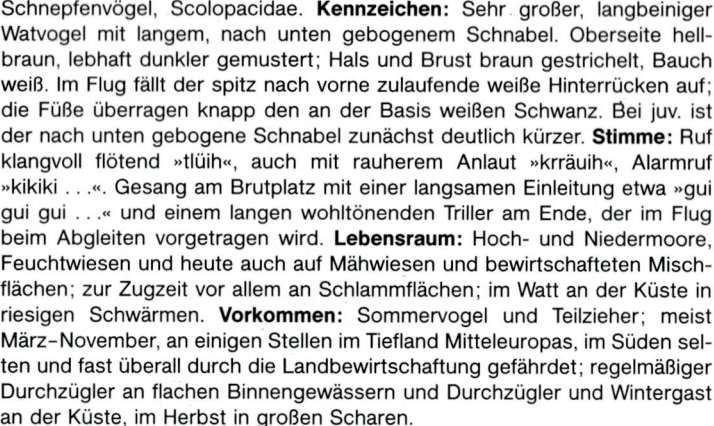 R 2 N S. 216 S S. 228

Schnepfenvögel, Scolopacidae. **Kennzeichen:** Sehr großer, langbeiniger Watvogel mit langem, nach unten gebogenem Schnabel. Oberseite hellbraun, lebhaft dunkler gemustert; Hals und Brust braun gestrichelt, Bauch weiß. Im Flug fällt der spitz nach vorne zulaufende weiße Hinterrücken auf; die Füße überragen knapp den an der Basis weißen Schwanz. Bei juv. ist der nach unten gebogene Schnabel zunächst deutlich kürzer. **Stimme:** Ruf klangvoll flötend »tlüih«, auch mit rauherem Anlaut »krräuih«, Alarmruf »kikiki . . .«. Gesang am Brutplatz mit einer langsamen Einleitung etwa »gui gui gui . . .« und einem langen wohltönenden Triller am Ende, der im Flug beim Abgleiten vorgetragen wird. **Lebensraum:** Hoch- und Niedermoore, Feuchtwiesen und heute auch auf Mähwiesen und bewirtschafteten Mischflächen; zur Zugzeit vor allem an Schlammflächen; im Watt an der Küste in riesigen Schwärmen. **Vorkommen:** Sommervogel und Teilzieher; meist März–November, an einigen Stellen im Tiefland Mitteleuropas, im Süden selten und fast überall durch die Landbewirtschaftung gefährdet; regelmäßiger Durchzügler an flachen Binnengewässern und Durchzügler und Wintergast an der Küste, im Herbst in großen Scharen.
Ihre Brutplätze verlassen die Brachvögel meist schon im Sommer, sobald die Jungen selbständig geworden sind. Der Bruterfolg an vielen Plätzen ist jedoch heute als Folge der intensiven Nutzung viel zu gering, um die Bestände halten zu können. Viele Gelege werden jährlich durch landwirtschaftliche Maschinen zerstört. In manchen Gebieten versucht man, durch großangelegte Hilfsprogramme den Brachvogel zusammen mit anderen Wiesenbrütern zu erhalten. Dies geht nicht ohne die Hilfe der Landwirte. Die Nahrung besteht aus Kleintieren des Bodens, die mit dem langen Schnabel herausgebohrt werden. Das Nest ist eine einfache Mulde auf der offenen Wiesenfläche. Brutzeit April–Ende Juni; 1 Jahresbrut.

größer
Taube
bis
Haushuhn

Habicht
Accipiter gentilis R 3 S S. 226

Greifvögel, Accipitridae. **Kennzeichen:** Flugbild mit relativ breiten Flügeln und wie beim kleineren Sperber mit auffallend langem Schwanz. Kleine ♂ sind oft kaum größer als große Sperber-♀; ♀ etwa bussardgroß. ♂ oberseits graubraun, weißer Überaugenstreif und dunkle Kopfplatte; Schwanz graubraun, mit etwa 4 dunklen Bändern und einem breiteren Endband vor einem schmalen, hellen Saum. Unterseite hell, Körper und Unterflügel eng dunkel quergebändert; Iris rotorange. ♀ oberseits brauner, weißer Überaugenstreif deutlicher. Juv. oberseits braun, mit helleren Federsäumen; Unterseite weißlich bis rostfarben, mit großen dunklen Tropfenflecken; Iris zunächst grünlich. **Stimme:** Im Brutgebiet schrilles »gekgekgek . . .«, auch klagend »hieh«. **Lebensraum:** Brutvogel in dichten, hochstämmigen Wäldern; Jagdgebiet Waldränder und Heckenlandschaften, auch am Wasser und an Dorfrändern. **Vorkommen:** Jahresvogel; meist nicht häufiger Brutvogel in allen Teilen Mitteleuropas, oft viel seltener als angenommen wird.
Wie der Sperber ist auch der Habicht Überraschungsjäger. Seine Beute besteht hauptsächlich aus Vögeln (vor allem Tauben, Drosseln, Krähen). Das Nest steht meist hoch auf Waldbäumen, oft gut versteckt. Brutzeit April–Juli; 1 Jahresbrut.

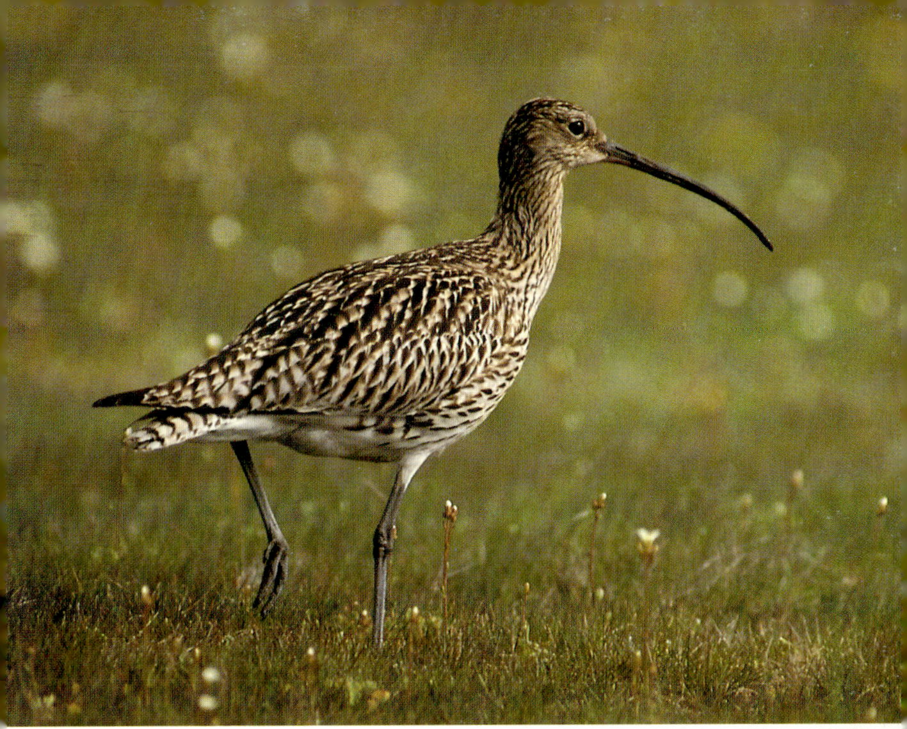

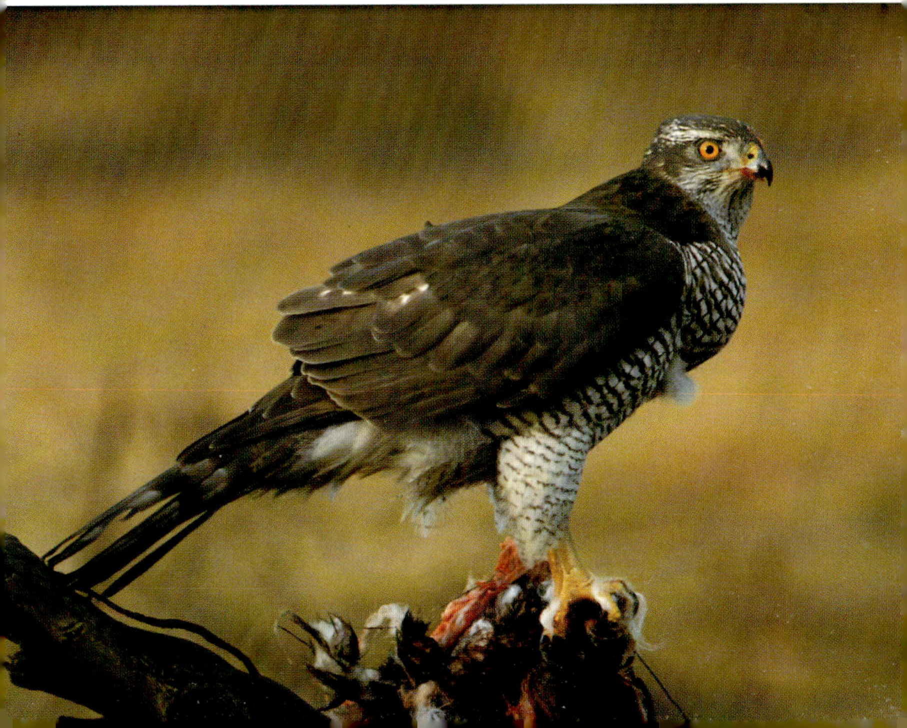

Nebelkrähe
Corvus corone cornix

Rabenvögel, Corvidae. **Kennzeichen:** Größe, Stimme und Verhalten wie Rabenkrähe; Raben- und Nebelkrähe sind lediglich zwei Rassen einer Art, der Aaskrähe *(Corvus corone)*. Bei Nebelkrähe Rücken, Brust und Bauch sowie ein Teil der Unterflügel grau, mit sehr feinen dunklen Strichen. Das übrige Gefieder dunkel wie bei der Rabenkrähe. Manchmal sind die helleren Gefiederteile nur recht undeutlich von den dunkleren abgesetzt. Dann dürfte es sich um Bastarde zwischen Raben- und Nebelkrähe handeln. **Lebensraum:** Vielseitig wie Rabenkrähe, vor allem mehr oder minder offene Kulturlandschaft. **Vorkommen:** Jahres- und Brutvogel östlich der Elbe und im Osten Österreichs sowie ab dem Südrand der Alpen. Östliche Populationen sind z.T. Zugvögel, so daß Nebelkrähen im Westen Mitteleuropas regelmäßig als Wintergäste erscheinen. Einzelne bleiben mitunter auch während der Brutzeit da, so daß Mischbruten vorkommen. Häufig sind Bastarde auch in den Randzonen beider Formen.

Ähnlich Rabenkrähen sieht man auch Nebelkrähen meist nicht in so großen Schwärmen wie Saatkrähen; Altvögel treten meistens nur paarweise auf. Die Nahrung ist vielseitig und besteht aus Kleintieren aller Art (z.B. Würmern, Insekten, Schnecken, Mäusen, Jungvögeln, Fröschen usw.), Aas und Abfällen, Früchten, Samen und anderen Pflanzenteilen. Das große stabile Nest aus Zweigen mit feiner Innenauspolsterung steht meist hoch auf Bäumen. Brutzeit März–Juni; 1 Jahresbrut.

Bläßhuhn
Fulica atra

Foto: ♂

N S. 214   S S. 228, 229

N S. 214   S S. 228, 229

größer
Taube
bis
Haushuhn

Rallen, Rallidae. **Kennzeichen:** Rundlicher, gedrungener, dunkler und neben der Stockente häufigster und verbreitetster Schwimmvogel Mitteleuropas. Gefieder dunkel schiefergrau bis schwarz, im Flug undeutlicher heller Flügelhinterrand. Beine und lange Zehen, die mit Schwimmlappen besetzt sind, überwiegend grüngrau. Das weiße Stirnschild ist bei ♂ größer als bei ♀ und allgemein im Herbst kleiner als im Frühjahr. Juv. sind oberseits braunschwarz und unterseits braungrau, Gesicht, Hals und Bauch ausgedehnt weiß. **Stimme:** Rufe laut »köw« (♀) oder scharf »pix« bzw. »pssi« (♂) oder fast stimmlos »pt«. **Lebensraum:** Stehende und langsam fließende Binnengewässer aller Art, im Winter auch an Parkteichen oder Futterstellen in der Großstadt. **Vorkommen:** Häufiger Jahresvogel in allen Teilen Mitteleuropas; auf großen Seen im Herbst und Winter oft in großen Scharen.

Bläßhühner liegen beim Schwimmen hoch im Wasser, nicken ständig mit dem Kopf und tauchen mit einem kleinen Kopfsprung. Bei Gefahr stieben sie platschend auf der Wasseroberfläche laufend davon. In der Brutzeit grenzen die Paare Reviere ab, die oft heftig gegeneinander verteidigt werden. Daß die aggressiven und »lauten« Bläßhühner Enten und andere Wasservögel vertreiben würden, ist Jägerlatein, das aber hartnäckig wiederholt wird. Bei Wasserverschmutzungen kann das Bläßhuhn als Allesfresser mitunter stark zunehmen, da es von Algen und abgestorbenen Pflanzenteilen lebt. Neben Pflanzen werden auch Insektenlarven, Mollusken und andere Kleintiere, an den winterlichen Futterstellen auch Brot angenommen. Das Nest ist ein großer Bau aus alten Pflanzen und steht meist in der Ufervegetation im oder hart am Wasser. Brutzeit April–Juli; 1–2 Jahresbruten.

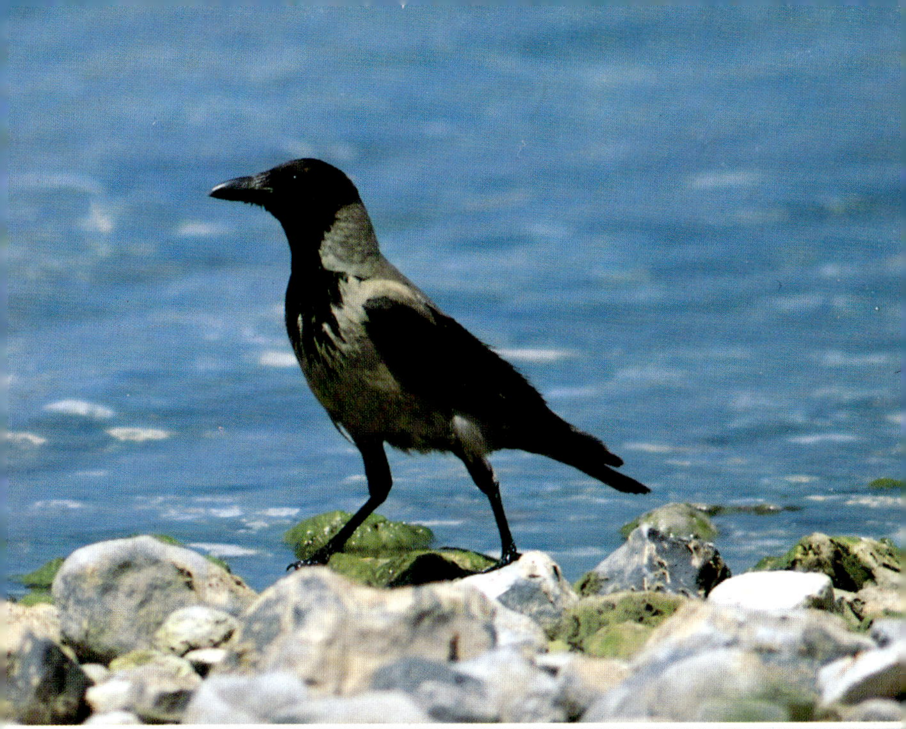

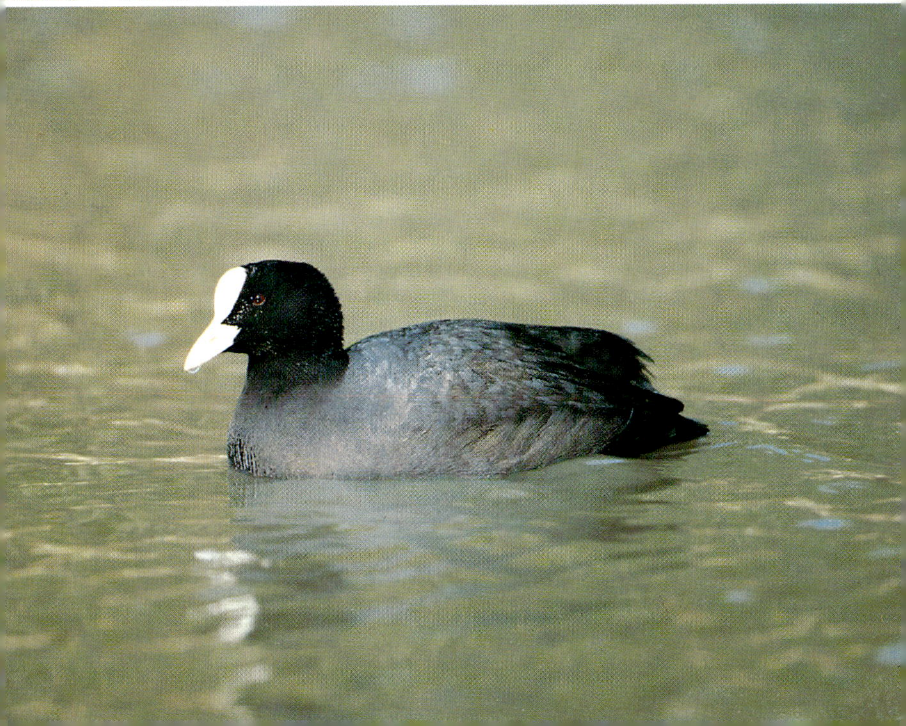

Schellente
Bucephala clangula

Entenvögel, Anatidae. **Kennzeichen:** Kleine, tief im Wasser liegende Tauchente. ♂ im Prachtkleid, das man aber nur von Mittwinter bis Frühsommer sieht, Oberseite überwiegend schwarz, Unterseite sowie Flanken und Vorderhals leuchtend weiß. Großer dunkelgrüner Kopf, mit rundem weißem Fleck an den Wangen hinter dem Schnabel; breite weiße Schulterstreifen und im Flug großes weißes Flügelfeld; Schwanz dunkel. ♀ wirken kleiner, da vor allem der Kopf nicht so dick ist. Kopf kastanienbraun, weißer Halskragen; graue, schwärzlich geschuppte Oberseite, Brust und Flanken hellgrau, Bauch weiß. Weißes Flügelfeld im Flug deutlicher als bei ♂ durch schwarze Streifen unterbrochen. Dunkler Schnabel trägt einen gelben Spitzenring. Von Spätsommer bis Herbst tragen ♂ ein dem ♀ ähnliches Ruhekleid. Juv. ähnlich ♀; im ersten Winter legen ♂ noch nicht das volle Prachtkleid an. **Stimme:** Nur bei der Balz zu hören; ♂ stoßen unter Kopfwerfen einen nasalen Doppellaut aus. Der Name bezieht sich auf das klingelnde Flügelgeräusch. **Lebensraum:** Küsten und Flußmündungen, vor allem klare Binnenseen; außerhalb der Brutzeit auch auf Stauseen und Flüssen. **Vorkommen:** Jahresvogel; nicht häufiger Brutvogel östlich der Elbe und an wenigen Stellen in Nord- und Süddeutschland; als Durchzügler und Wintergast weit verbreitet auf Seen, Flüssen und Stauseen.

Vor allem wenn sich Schlichtkleidvögel tief ins Wasser drücken, werden Schellenten leichter als andere Tauchenten übersehen. Die ♂ im Prachtkleid leuchten dagegen weit; ab Mittwinter kann man auch ihre merkwürdigen Balzspiele beobachten. Schellenten tauchen viel, oft auch im Trupp gleichzeitig. Sie erheben sich für eine Tauchente bemerkenswert leicht aus dem Wasser und fliegen rasch. Die Nahrung besteht aus Mollusken, kleinen Krebstieren und Wasserinsekten. Die Nester werden in Baumhöhlen oder großen Nistkästen angelegt, die Jungen springen nach dem Schlüpfen herunter und werden vom ♀ geführt. Brutzeit Mai–Juli; 1 Jahresbrut.

größer
Taube
bis
Haushuhn

Reiherente
Aythya fuligula

Entenvögel, Anatidae. **Kennzeichen:** Mittelgroße, rundköpfige Tauchente; im Flug breiter weißer Flügelstreif und helle Flügelunterseite. ♂ im Prachtkleid (November–Mai) schwarz, mit scharf abgesetzten weiß leuchtenden Flanken; der dunkle Kopf glänzt purpurfarben; am Hinterkopf herabhängender Federschopf. Der Schnabel ist grau und trägt ein helles Band hinter der schwarzen Spitze. Im Ruhekleid (Juni–September) sind die Flanken braungrau gewellt und nur undeutlich gegen den Rücken abgesetzt. Dunkle Gefiederteile mehr braunschwarz, Federschopf oft undeutlich. ♀ dunkelbraun, Schopf höchstens kurz angedeutet, oft weiße Federn an der Schnabelbasis. Juv. ähnlich ♀. **Stimme:** ♂ pfeifen bei der Balz, ♀ knurren »kurr«. **Lebensraum:** Seen, Stauseen und langsam fließende Flüsse, auch an der Küste. **Vorkommen:** Jahresvogel; heute in fast allen Teilen Mitteleuropas Brutvogel; zahlreicher Wintergast.

Die Nahrung besteht aus kleinen Wassertieren und Wasserpflanzen. Die Nester stehen gedeckt in der Vegetation meist nah am Wasser. Brutzeit Mitte Mai–Juli (oft werden kleine Junge noch im August geführt); 1 Jahresbrut.

Tafelente
Aythya ferina

Entenvögel, Anatidae. **Kennzeichen:** Mittelgroße Tauchente mit hohem Scheitel; im Flug breiter grauer Flügelstreifen. ♂ im Prachtkleid (Oktober–Mai) mit kastanienbraunem Kopf, schwarzer Brust und schwarzem Hinterende. Rücken und Flanken silbergrau; Schnabel dunkel, mit breit abgesetztem hellgrauem Mittelteil; Augen rot. Im Ruhekleid ähnlich gefärbt, doch viel verwaschener und graue Partien mehr bräunlich. ♀ insgesamt braun bis graubraun, mit Aufhellung im Gesicht um die Schnabelbasis; an der Kopfform leicht von anderen Tauchenten zu unterscheiden. Juv. ähnlich ♀, doch brauner. **Stimme:** Wenig zu hören; ♀ knurrend »krrrk«. **Lebensraum:** Seen und Stauseen, im Winter auch auf langsam fließenden Flüssen. **Vorkommen:** Jahresvogel; als Brutvogel heute in vielen Teilen Mitteleuropas an Seen mit Uferbewuchs und Schutz vor Störung, regelmäßiger und häufiger Wintergast auch außerhalb der Brutplätze.

Wie Reiherenten sind auch Tafelenten ausgesprochen gesellig. Beide Arten zählen im Winterhalbjahr zu den häufigsten heimischen Tauchenten. Auch Tafelenten kommen neuerdings in die Großstädte und lassen sich an den Seepromenaden füttern. Sie tauchen meist mit einem kleinen Kopfsprung, in der Regel weniger tief als Reiher- oder Schellenten. Ihre Nahrung besteht aus Wasserpflanzen und kleinen Wassertieren. Tauchenten sind keine Fischjäger. Die Nester der Tafelenten stehen am Boden, meist nahe am Wasser in dichter Vegetation versteckt. Brutzeit Mai–Juli; 1 Jahresbrut.

Stockente
Anas platyrhynchos    S. 214

N S. 214

größer
Taube
bis
Haushuhn

Entenvögel, Anatidae. **Kennzeichen:** Größte und bekannteste einheimische Gründelente, im Binnenland die typische »Wildente«. ♂ im Prachtkleid (September–Mai) mit metallisch grün schillerndem Kopf und schmalem weißem Halsring; Brust kastanienbraun, Rücken und Flanken grau; Hinterrücken und Unterschwanz schwarz, Schwanzfedern überwiegend weiß. Die vier schwarzen mittleren Schwanzfedern sind gekrümmt (»Erpellocke«). Im Flügel ein breiter blau schillernder Spiegel; Schnabel gelb. ♀ braun, mit dunkler Schuppenzeichnung; Schnabel dunkel, mit grünlichen bis olivfarbenen Seiten. Im Schlichtkleid (Juni–August) ähneln die ♂ sehr den ♀, sind aber u. a. an der Schnabelfarbe zu unterscheiden. **Stimme:** ♂ gedämpft und nasal »räb räb . . .«; das bekannte gereihte Quaken lassen nur die ♀ hören. **Lebensraum:** Binnengewässer aller Art, selbst auf kleinen Teichen. **Vorkommen:** Häufigste Ente Mitteleuropas; Jahresvogel in allen Gebieten, auch im Gebirge.

Schon im Spätherbst finden sich die Paare zusammen. Man kann an winterlichen Parkteichen aus nächster Nähe die merkwürdigen Balzspiele beobachten: Mehrere ♂ bemühen sich mit verschiedenen Posen um ein ♀, das aber oft schon mit einem ♂ verpaart ist. Lebhafte Auseinandersetzungen bleiben daher nicht aus. Auch in der Luft verfolgen oft mehrere ♂ ein ♀. Die Stockente ist nahezu ein Allesfresser, sie lebt von Wasserpflanzen, aber auch von Kleintieren. Die Nahrung wird von der Wasseroberfläche aufgenommen, aber auch durch Vornüberkippen des Körpers (»Gründeln«) aus dem Seichtwasser heraufgeholt. Das Nest steht am Boden, aber auch in Baumhöhlen. Brutzeit März–Juli; 1 Jahresbrut.

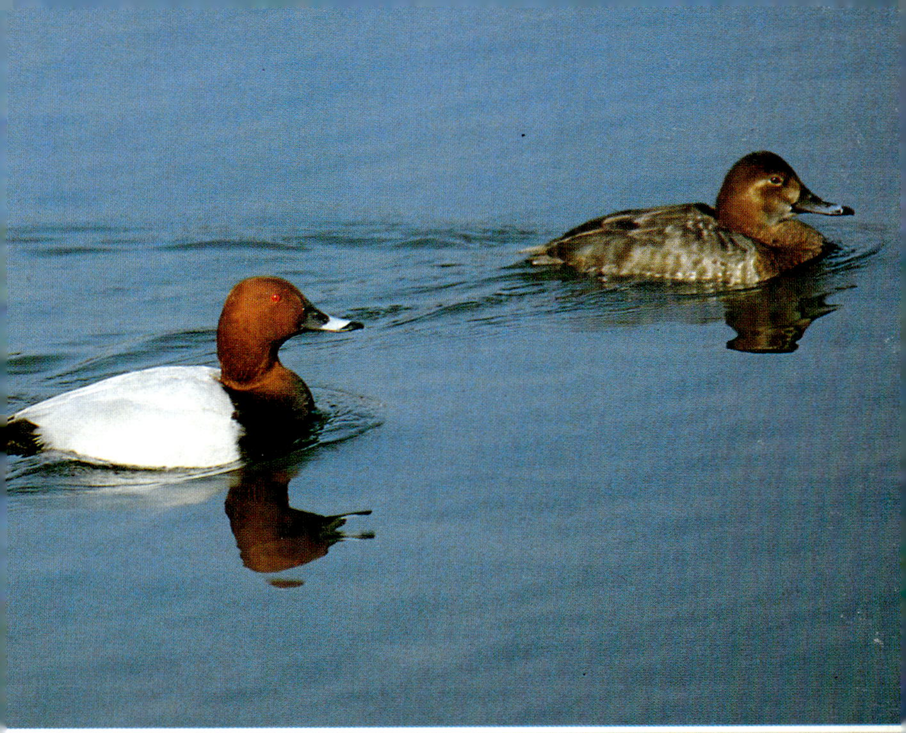
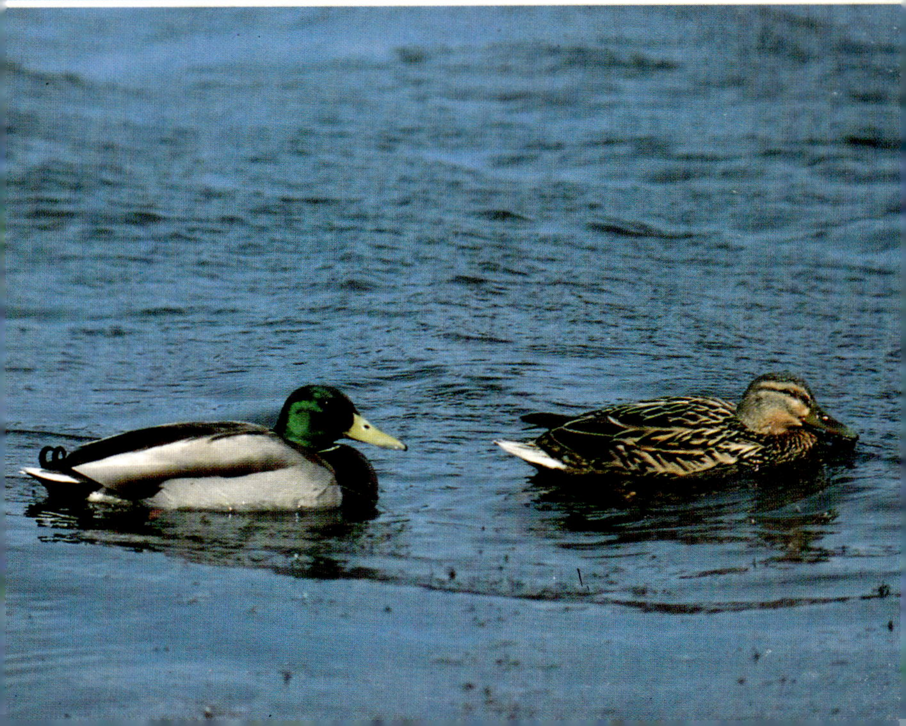

Saatkrähe
Corvus frugilegus

Foto: oben
R 2

Rabenvögel, Corvidae. **Kennzeichen:** Sehr änlich Rabenkrähe, geringfügig kleiner und schlanker. Gefieder glänzend schwarz, mit deutlichem Blauschimmer. Schnabel spitzer als bei Rabenkrähe; Altvögel haben ein graues, federloses Gesichtsfeld (Jungvögel nicht!). **Stimme:** Rauher und tiefer als Rabenkrähe »krroh« und »kraa«, auch höher »kirr«. **Lebensraum:** Offenes Kulturland mit Gehölzen, auch an Waldrändern, in Parks und in Städten; fehlt im Bergland. **Vorkommen:** Jahresvogel; im Tiefland nicht häufiger Brutvogel; regelmäßiger Wintergast in großen Scharen.

Die großen Saatkrähenschwärme im Winterhalbjahr täuschen vor, daß dieser Vogel bei uns sehr häufig sei. Der mitteleuropäische Brutbestand beträgt aber nur einen Bruchteil der großen Winterscharen aus Osteuropa. Saatkrähen sind fast immer gesellig; Rabenkrähen treten so gut wie nie in solch großen Schwärmen auf. Die Nahrung besteht aus bodenbewohnenden Insektenlarven und anderen Kleintieren, Samen, grünen Pflanzenteilen und im Winter aus Abfällen. Die Nester stehen meistens in Kolonien auf hohen Bäumen. Brutzeit März–Mai; 1 Jahresbrut.

Rabenkrähe
Corvus corone corone

Foto: unten links
N S. 220   S S. 229

Rabenvögel, Corvidae. **Kennzeichen:** Ganz schwarzes Gefieder mit nur schwachem Metallglanz. Schnabel etwas kräftiger und weniger deutlich zugespitzt als bei der Saatkrähe. Juv. matter gefärbt. **Stimme:** Ruf »kräh« oder »kra«, bei Gefahr »krr« (mit durchklingendem »i«). Rufe sind von denen der Saatkrähe bei einiger Übung gut zu unterscheiden. **Lebensraum:** Offenes Kulturland, auch in Siedlungen und im Bergland. **Vorkommen:** Häufiger Jahresvogel in allen Teilen Mitteleuropas westlich und nördlich des Verbreitungsgebietes der Nebelkrähe (S. 156).

größer
Taube
bis
Haushuhn

Rabenkrähen haben keineswegs so zugenommen, daß sie Singvögel gefährden. Der Allesfresser lebt von Kleintieren aller Art, Aas, Abfall, Früchten, Samen und grünen Pflanzenteilen. Auch Eier und Jungvögel zählen zu seiner Nahrung. Die Nester stehen meist hoch in Bäumen und dienen später auch anderen Arten als Kinderstube. Brutzeit März–Juni; 1 Jahresbrut.

Kolkrabe
Corvus corax

Foto: unten rechts
R 2   S S. 229

Rabenvögel, Corvidae. **Kennzeichen:** Deutlich größer als Rabenkrähe, Gefieder schwarz und bei Altvögeln metallisch blau schillernd. Kräftiger Schnabel, keilförmiger Schwanz, langsamer Flügelschlag. **Stimme:** Tief »grok«, auch höher »krruk« oder platzend »klong«; Rufe sehr vielseitig. **Lebensraum:** Im Tiefland zusammenhängende Waldgebiete oder an der Küste; im Gebirge vom Tal bis zur Felsstufe. **Vorkommen:** Jahresvogel; in Mitteleuropa in den Alpen, im Alpenvorland und an einigen Stellen im Tiefland im Norden.

Die Nahrung besteht aus Tieren bis einschließlich kleiner Säugetiere, Aas, Abfällen. Die Nester stehen in Felswänden oder hoch auf Bäumen. Brutzeit Februar–Mai; 1 Jahresbrut.

Dohle S. 140; Alpendohle S. 140

Waldkauz
Strix aluco   J S.208

Eulen, Strigidae. **Kennzeichen:** Große Eule mit dickem Kopf und schwarzen Augen; keine auffälligen Federohren; breite, gerundete Flügel. Grundfarbe rotbraun oder grau, Oberseite lebhaft mit hellen Flecken gezeichnet, besonders an den Schultern weiße Flecken auffallend; Unterseite etwas heller rahmfarben oder fast weiß, mit kräftigen Längstrichen mit kurzen seitlichen Abzweigungen. Juv. tragen meist noch Reste des Dunenkleides; Oberseite braun bis rotbraun, Unterseite grauer. **Stimme:** Ruf scharf »kuitt«; Gesang ein Heulen, gegen Ende tremolierend, durchaus melodisch etwa »hu huhu huuuuuuu«. **Lebensraum:** Wälder mit alten hochstämmigen Bäumen, Parkanlagen, Gärten, auch mitten in Städten. **Vorkommen:** Jahresvogel; verbreiteter Brutvogel in allen Teilen Mitteleuropas.

Da Waldkäuze ausgepsrochen nachtaktiv sind, bekommt man sie tagsüber wenig zu sehen. Haben Singvögel einen Kauz im Tagesversteck entdeckt, kann ihr Alarm ein Hinweis auf einen Waldkauz sein. Die Balz ist schon in Winternächten zu hören. Jungkäuze verlassen schon lange vor dem Flüggewerden das Nest und sitzen dann im Dunenkleid als Ästlinge auf Bäumen, geraten aber auch manchmal auf den Boden herunter. Unvernünftig ist es, solche Ästlinge als scheinbar hilflose Jungvögel mitzunehmen. Sie werden selbstverständlich von den Altvögeln noch gefüttert und bis zum Selbständigwerden betreut. Die Nahrung besteht aus Kleinsäugern, Kleinvögeln (vor allem in der Stadt); ferner werden auch Amphibien und große Insekten erbeutet. Waldkäuze jagen vor allem entlang von Waldrändern oder auf Lichtungen, seltener im offenen Land. Die Eier werden in Baumhöhlen, Felsnischen, aber auch in Mauerlöchern abgelegt. Brutzeit März–Juni; 1 Jahresbrut.

größer
Taube
bis
Haushuhn

Waldohreule
Asio otus   J S.208   N S.216

Eulen, Strigidae. **Kennzeichen:** Schlanker als Waldkauz, orangefarbene Iris; bei Erregung werden deutlich sichtbare Federohren aufgestellt. Oberseite dunkel graubraun, variabel gezeichnet; Unterseite heller, dicht dunkel längsgestrichelt. Im Flug auf dem Unterflügel in der Nähe des Buges ein dunkles Feld. Juv. häufig mit braunen und heller cremefarbigen Dunen, überall quergebändert. **Stimme:** Gesang ein nicht sehr lautes und im Atemabstand stereotyp wiederholtes »hu«, auch kläffende Rufe und Flügelklatschen. Herangewachsene Junge fiepen mitunter die ganze Nacht hindurch. **Lebensraum:** Wälder, Feldgehölze, Bruch- und Auwälder; im Winter auch in Städten. **Vorkommen:** Jahresvogel; verbreiteter Brutvogel im Tiefland, in Bergwäldern im Unterschied zum Waldkauz fehlend.

Auch Waldohreulen sind dämmerungsaktiv und tagsüber nicht zu sehen, wenn man nicht zufällig in die Nähe eines Brutplatzes kommt. Die Altvögel sitzen, meist dicht am Stamm, häufig in Fichten und verbringen ruhig den Tag. Jungvögel verlassen schon im Dunenkleid das Nest und werden als Ästlinge gefüttert. Ihr nächtliches Fiepen ist ein wichtiger Hinweis auf Brutvorkommen des sonst recht versteckten Vogels. Die Nahrung besteht hauptsächlich aus Kleinsäugern und ist einseitiger als beim Waldkauz. Seltener werden Kleinvögel geschlagen oder Insekten erbeutet. Die Eier werden in alte Krähen- oder Elsternnester abgelegt. Brutzeit März–Juni; 1 Jahresbrut.

Schleiereule

Tyto alba 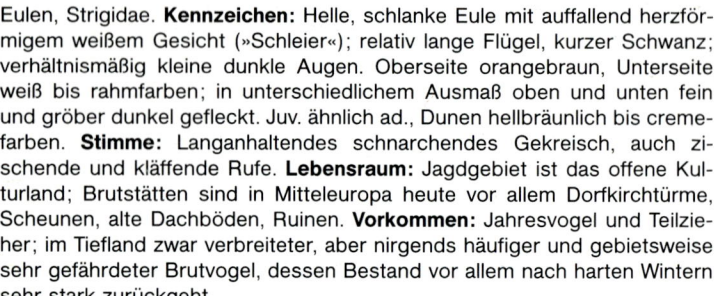 R 3 N S. 216

Eulen, Strigidae. **Kennzeichen:** Helle, schlanke Eule mit auffallend herzförmigem weißem Gesicht (»Schleier«); relativ lange Flügel, kurzer Schwanz; verhältnismäßig kleine dunkle Augen. Oberseite orangebraun, Unterseite weiß bis rahmfarben; in unterschiedlichem Ausmaß oben und unten fein und gröber dunkel gefleckt. Juv. ähnlich ad., Dunen hellbräunlich bis cremefarben. **Stimme:** Langanhaltendes schnarchendes Gekreisch, auch zischende und kläffende Rufe. **Lebensraum:** Jagdgebiet ist das offene Kulturland; Brutstätten sind in Mitteleuropa heute vor allem Dorfkirchtürme, Scheunen, alte Dachböden, Ruinen. **Vorkommen:** Jahresvogel und Teilzieher; im Tiefland zwar verbreiteter, aber nirgends häufiger und gebietsweise sehr gefährdeter Brutvogel, dessen Bestand vor allem nach harten Wintern sehr stark zurückgeht.

Als nacht- und dämmerungsaktive Jäger sieht man Schleiereulen kaum untertags fliegen. Da die Eier auf Dachböden, in Taubenschlägen, auf Glockenböden von Kirchtürmen usw. abgelegt werden, zählt die Eule mitunter zu den nächsten Nachbarn des Menschen. Moderne Bauweise, Zerstörung von Jagdgebieten, aber auch Chemie in der Landschaft haben ihren Bestand in manchen Gebieten stark zurückgehen lassen. Den allergrößten Teil der Nahrung bilden Kleinsäuger, daneben werden auch Kleinvögel und Insekten erbeutet. Der Bestand wird ganz entscheidend durch das Nahrungsangebot bestimmt: In Jahren mit viel Mäusen werden mehr Junge groß; in schlechten Mäusejahren fällt eine Brut auch einmal ganz aus. In Dachböden kann man auch in geeigneten Nistkästen Schleiereulen ansiedeln. Brutzeit sehr unterschiedlich, April–Oktober; die Zahl der Jahresbruten hängt vom Nahrungsangebot ab.

größer
Taube
bis
Haushuhn

Steinkauz

Athene noctua R 2

Eulen, Strigidae. **Kennzeichen:** Viel kleiner als die vorhergehenden Eulenarten; flacher, breiter Kopf mit relativ kleinen gelben Augen, kurzer Schwanz, meist geduckte Sitzhaltung. Grundfarbe braun, mit vielen hellen Flecken; Unterseite hell, kräftig dunkel gefleckt. **Stimme:** Hell und durchdringend »kwiu«. Gesang leicht hochgezogen »guhk«. **Lebensraum:** Offene Landschaften, die nicht zu intensiv bewirtschaftet werden, so Streuobstwiesen, Wiesengelände mit Kopfweiden, lichte Parks, Steinbrüche usw. **Vorkommen:** Jahresvogel; heute nur noch lückenhaft im Tiefland Mitteleuropas verbreitet; in höher gelegenen und kälteren Gebieten fehlend, ebenso im Bergland. Bestand mancherorts durch Zerstörung von Lebensraum bedroht.

Steinkäuze sind tag- und dämmerungsaktiv; man kann sie also auch bei Tag fliegen und sitzen sehen. Bei Erregung eifriges Knicksen und Verbeugen; Flug wellenförmig, ähnlich einem Specht. Die Nahrung besteht aus Großinsekten, Kleinsäugern und seltener Vögeln; auch Regenwürmer werden verzehrt. Die Eier werden in Baumhöhlen, Mauerlöchern oder Felsspalten abgelegt. Freistehende Höhlenbäume, wie alte Obstbäume oder Kopfweiden, sind in vielen Gegenden verschwunden. Mit Erfolg hat man lange röhrenförmige Nistgeräte entwickelt, die vom Steinkauz bezogen werden. Brutzeit April–Juli; 1 Jahresbrut.

Rebhuhn

Perdix perdix

Hühnervögel, Phasianidae. **Kennzeichen:** Gedrungener und rundlicher Laufvogel mit kurzem Schwanz und runden, kurzen Flügeln. Grundfarbe grau und braun, doch im Detail vielseitig gezeichnet. Oberkopf bis Vorderrücken hellgrau, Hinterrücken mehr bräunlich, Schwanzfedern lebhaft rostrot (die mittleren gelbbraun und dunkel gezeichnet), Schulterfedern und Oberflügeldecken mit gelben Längsstrichen. Brust grau, Bauch heller, Flanken kräftig rostrot gebändert. ♂ hat auf der Brustmitte meist einen auffälligen dunkelbraunen hufeisenförmigen Fleck, der beim ♀ entweder fehlt oder nur unvollständig ist. Juv. Kopf und Oberseite dunkelbraun, Unterseite hellbräunlich; von Fasanen durch kürzere Beine und das Fehlen verlängerter Schwanzfedern zu unterscheiden. **Stimme:** ♂ ruft rauh »girrhäk«; beim Abflug hohe »gijig« o.ä. **Lebensraum:** Offenes Kulturland, vor allem Felder und trockene Wiesen mit Hecken; besonders wichtig sind Mischflächen. **Vorkommen:** Jahresvogel; im Tiefland verbreitet, doch in intensiv genutzten Agrarlandschaften z.T. starker Rückgang als Folge von Lebensraumzerstörung (fehlende Deckung) und Nahrungsmangel.

Rebhühner rennen sehr schnell mit aufgereckten Hälsen und fliegen erst bei höchster Gefahr auf. Im Flug werden die etwas nach unten gebogenen Flügel rasch geschlagen und dann kurze Gleitstrecken eingeschaltet; beim raschen Auffliegen hört man Flügelburren. Im Sommerhalbjahr sieht man Rebhühner meist paarweise oder als Familie mit Jungen; im Winter können sich auch mehrere Familien zusammenschließen. Die Nahrung besteht aus Sämereien und grünen Pflanzenteilen; vor allem zur Jungenaufzucht sind aber auch Insekten nötig. Das Nest ist eine flache, in der Vegetation gut versteckte Mulde am Boden. Brutzeit Ende April–Juni; 1 Jahresbrut.

Schwarzspecht

Dryocopus martius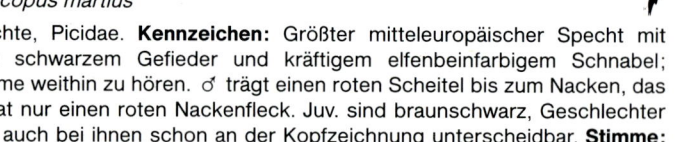

Spechte, Picidae. **Kennzeichen:** Größter mitteleuropäischer Specht mit ganz schwarzem Gefieder und kräftigem elfenbeinfarbigem Schnabel; Stimme weithin zu hören. ♂ trägt einen roten Scheitel bis zum Nacken, das ♀ hat nur einen roten Nackenfleck. Juv. sind braunschwarz, Geschlechter aber auch bei ihnen schon an der Kopfzeichnung unterscheidbar. **Stimme:** Ruf im Sitzen abfallend »kliöh«, im Flug laut »krü krü krü ...«. Gesang im Frühjahr mit klagender Einleitung und einer schnellen Lautfolge wie »kwoi – kwi-kwi-kwi ...«; trommelt auch. **Lebensraum:** Hochstämmige Nadel- und Mischwälder. **Vorkommen:** Jahresvogel; vor allem in waldreichen Gebieten; im Norden teilweise selten.

Die Anwesenheit des Schwarzspechts kann man neben den weithin hörbaren Rufen auch an den Spuren seines Nahrungserwerbs feststellen. Alte Baumstämme oder morsche Stümpfe sind oft mit einer übereinanderliegenden Folge von großen rechteckigen Löchern aufgehackt. Hier holt der Schwarzspecht Larven und Puppen holzbewohnender Insekten heraus; er kommt auch auf den Boden oder an große Ameisenhaufen. Mit seinem kräftigen Schnabel hämmert er seine Nesthöhlen auch in Buchen und ist damit ein wichtiger »Wohnungslieferant« für andere Waldvögel (z.B. Hohltaube, Dohle, Star, manche Eulen). Brutzeit Ende März–Juni; 1 Jahresbrut.

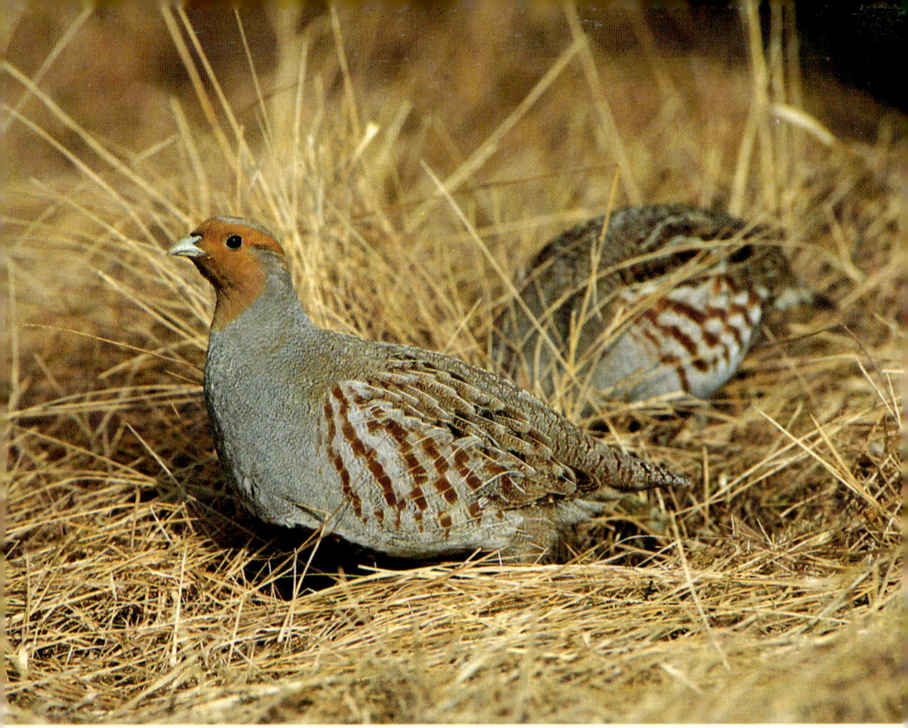
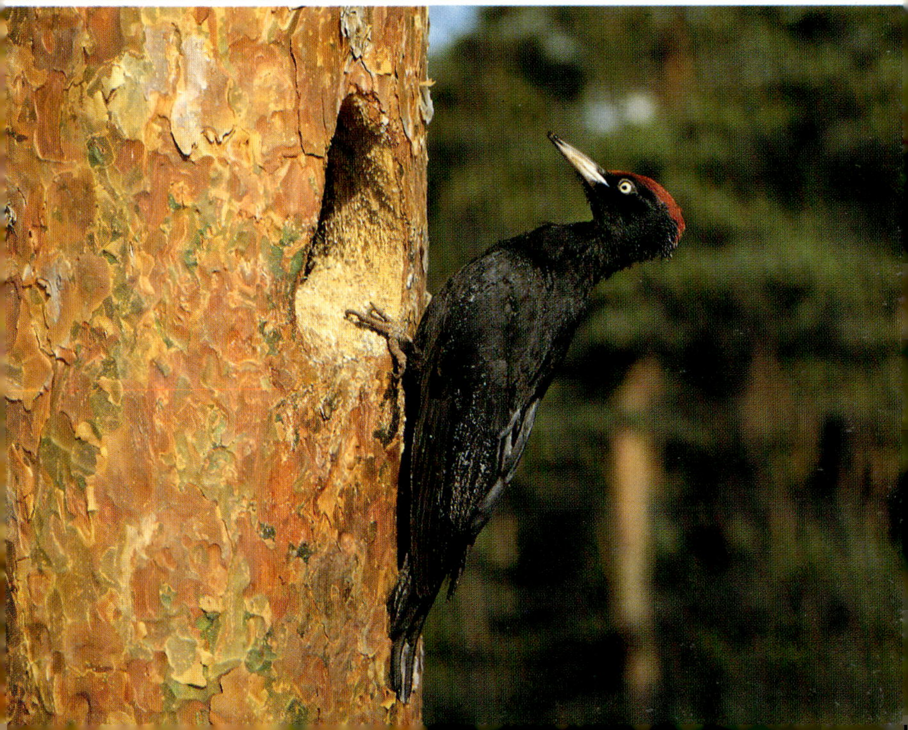

Rohrweihe
Circus aeruginosus ⓇⓇ 4   Ⓢ S. 225

Greifvögel, Accipitridae. **Kennzeichen:** Schlanker Greifvogel mit relativ breiten, aber langen Flügeln, langem schmalem Schwanz; jagt meist niedrig
über dem Boden im gaukelnden Flug. Flügel werden dabei oft V-förmig nach
oben gehalten. Oberseite überwiegend dunkel. Alte ♂ mit dunkel-
braunem Rücken und ebenso gefärbten Innenflügeln sowie schwarzen Flügelspitzen; Mittelflügel und Schwanz hellgrau (bei jüngeren ♂ oft nicht sehr
deutlich abgesetzt); helle Unterflügel, Körperunterseite rotbräunlich gestrichelt. ♀ schokoladenbraun; Kopf und Schultern cremeweiß, dunkler Strich
durchs Auge, heller Brustfleck; Schwanz oft etwas heller. Juv. ähnlich ♀,
aber meist dunkler und ohne helle Schultern und Brust. **Stimme:** Meist nur
am Brutplatz zu hören, ♂ rufen schrill »kiuh« im Balzflug. **Lebensraum:**
Jagdgebiet offenes Land, Röhrichtzone und Uferpartien der Gewässer oder
über offenem Wasser; Brutplatz Schilf und Röhricht. **Vorkommen:** Sommervogel; März–Oktober, an Gewässern im Norden Mitteleuropas nicht seltener Brutvogel, im Süden wesentlich seltener; abseits der Brutplätze regelmäßiger Durchzügler.

Weihen sind auffallend schlanke Greifvögel, die in einem eigenartigen Gau-
kelflug meist dicht über dem Boden oder Wasser jagen. Die selteneren Wie-
sen- und Kornweihen sind kleiner und noch schlanker. Die Beute der Rohrweihe ist sehr vielseitig und besteht aus Kleinsäugern, Vögeln (vor allem
noch ungeschickte Jungvögel), Eiern; auch Aas wird angenommen. Weihen
sind die einzigen Bodenbrüter unter den heimischen Greifvögeln; Rohrwei-
hen legen ihre flache Nestplattform vorzugsweise ins hohe Schilf, aber auch
auf festen Boden in Wassernähe. Brutzeit Mai–Juli; 1 Jahresbrut.

größer
Taube
bis
Haushuhn

Sturmmöwe
Larus canus

Möwen, Laridae. **Kennzeichen:** Deutlich größer als Lachmöwe, Flügel runder. In der Färbung verkleinertes Abbild der wesentlich größeren Silbermöwe (S. 190). Rücken und Oberflügel blaugrau, mit weißem Flügelhinterrand; Flügelspitze schwarz, mit je einem großen weißen Fleck sowie einigen
kleinen weißen Saumflecken. Körper und Kopf reinweiß; Beine grüngelb,
Schnabel gelblich. Im Winter ist der Kopf fein dunkel gestrichelt. Juv. Körper
und Kopf deutlich braun gestrichelt, Rücken braun geschuppt; Flügel mit
grauen und graubraunen Bändern, Flügelspitzen dunkel; Schwanz weiß, mit
breitem dunklen Endband; Grundfarbe des Körpers weiß. Schnabel
schwärzlich, mit heller Basis. **Stimme:** Rufe schrill »kiia«. **Lebensraum:**
Küstenvogel; an Binnengewässern im Sommer nur einzeln, im Winter oft in
kleinen Trupps. **Vorkommen:** Jahresvogel; Brutvogel an der Küste und im
unmittelbaren Hinterland; tiefer im Binnenland an einzelnen Stellen in wenigen Paaren brütend, doch regelmäßiger Wintergast an großen Binnengewässern, auch an Möwenfütterungen (aber viel spärlicher als Lachmöwe).

Wie bei allen einheimischen Möwen ist auch die Nahrung der Sturmmöwe
vielseitig: Würmer, Insekten, Mollusken, tote und kranke Fische, Abfall, Aas.
Mitunter suchen auch Sturmmöwen hinter dem Pflug Nahrung oder finden
sich an Müllplätzen ein. Das Nest steht am Boden oder in Pflanzen im Wasser; Koloniebrüter. Brutzeit Mai–Juli; 1 Jahresbrut.

Kranich

Grus grus   R 1   S S. 227

Kraniche, Gruidae. **Kennzeichen:** Langbeiniger und langhalsiger Stelzvogel mit kurzem Schnabel. Im Flug wird der Hals gerade ausgestreckt. Grundfarbe schiefergrau, Kopf und Oberhals schwarz, vom Auge aus bogenförmiger, breiter und scharf abgesetzter weißer Streifen an den Seiten; roter Scheitelfleck. Juv. Kopf braun bis rostfarben, Gesamtfärbung mehr braungrau. Die inneren Armschwingen sind verlängert, so daß sie einen buschigen, herabhängenden schwärzlichen »Schwanz« bilden, der bei den juv. noch nicht so deutlich zu erkennen ist. **Stimme:** Trompetend »krru« und kehlige Rufe. **Lebensraum:** Brutvogel in Feuchtgebieten mit Sumpfwäldern; Nahrungssuche außerhalb der Brutzeit im offenen Kulturland. **Vorkommen:** Sommervogel; März–Oktober, sehr seltener und bedrohter Brutvogel in Sumpfgebieten im Nordosten Mitteleuropas; im Herbst und Frühjahr überqueren regelmäßig die keilförmigen Formationen ziehender Kraniche auf einer breiten Zugstraße das mittlere Mitteleuropa. Außerhalb dieser Zugkorridore nur unregelmäßiger Gast, einzeln bis an den Alpenrand.

Nur strenger Schutz der Brutgebiete kann den Kranich als Brutvogel Mitteleuropas erhalten. Vor allem an der Ostseeküste befinden sich auch die großen Rast- und Sammelplätze der aus Nordeuropa ins Winterquartier wandernden Scharen. Die Nahrung ist überwiegend pflanzlich (z.B. im Frühjahr alte Kartoffeln), umfaßt aber auch Kleintiere. Das Nest ist ein großer Bau auf nassem bis feuchtem Untergrund. Brutzeit April–Juni; 1 Jahresbrut.

Weißstorch

Ciconia ciconia   R 1   S S. 226

Störche, Ciconiidae. **Kennzeichen:** Großer Stelzvogel mit langen roten Beinen, langem Hals und langem rotem Schnabel. Körper weiß, Schwungfedern schwarz. Fliegt im Unterschied zu den Reihern mit ausgestrecktem Hals; Flügelschläge langsam, häufig Segel- und Gleitflug. Bei den juv. sind die dunklen Partien mehr braunschwarz, Schnabel und Beine bräunlich. **Stimme:** Nur zischende Laute; bei Erregung Schnabelklappern, wobei der Kopf auf den Rücken gelegt wird. **Lebensraum:** Offenes Kulturland mit Feuchtgebieten, Sümpfe, Steppen und Grasland. **Vorkommen:** Sommervogel; April–Oktober; einstmals verbreiteter Brutvogel im Tiefland in allen Teilen Mitteleuropas, heute in vielen Gebieten ausgestorben oder selten geworden. Einzelne versuchen auch zu überwintern.

Der Schutz des Weißstorches ist ein besonderes Anliegen des Artenschutzes unserer Tage. Vielfältige Bemühungen, Störche in Gefangenschaft zu halten und sie wieder anzusiedeln, sind allerdings höchst fragwürdige Beiträge und führen wohl kaum zu einem auf Dauer lebensfähigen Storchenbestand. Auch perfekte Nistplätze auf Dächern hoher Häuser bereitzustellen, kann das Problem nicht allein lösen. Wichtig ist die Erhaltung des Lebensraums. Hierzu gehört die Sicherung von Nahrungsplätzen (kleine Feuchtgebiete, extensiv bewirtschaftete Wiesen) in der Kulturlandschaft; damit werden zugleich vielen Kleintieren Lebensmöglichkeiten geboten, von denen der Storch z.T. lebt (Würmer, Reptilien, Amphibien, Großinsekten). Die großen Nester stehen in Mitteleuropa meist auf Haus- und Kirchendächern, Schornsteinen usw. Brutzeit April–Juli; 1 Jahresbrut.

größer
Haushuhn
bis
Schwan

172

Kanadagans
Branta canadensis

Entenvögel, Anatidae. **Kennzeichen:** Sehr große, langhalsige Gans mit graubraunem Körper und schwarzem Hals. Rücken dunkler graubraun, mit deutlicher heller Streifenzeichnung, Brust hellbräunlich bis weißlich, Bauch weiß; weißer Schwanz mit dunklem Endband, das an den Seiten nach vorne gebogen ist. Im Gesicht auffallender breiter weißer Streifen von der Kehle bis hinter das Auge. **Stimme:** Trompetenartiger Flugruf »wah-önk«. **Lebensraum:** In Europa Seen und Parkgewässer. **Vorkommen:** Brutvogel Nordamerikas in mehreren Rassen; im 20. Jahrhundert in Nordeuropa und Großbritannien eingebürgert, als Parkvogel auch in vielen Teilen Mitteleuropas. Heute in verschiedenen Gebieten Mitteleuropas Brutvogel im halbwilden Zustand oder als Parkgeflügel; Wintergast aus Nordeuropa vor allem an der Küste und in ihrem Hinterland; im Binnenland z. B. Jahresvogel.

Neben eingebürgerten Graugänsen (S. 180) und Höckerschwänen (S. 180) sind Kanadagänse heute die auffälligsten großen Schwimmvögel der mitteleuropäischen Kulturlandschaft. Die nordischen »Wildgänse« haben ihre wichtigsten Winterquartiere in den weiten Marschwiesen an der Küste und in ihrem Hinterland, sind also kaum in der Nähe von Siedlungen oder gar an Parkteichen zu sehen. Die Nahrung besteht fast ganz aus Pflanzen; an den Futterstellen wird natürlich auch Brot gerne angenommen. Die Nester der Kanadagänse stehen versteckt am Ufer oder auf kleinen Inseln. Brutzeit März–Anfang Juni.

Brandente
Tadorna tadorna

Entenvögel, Anatidae. **Kennzeichen:** An Gänse erinnernde (daher auch häufig »Brandgans« genannte) bunte Ente mit sehr kontrastreicher Zeichnung. ♂ weiß, mit grünschillerndem Kopf, breitem kastanienbraunem Brustband und grün schillernden Handschwingen. Schnabel leuchtend rot, vor allem im Frühjahr und dann mit leuchtend rotem Höcker. ♀ ähnlich ♂, doch braunes Brustband blasser und schmaler, Schnabel nicht so leuchtend rot und vor allem ohne Höcker. Im Schlichtkleid (Juni–Anfang Dezember) ist die Kopffärbung bei beiden Geschlechtern matter, manchmal fast braungrün, und mehr oder weniger umfangreich mit weißen Federn durchsetzt. Das braune Brustband ist höchstens in Resten zu sehen. Bei den juv. ist die Zeichnung der Altvögel nur noch angedeutet, Oberkopf und Hinterhals sind braun. **Stimme:** ♂ verschiedene melodische Pfiffe; ♀ laut »ak ak . . .« oder »arrk«. **Lebensraum:** Sandige flache Küsten, Flußmündungen, Dünen, aber auch flache Binnenseen. **Vorkommen:** Jahresvogel; an der Küste häufig, im Winter etwas seltener; einzeln auch an Binnengewässern, als Gast bis an den Alpenrand (doch hier oft auch entkommene Gefangenschaftsvögel).

Wie alle Entenvögel verlieren bei der sommerlichen Mauser auch die Brandenten alle Schwungfedern gleichzeitig und werden daher vorübergehend flugunfähig. Vorher suchen sie daher meist einen günstigen Mauserplatz auf. Berühmt als Mauserplatz der Brandente ist der Große Knechtsand in der Deutschen Bucht; hier kommen im Hochsommer Zehntausende zusammen und bleiben wochenlang. Die Nahrung besteht aus Mollusken, Krebstieren und großen Wasserinsekten. Die Nester werden in Erdhöhlen (z. B. Kaninchenbau) oder Gebüsch versteckt. Brutzeit Mai–Juli; 1 Jahresbrut.

größer Haushuhn bis Schwan

Kormoran
Phalacrocorax carbo  R 2 S S.228

Kormorane, Phalacrocoracidae. **Kennzeichen:** Schlanker Schwimm- und Tauchvogel mit mittellangem Hals und relativ langem, kräftigem Schnabel, dessen Spitze hakig nach unten gebogen ist. Im Flug wird der Hals ausgestreckt, im Schwimmen wird der Schnabel meist schräg nach oben gehalten. Schwanz relativ lang, Flugbild daher mehr oder minder kreuzförmig. Altvögel schwarz bis schwarzbraun, weißes Gesicht; zur Brutzeit auch runder weißer Fleck am Schenkelansatz. Für kurze Zeit werden im Frühjahr auch lange weiße Federn am Hinterkopf getragen, mitunter den ganzen Hals hinunter. Juv. oberseits dunkelbraun, Kehle und Unterseite hell, mehr oder minder deutlich dunkel gefleckt. Auffällige nackte gelbe Kehlhaut. **Stimme:** Am Brutplatz gutturales Krächzen. **Lebensraum:** Küste und große Binnenseen. **Vorkommen:** Brutvogel in großen Kolonien im Küstenbereich von Ost- und Nordsee; von dort regelmäßiger Gast im Binnenland Mitteleuropas. Hier neuerdings einige kleinere Brutansiedlungen und deutliche Zunahme der Herbst- und Wintergäste.

Im Unterschied z. B. zu den Entenvögeln und Tauchern können Kormorane ihr Gefieder nicht einfetten; es wird beim Schwimmen und Tauchen daher naß. So kann man häufig Kormorane auf dürren Ästen oder Pfosten im Wasser, auf Felsen oder Mauern und Hafenmolen mit ausgebreiteten Flügeln sitzen sehen, die so ihr Gefieder trocknen. Beim Schwimmen liegen sie tief im Wasser und können von der Wasseroberfläche aus ohne sichtliche Anstrengung untertauchen; mitunter ist die unter Wasser zurückgelegte Strecke erstaunlich lang. Bis 30 m tief wurden tauchende Kormorane in Fischernetzen gefangen. Die Nahrung besteht so gut wie ausschließlich aus Fischen. Die Zunahme des in Mitteleuropa vom Aussterben bedrohten Vogels hat daher zu massiven Forderungen der Fischer geführt, diesen »Fischereischädling« zu dezimieren. Die größten Kolonien, aus denen Gäste nach Mitteleuropa kommen, stehen in Dänemark. Doch sind solche Kolonien, wenn sie nicht geschützt werden, außerordentlich gefährdet, da sie leicht gestört werden können und die Vögel das Brutgebiet verlassen. Im mitteleuropäischen Binnenland sind im Zuge der erfreulichen neuerlichen Bestandsvermehrung bis jetzt erst wenige kleine Brutkolonien entstanden, so daß der Kormoran immer noch als gefärdeter Brutvogel gelten muß. Die Nester stehen auf Bäumen, oft zusammen mit Reihernestern, mitunter auch auf Küstenbauwerken oder Felsen. Brutzeit März–August; 1 Jahresbrut.

größer
Haushuhn
bis
Schwan

Rotmilan
Milvus milvus

Foto: oben

R 3 S S.225

Greifvögel, Accipitridae. **Kennzeichen:** Bussardgroßer, langschwänziger und langflügeliger Greifvogel; Schwanz im Flugbild tief gegabelt, so daß auch bei starker Spreizung des Schwanzes die Einkerbung noch zu sehen ist; Flügel meist ziemlich stark gewinkelt. Grundfärbung rötlich kastanienbraun, oberseits brauner; Kopf weißlich, fein dunkel gestrichelt. Oberseite des Schwanzes leuchtend rotbraun, dunkle Ecken an der Spitze; Flügelspitzen schwarz; Oberflügeldecken rostfarben, mit deutlichem hellem Band; im Unterflügel ein großes weißes Feld, das den Flügelhinterrand erreicht. Juv. ähnlich gefärbt. **Stimme:** Gedehnt pfeifend »wiiuu« oder »pie«, höher als Mäusebussard; im Frühjahr Trillerstrophen ähnlich Schwarzmilan. **Lebensraum:** Waldreiche Landschaften mit offenen Flächen. **Vorkommen:** Teilzieher; in vielen Gebieten nur Sommervogel, doch auch regelmäßige Überwinterungsplätze. Brutvogel im Tiefland Mitteleuropas, fehlt im Nordwesten und Südosten; heute an vielen Stellen als Brutvogel bedroht. Im Unterschied zu Schwarzmilan fast nur auf Europa beschränkt.

Den Flugstil des Rotmilans kann man nur als elegant bezeichnen: Tiefe und weiche Flügelschläge heben und senken den Körper im Ruderflug. Im Gleitflug werden die langen Flügel etwas angewinkelt. Ähnlich dem Schwarzmilan können die Vögel plötzlich abkippen oder herabstoßen. Die Nahrung besteht aus Kleintieren und Aas; im allgemeinen spielen Fische eine geringere Rolle als beim Schwarzmilan. Rotmilane sind auch nicht so sehr ans Wasser gebunden. Das große Nest steht hoch oben im Baum. Brutzeit April–Juli; 1 Jahresbrut.

Schwarzmilan
Milvus migrans

Foto: unten links und rechts

R 3 N S.214 S S.225

Greifvögel, Accipitridae. **Kennzeichen:** Etwas kleiner und vor allem gedrungener als Rotmilan. Der etwas kürzere Schwanz ist nicht so stark gegabelt, so daß bei starker Spreizung das Schwanzende gerade abgeschnitten erscheint. Die Flügel sind relativ breiter, doch im Unterschied zum Bussard noch deutlich geschwungen. Gesamtfärbung dunkelbraun, einheitlicher als Rotmilan. Auf dem Unterflügel im Spitzendrittel ein heller Fleck, nicht so deutlich wie bei Rotmilan. Kopf graubraun, etwas heller als der Körper. Juv. ähnlich, aber insgesamt etwas kontrastreicher gefärbt als Altvögel. **Stimme:** Am Brutplatz wiehernde und trillernde Strophen, etwa »hüjihirr« oder »wuhi-hihi . . .«. **Lebensraum:** Brutvogel in Gehölzen und Wäldern; jagt über dem offenen Land, bevorzugt am Wasser. **Vorkommen:** Sommervogel; März–September, Brutvogel im Tiefland Mitteleuropas, im Südwesten am häufigsten, fehlt im Nordwesten und Südosten. Hat an einigen Stellen durch Vernichtung von Brutplätzen abgenommen.

Mit schaufelnden Flügelschlägen fliegen Schwarzmilane im Ruderflug; im Gleitflug sind die Flügel leicht angewinkelt, der Schwanz führt auffällige Steuerbewegungen aus. Aus dem Gleitflug können sich die Vögel senkrecht nach unten fallen lassen; im allgemeinen geselliger als Rotmilan. Die Nahrung besteht aus Aas und Abfällen; besonders beliebt sind tote und kranke Fische; Kleinsäuger, Vögel und Insekten können aber auch selber erjagt werden. Das Nest steht hoch in Bäumen. Brutzeit April–Juni; 1 Jahresbrut.

größer
Haushuhn
bis
Schwan

Graugans
Anser anser

S S. 228

Entenvögel, Anatidae. **Kennzeichen:** Braungraue Gans mit dickem Hals, fleischfarbenen Beinen und orangefarbenem (seltener rosafarbenem) Schnabel. Im Flug ist der deutlich heller graue Vorderflügel ein wichtiges Kennzeichen. Am dunkelsten sind die Flügel, Unterseite heller, Bauch weiß. **Stimme:** Die Graugans ist die Stammutter der Hausgans; ihre Stimme kann man als typisches Gänsegeschnatter bezeichnen. **Lebensraum:** Flache Seeufer mit Schilf, ausgedehnte Feuchtwiesen, Moore. Heute in Mitteleuropa auch vielfach halbzahm auf Baggerseen und in Parkanlagen. **Vorkommen:** Ursprünglich nur Brutvogel im Nordosten Mitteleuropas; heute an verschiedenen Stellen des Binnenlandes als Jahresvogel eingebürgert und Brutvogel bis an den Rand der Alpen.

Neben der Kanadagans ist die Graugans heute im Bereich menschlicher Siedlungen die bekannteste Wildgansart. Regelmäßige Wintergäste vor allem in den Ebenen im Norden Mitteleuropas sind Saatgänse *(Anser fabalis;* S. 194) und Bläßgänse *(Anser albifrons)*. An der Küste kommen noch in großen Scharen die näher mit der Kanadagans verwandten Ringel- und Nonnengänse *(Branta bernicla* und *leucopsis)* als Wintergäste dazu. Alle Gänse sind Pflanzenfresser. Die Nester stehen im Schilf oder am Ufer. Brutzeit April–Mai; 1 Jahresbrut.

Höckerschwan
Cygnus olor

J S. 206   N S. 214

Entenvögel, Anatidae. **Kennzeichen:** Sehr großer weißer Schwimmvogel mit langem, meist etwas gebogen getragenem Hals. Schnabel orangerot, mit schwarzer Basis, die einen mehr oder minder großen Höcker trägt. Juv. haben braungetöntes weißes Gefieder und keinen schwarzen Schnabelhöcker. Das Dunenkleid ist graubraun. Normalerweise sind Füße und Schwimmhäute schwarz, können aber bei Parkvögeln auch rosa bis grau sein. Solche Vögel mit weniger Pigment tragen ein weißes statt graues Dunenkleid und auch ein reinweißes Jugendkleid. Bei manchen Schwanenpaaren ist ein Teil der Jungen grau, ein Teil weiß. **Stimme:** Nasales, hohes Knurren; auch Zischen. **Lebensraum:** Stehende und langsam fließende Binnengewässer, flache Meeresküsten; heute vielfach Parkteiche. **Verbreitung:** Heute in ganz Mitteleuropa als Brut- und Jahresvogel verbreitet; die eigentliche Heimat ist Nordosteuropa. Die mitteleuropäischen Brutvögel sind fast alle Nachkommen von Parkschwänen.

Im Unterschied zu Enten halten bei Schwänen die Paare das ganze Leben lang zusammen. Zur Brutzeit werden Reviere verteidigt; Schwäne können dabei auch gegen größere Tiere und Menschen sehr aggressiv sein. Wenn der Platz knapp wird, brüten mehrere Schwanenpaare auch dicht nebeneinander. Bei dichter Schwanenbesiedlung ist aber meist der Nachwuchs sehr niedrig. Die Nahrung besteht hauptsächlich aus Wasser- und Uferpflanzen; auch Mollusken werden angenommen und an den Futterstellen Brot. Das Nest steht als mächtiger Bau am Ufer, im Schilf oder auf kleinen Inseln. Brutzeit März–Juni; 1 Jahresbrut.

Die auf manchen Parkgewässern gelegentlich zu beobachtenden Schwarzen Schwäne (die in Mitteleuropa auch schon in Freiheit gebrütet haben) stammen aus Australien.

größer
Haushuhn
bis
Schwan

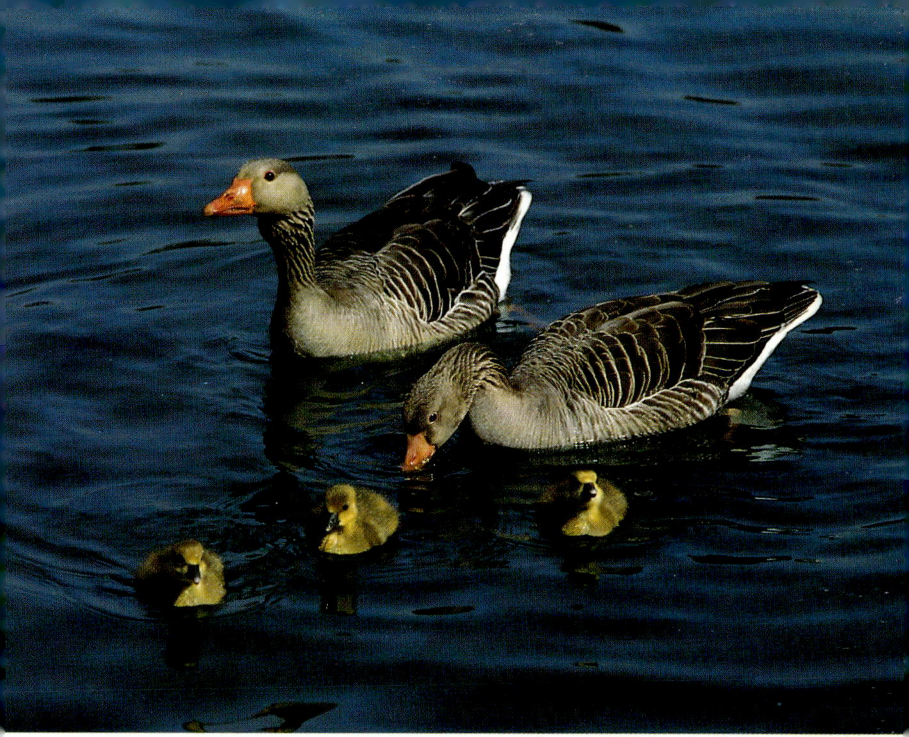

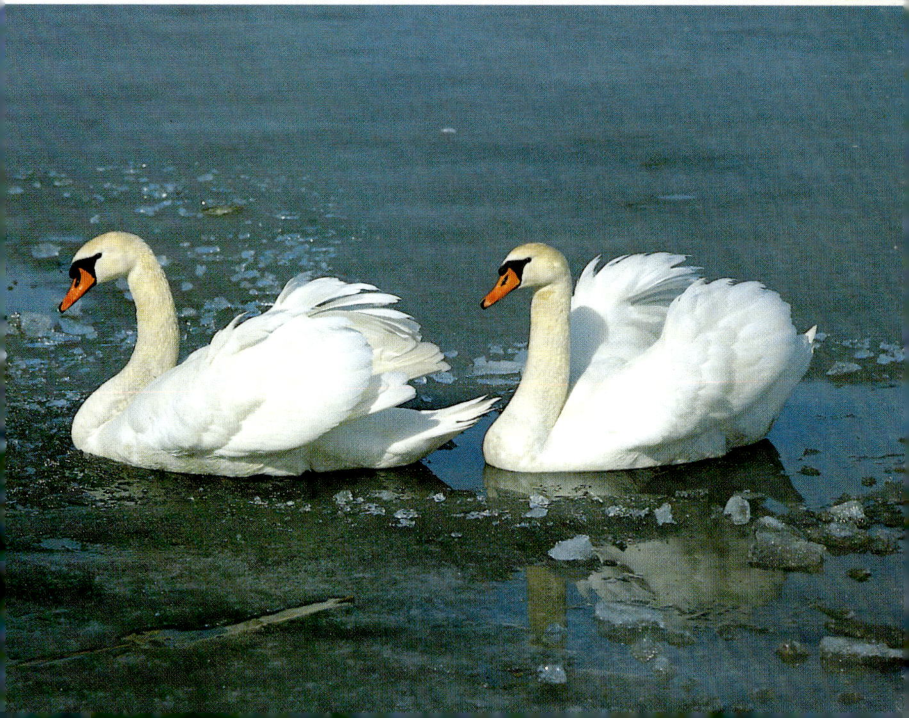

Graureiher
Ardea cinerea

Ⓢ S. 226

Reiher, Ardeidae. **Kennzeichen:** Langbeiniger grauer Stelzvogel mit langem dolchförmigem Schnabel und langem Hals, der aber häufig S-förmig zusammengelegt ist, so daß der Kopf auf den Schultern aufzuliegen scheint. Blaugraue Körperoberseite; Kopf, Hals und Bauch weiß. Deutlicher schwarzer Überaugenstreif, der sich in einen feinen schwarzen zweigeteilten Federschopf in den Nacken fortsetzt. Am weißen Hals schwarzer Fleckenstreifen nach unten ziehend. Schnabel gelblich; Beine braun, im Frühjahr orange. Im Flug Hinterrand und Spitzendrittel der Flügel dunkel; Beine überragen das Schwanzende deutlich. Flug mit tiefen, schaufelnden Flügelschlägen; der Hals ist S-förmig zurückgezogen, so daß der Kopf auf dem Hals sitzt (vgl. dagegen Storch und Kranich). Juv. sind allgemein dunkler als Altvögel, Gesicht und Hals braungrau bis grau; Schnabel bräunlich, Beine dunkler als bei Altvögeln. **Stimme:** Im Flug rauhes, weithin hörbares »krähk« oder »chark«; in den Kolonien gackernde und krächzende Laute von Jung- und Altvögeln. **Lebensraum:** Zur Nahrungssuche an seichten Ufern von Flüssen, Seen, Flußmündungen oder auch Kleingewässern; ferner in Sümpfen, Feuchtgebieten aller Art, vor allem im Herbst auch auf Wiesen und Äckern. Die Nester stehen mitunter weit vom Wasser entfernt in Gehölzen oder größeren Waldstücken. **Vorkommen:** Jahresvogel und Teilzieher; im Tiefland Mitteleuropas verbreiteter Brutvogel, im Norden häufiger als im Süden. Nach starkem Rückgang durch intensive Verfolgung haben sich die Bestände in den meisten Gebieten wieder erholt; manche Kolonien jedoch durch Störungen aller Art gefährdet. Die Jungen verlassen gleich nach dem Flüggewerden das Brutgebiet und sind daher schon im Hochsommer an günstigen Nahrungsplätzen anzutreffen; im Winter ziehen viele Reiher ab, regelmäßig überwintern nur in milden Gebieten größere Trupps.

Graureiher stehen oft stundenlang ruhig im Seichtwasser oder auf einer Wiese, ruhen dabei mit eingezogenem Kopf oder lauern geduldig mit ausgestrecktem Hals auf Beute. Langsam schreitend gehen sie die Jagdgründe ab. Die Beute wird durch blitzschnelles Zustoßen mit dem Schnabel gepackt oder aufgespießt. Die Hauptnahrung besteht aus Fischen; daher zählt der Graureiher zu den ständig verteufelten Fischerei»schädlingen«, auch dort, wo er nachweislich gar keinen Schaden anrichten kann. Daneben werden Frösche, Wühlmäuse und andere Kleinsäuger, Reptilien und sogar große Insekten erbeutet. Die Nester stehen in Mitteleuropa meist auf Bäumen in kleinen Gruppen oder größeren Kolonien; Graureiher brüten aber auch im Schilf oder auf Felsen. Brutzeit Februar–August; 1 Jahresbrut.

größer
Haushuhn
bis
Schwan

Kormoran S. 176; Kranich S. 172

Mantelmöwe
Larus marinus

Möwen, Laridae. **Kennzeichen:** Größte einheimische Möwe, noch etwas größer als Silbermöwe; wirkt schwerfällig und fliegt mit schweren, reiherähnlichen Flügelschlägen. Größer als Heringsmöwe (s. unten), relativ breitere Flügel und kürzere Beine; mächtiger Schnabel. Bei Altvögeln Rücken und Oberflügel schwarz; schmaler weißer Hinterrand und kleiner weißer Fleck vor der Flügelspitze. Körper weiß, Unterflügel überwiegend hell (Armschwingen jedoch dunkel); Schnabel blaßgelb, mit rotem Fleck; Beine fleischfarben (Heringsmöwe gelb). Juv. mit überwiegend braunen Flügeln, Körper weiß; weißer Schwanz mit breiter brauner Schwanzendbinde. Ab dem 2. Jahr werden zunächst der Rücken, dann auch die Oberflügel zunehmend dunkler; ab dem 3. Jahr sind die Vögel fast ausgefärbt. **Stimme:** Tiefer als Silber- und Heringsmöwe »ouk« und tiefe »ga ga ga...«. **Lebensraum:** Küstenvogel, der nur selten ins Binnenland kommt; zusammen mit anderen Großmöwen an Flach- und Steilküsten, Müllabladeplätzen nahe am Meer, mitunter auch weiter draußen auf See. **Vorkommen:** Regelmäßiger Gast zu allen Jahreszeiten an der Küste Mitteleuropas; im Binnenland nur einzeln und meist ausnahmsweise.

Mantelmöwen sind an den Küsten Mitteleuropas meist nur in kleineren Trupps oder einzeln anzutreffen; ihre Brutplätze liegen in Nord- und Nordwesteuropa. Ihre Nahrung ist wie die aller Großmöwen sehr vielseitig und besteht aus Fischen und anderen Meerestieren, Abfällen, Aas und auch Wirbeltieren.

Heringsmöwe
Larus fuscus

Möwen, Laridae. **Kennzeichen:** Unter den drei häufigen Großmöwen an der Küste ist die Heringsmöwe die kleinste; die Größenunterschiede sind allerdings meist nur im direkten Vergleich sicher zu erkennen. Im Vergleich zur größeren Mantelmöwe ist der Körper schlanker, Schnabel und Beine sind relativ länger, Flügel schmaler. Bei den meisten Heringsmöwen sind Rücken und Oberflügel nicht schwarz, sondern nur dunkel schiefergrau (in Nordeuropa sind die Altvögel allerdings ebenso dunkel wie Mantelmöwen). Schnabel gelb, mit rotem Fleck an der Spitze; Beine gelb (vgl. Mantelmöwe). Bei juv. Rücken und Oberflügel dunkler als bei Silbermöwe, auch Kopf ziemlich dunkelbraun; breite schwarzbraune Schwanzendbinde; Schnabel dunkel. Im Lauf der folgenden 2 Jahre werden Körper und Kopf immer heller bzw. weiß, Oberflügel und Rücken dagegen dunkler; etwa ab dem 3. Jahr sind die Vögel ausgefärbt. **Stimme:** Jauchzend »kiu kiu kiu...«, tiefer als Silbermöwe; bei Gefahr tief »ga ga ga...«. **Lebensraum:** Küstenvogel, einzeln auch an großen Binnengewässern. **Vorkommen:** Jahresvogel an der Nordseeküste und weniger häufig an der Ostsee; einzelner Gast, vor allem zu den Zugzeiten, im Binnenland bis an den Alpenrand.

Heringsmöwen sind an der Küste gesellig und halten sich auch zu anderen Großmöwen. Ihre Nahrung ist vielseitig und besteht u. a. aus land- und wasserbewohnenden Kleintieren, Abfall, Aas, Pflanzenmaterial. Die Nester sind ausgekleidete Bodenmulden und stehen meist in Kolonien, oft auch im Anschluß an Brutkolonien anderer Seevögel. Brutzeit Mai–Juli; 1 Jahresbrut.

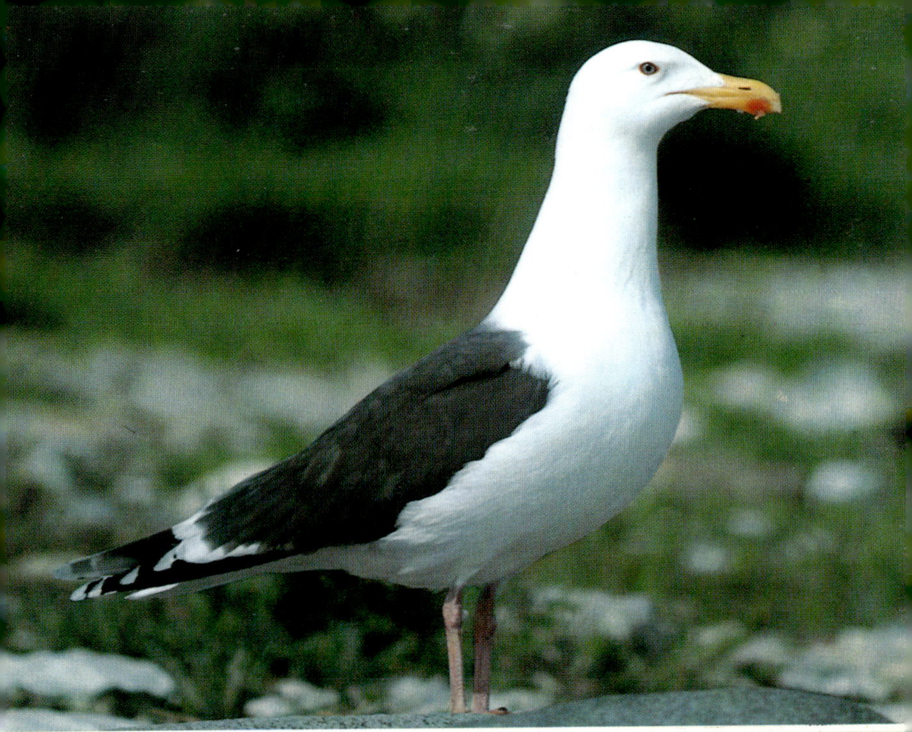

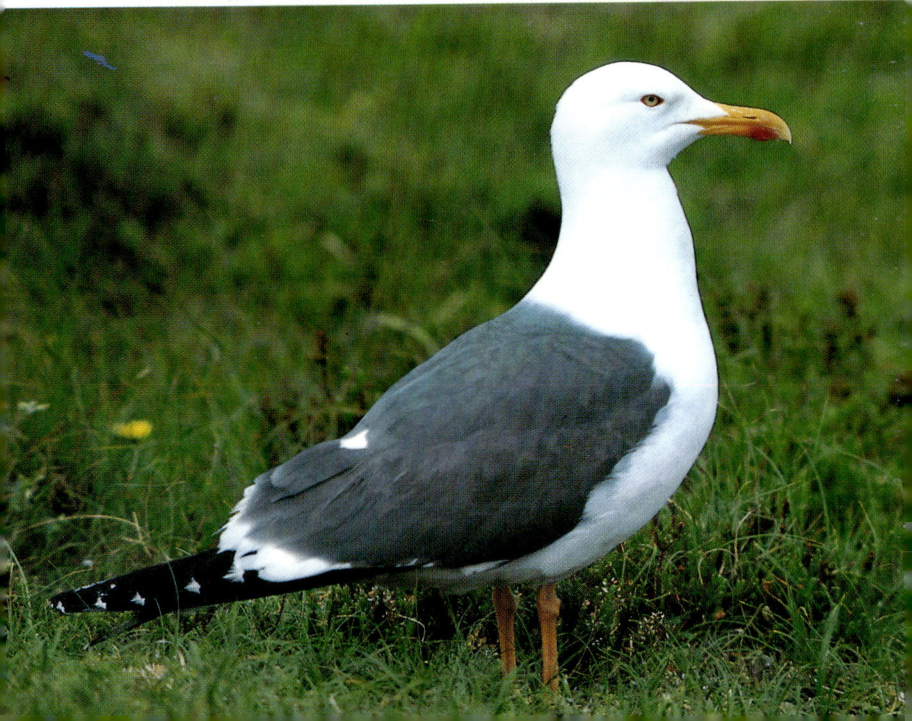

Gänsesäger

Mergus merganser

Foto: oben ♂ , unten ♀

R 1

Entenvögel Anatidae. **Kennzeichen:** Großer schlanker Tauchvogel mit schmalem Schnabel, der auf den ersten Blick keineswegs an eine Ente erinnert. ♂ im Prachtkleid überwiegend weiß, scharf abgesetzter schwarzgrüner Kopf, der durch verlängerte Hinterkopffedern dick und gerundet wirkt. Brust und Flanken mit zart rötlichem Hauch. Rücken schwarz; im Flug äußere Flügelhälfte und vorderer Flügelrand ebenfalls schwarz; Hinterende des Körpers oben und unten grau; Schnabel leuchtend rot. ♀ überwiegend grau bis blaugrau, Kopf und Oberhals rotbraun, weiße Kehle und weiße Brust deutlich abgesetzt (beim ähnlichen, aber kleineren und im Binnenland selteneren Mittelsäger gehen Rotbraun des Halses, weiße Partien und Grau des Körpers ineinander über). Verlängerte Hinterkopffedern bilden einen braunen Schopf; Schnabel stumpf rot. Im Sommer ist die Federhaube kürzer. Im Flug grauer Flügel mit kleinem weißem Flügelfeld am inneren Hinterrand; Außendrittel dunkel. ♂ im Schlichtkleid, das sie etwa von Juni bis November tragen, sind von ♀ kaum zu unterscheiden (Rücken dunkler, Flanken und Unterseite heller). Juv. wie ♀ , doch Farben weniger deutlich voneinander abgesetzt, Federhaube undeutlicher. **Stimme:** Im Flug Rufe wie »karr karr«, sonst wenig zu hören. Bei der Balz ♂ quakend »darr-dorr darr-dorr . . .«, ♀ laut »kokokok . . .« oder »karr karr . . .«. **Lebensraum:** Brutvogel an Flüssen und Seen mit baumbestandenen Ufern, auch an der Küste; im Winterhalbjahr nicht selten auf größeren Binnengewässern aller Art und an der Küste. **Vorkommen:** Jahresvogel; seltener Brutvogel im Alpenraum und dem Alpenvorland sowie in der Seenplatte im Norden Mitteleuropas. Als Wintergast regelmäßig, z.T. auch in größerer Zahl, an der Küste und auf Seen und Flüssen.

Säger sind auf Fischfang spezialisierte Enten und daher nicht nur hervorragende Taucher, sondern auch durch ihren Schnabelbau an ihre Lebensweise angepaßt: Der Name Säger bezieht sich auf die feine Zähnelung am Rand des langen, dünnen Schnabels, der in einem nach unten gebogenen Haken endet. So kann die schlüpfrige Beute besser festgehalten werden. Durch Verfolgung als Fischfeind, aber vor allem auch durch Zerstörung des Lebensraumes als Folge der Verbauung der Flüsse und Seeufer sind die kleinen Brutbestände Mitteleuropas stark zurückgegangen. Neuerdings zeichnet sich eine Erholung ab; Schutzmaßnahmen und möglicherweise Zunahme an kleinen Weißfischen als Folge der Verschmutzung von klaren Alpenseen haben sich offenbar günstig auf das Überleben des immer noch gefährdeten Vogels ausgewirkt. Die Wintergäste auf den Binnengewässern und an der Küste stammen meistens aus Nord- und Osteuropa. Die Nester werden in Baumhöhlen oder Felsspalten nicht weit vom Wasser entfernt angelegt; man hat sie auch schon unter Bootshütten gefunden. Wie die Schellente nehmen auch Gänsesäger große Nistkästen an. Brutzeit April–Mitte Juni; 1 Jahresbrut.

größer
Haushuhn
bis
Schwan

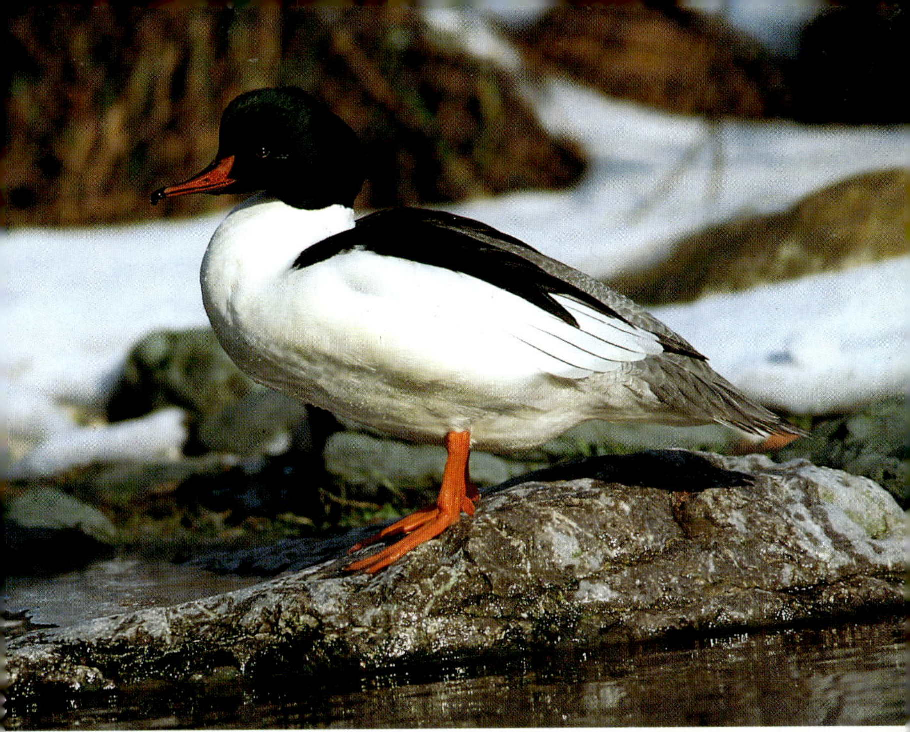

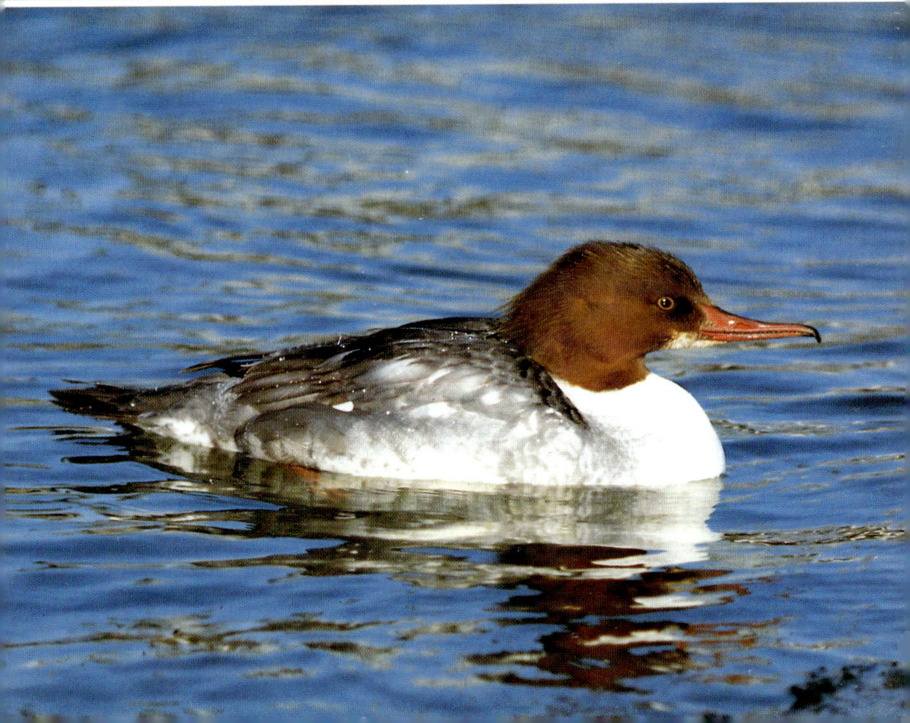

Mäusebussard
Buteo buteo 　　　　　　　　[N] S.214　[S] S.224

Greifvögel, Accipitridae. **Kennzeichen:** Großer Greifvogel mit breiten Flügeln, breitem Schwanz, dickem Kopf und kurzem Hals. Färbung kann variieren. Normalerweise Oberseite dunkelbraun und undeutliche helle Stelle an der Basis der Handschwingen. Unterseite ebenfalls dunkelbraun, an der Kehle meist aufgehellt und auch unter dem Schwanz heller. Es gibt aber auch Bussarde mit weitgehend hellen Köpfen und heller, dunkel gefleckter Unterseite oder heller Schwanzwurzel. Im Flugbild Unterflügel meistens hell, mit breitem dunklem Hinterrand und schwarzen Spitzen. Meist ist der Vorderflügel deutlich dunkler abgesetzt und am Ellenbogengelenk am dunkelsten. Sehr wichtig ist die typische Flugweise: Im Ruderflug werden meist ein paar kräftig schaufelnde Flügelschläge von einer kurzen Gleitstrecke abgelöst. Häufig sieht man Bussarde aber segeln oder gleiten; im typischen Segelflug sind die Flügelspitzen gespreizt und meist etwas nach oben gebogen; der gespreizte Schwanz ist deutlich abgerundet. **Stimme:** Hell und laut »hiäh« (Bussardruf kann vom Eichelhäher täuschend imitiert werden). **Lebensraum:** Jagt über offenem Land; Brutvögel in größeren Gehölzen oder im Wald nahe dem Rand. **Vorkommen:** Jahresvogel und Teilzieher in allen Teilen Mitteleuropas.

Nicht selten sitzen Bussarde auch niedrig auf Zaunpfosten oder Erdhügeln auf der Lauer; vor allem im Winter halten sie sich gern entlang viel befahrener Straßen. Ihre Hauptnahrung besteht aus Wühlmäusen und anderen Kleinsäugern (z.B. Kaninchen); daneben werden Reptilien, Großinsekten oder auch Jungvögel und Aas (z.B. Verkehrsopfer auf den Straßen) verzehrt. Daß der Mäusebussard für das Niederwild schädlich sein soll, ist ein völlig aus der Luft gegriffenes Jägerlatein, das aber immer wieder benützt wird, um Abschußgenehmigungen zu erhalten. Das Nest steht hoch auf Bäumen. Brutzeit April–Juli; 1 Jahresbrut.

Wespenbussard
Pernis apivorus　　　　　　Foto: ♂
　　　　　　　　　　　　[R] 3　[S] S.225

Greifvögel, Accipitridae. **Kennzeichen:** Schlanker als Mäusebussard. Im Flugbild länger hervorragender, kleiner Kopf, relativ schmale Flügel und langer schmaler Schwanz; im Segelflug werden die Flügelspitzen zwar gespreizt, doch nicht aufgebogen wie beim Mäusebussard. Trotz dieser Unterschiede sind die beiden Bussarde im Flug oft nicht leicht voneinander zu unterscheiden. Färbung sehr variabel; Oberseite braun bis braungrau; Unterseite dunkel oder auch mehr oder minder aufgehellt. Im Flügel und im Schwanz einige dunkle Querbinden; ähnlich Mäusebussard Vorderflügel von unten dunkel abgesetzt. Es gibt aber auch unterseits fast einfarbig helle Vögel; oft ist die hellere Unterseite kräftig dunkel gefleckt. Iris gelb (nicht dunkel wie bei Mäusebussard). **Stimme:** Rufe am Brutplatz pfeifend »pi-wi iuh« oder »pi-ü«. **Lebensraum:** Brütet in Laub- oder Mischwäldern, jagt meist im offenen Land. **Vorkommen:** Sommervogel; Mai–September, in vielen Teilen Mitteleuropas, aber überall sehr viel seltener als Mäusebussard.

Die Nahrung besteht aus Larven, Puppen und Imagines von Hummeln und Wespen, auch anderen Insekten und Kleintieren. Das Nest steht hoch auf Bäumen. Brutzeit Juni–August; 1 Jahresbrut.

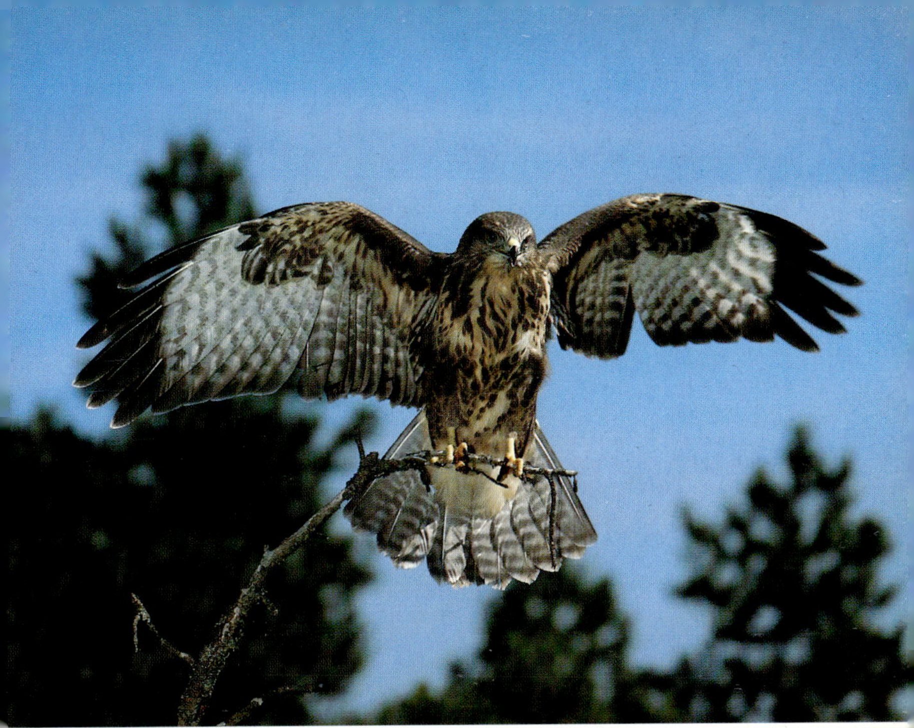

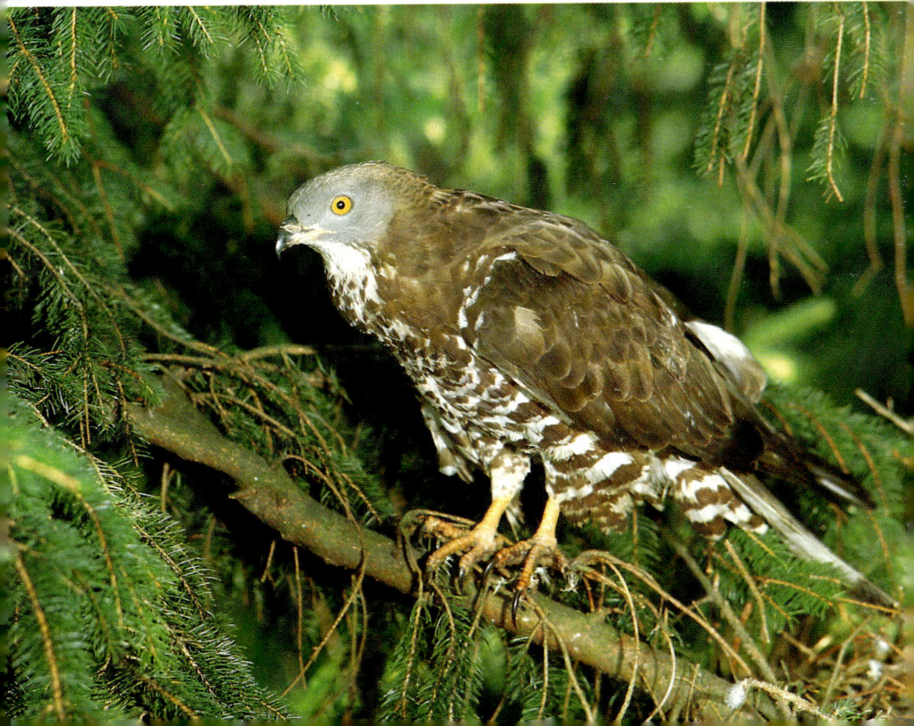

Silbermöwe

Larus argentatus

N S. 216 S S. 227

Möwen, Laridae. **Kennzeichen:** Häufigste Großmöwe an der Küste; ähnelt in der Färbung der deutlich kleineren Sturmmöwe (S. 170). Oberflügel und Rücken hellgrau; Flügelhinterrand weiß. Flügelspitzen schwarz, mit weißen Flecken. Schnabel gelb, mit orangefarbenem Fleck nahe der Spitze. Beine bei Vögeln an der Küste fleischfarben. Im Süden Mitteleuropas haben die im Binnenland auftauchenden Silbermöwen häufig gelbe Beine und sind oberseits etwas dunkler grau (sie werden daher auch als eigene Art Weißkopfmöwe, *Larus cachinnans,* von der Silbermöwe abgetrennt). Juv. (s. Foto unten) sind im 1. Jahr überwiegend braun, mit dunklem Schnabel, werden dann aber allmählich heller und gleichen erst im 3. Jahr den Altvögeln. Alle Großmöwen legen erst etwa im 4. Lebensjahr das typische Alterskleid an und werden dann geschlechtsreif. Man sieht also an der Küste neben ausgefärbten Großmöwen immer viele braune Vögel. Im 1. Jahr kann man die Jungen von Mantel-, Herings- und Silbermöwe kaum unterscheiden. **Stimme:** Das Jauchzen wird mit gehobenem Kopf, weit vorgestrecktem Hals und aufgerissenem Schnabel ausgestoßen und klingt etwa wie »kija kija kija kjaa kjau. . . . .kau« (wird immer schneller). Der am häufigsten zu hörende Ruf ist ein lautes »kiau«; bei Erregung im Stakkato »gagaga. . .«. Junge fiepen hoch und schrill »psiie«. **Lebensraum:** Steil- und Flachküsten, auch im küstennahen Binnenland an Gewässern oder auf Wiesen; im Winter viel in Küstenstädten; Brutvogel an der Küste oder auf Inseln. **Vorkommen:** Häufiger Jahresvogel an der Küste, neuerdings regelmäßig auch im Binnenland bis an den Alpenrand (z. T. hier aber wohl Vögel aus dem Mittelmeergebiet). Im Binnenland aber nicht regelmäßiger Brutvogel.

Die Brutbestände an der Küste haben im Lauf der Jahrzehnte stark zugenommen. Eine Übervermehrung ist aber nicht zu befürchten. Wie manche andere Möwenart hat auch die Silbermöwe als Allesfresser von der zunehmenden Verschmutzung unserer Umwelt profitiert. Besondere Anziehungspunkte sind große Müllkippen und Abfallberge. Eine Regulierung der Müllbeseitigung läßt auch Möwenbestände wieder abnehmen. In Seevogelschutzgebieten muß man auf die Vermehrung der Silbermöwe achten, um die Gefährdung anderer Arten durch Eierraub in Grenzen zu halten. Sonst aber sind Möwen keineswegs so gefährlich, wie ihnen immer wieder nachgesagt wird. Silbermöwen zählen zu den häufigsten Begleitern auslaufender Schiffe und sammeln sich mit anderen Großmöwen oft in riesiger Zahl um Fischereischiffe. Die Nester liegen in Kolonien auf Sand- oder Felsboden; neuerdings sind Silbermöwen auch als Brutvögel in die Stadt eingewandert und brüten z. B. auf Flachdächern. Brutzeit Ende April–Anfang Juli; 1 Jahresbrut.

größer Haushuhn bis Schwan

> **Rohrweihe S. 170; Schwarz- und Rotmilan S. 178; Sturmmöwe S. 170**

Seltene Arten

1 Sterntaucher *Gavia stellata*
Seetaucher, Gaviidae. Schlanker Tauchvogel mit spitzem Schnabel, der beim Schwimmen meist schräg nach oben zeigt; deutlich größer als Stockente. Oberseite hellgrau, mit vielen feinen weißen Tropfenflecken (die aus der Entfernung kaum zu sehen sind). Graue Kopfkappe, weiße Wangen und weißer Hals. Im Brutkleid viel dunkler, mit rötlicher Kehle (in Mitteleuropa jedoch kaum zu sehen). Regelmäßiger Wintergast, im Norden häufiger. Sehr ähnliche Arten (aber etwas größer und massiger) Prachttaucher *(G. arctica)* und Eistaucher *(G. immer)*.

2 Schwarzhalstaucher *Podiceps nigricollis* [R] 1
Lappentaucher, Podicipedidae. Etwas größer als Zwergtaucher (S. 120). Prachtkleid (Foto) schwarz, mit kastanienbraunen Flanken und goldgelben Ohrbüscheln; feiner, etwas aufgeworfener Schnabel. Schlichtkleid oberseits dunkel, Flanken weiß bis hellgrau, Hals und Wangen weiß. Nicht häufiger Brutvogel an Seen und Teichen; im Winter selten.

3 Rothalstaucher *Podiceps grisegena* [R] 3
Lappentaucher, Podicipedidae. Etwas kleiner als Haubentaucher (S. 152). Im Prachtkleid (Foto) Hals leuchtend rot, Kopfseiten weiß, dunkle Kopfkappe; Rücken braungrau, Flanken heller. Schlichtkleid mit weißem bis hellgrauem Vorderhals, ähnlich Haubentaucher, doch gedrungener; Schnabelwurzel gelb. Seltener Brutvogel im Nordosten Mitteleuropas, einzelner Gast auf Seen.

4 Zwergdommel *Ixobrychus minutus* [R] 1
Reiher, Ardeidae. Kleinster europäischer Reiher, nur etwa Hähergröße. ♂ (Foto) Oberkopf, Rücken, Schultern und Schwanz schwarz, Unterseite hell bräunlich; im Flug weißes ovales Flügelfeld. ♀ weniger kontrastreich, mehr braun. Lebt versteckt im Schilf; Zugvogel. Sehr gefährdeter Brutvogel an verschilften Binnengewässern.

5 Rohrdommel *Botaurus stellaris* [R] 1
Reiher, Ardeidae. Gut bussardgroß, gedrungen. Tarnfarbiges Gefieder: Grundfarbe braun, mit dunkler Bänderung und Streifung; Kopfkappe und Bartstreif schwarz. Lebt versteckt im Schilf; bei Gefahr »Pfahlstellung« mit senkrecht nach oben gestrecktem Kopf (Foto). »Gesang« des ♂ tief »(ü)-pruhmp« (»Moorkuh«). Zugvogel, wenige überwintern auch in Mitteleuropa. Seltener Brutvogel in großen Schilfbeständen, im Norden häufiger als im Süden.

6 Nachtreiher *Nycticorax nycticorax* [R] 4
Reiher, Ardeidae. Gedrungener kleiner Reiher, Gestalt ähnlich Rohrdommel. Kopf und Rücken schwarz, Flügel, Bürzel und Schwanz bläulichgrau; Stirn, Gesicht und Unterseite weiß; 2–3 weiße Nackenfedern. Juv. Oberseite dunkelbraun, mit weißen Flecken (können mit Rohrdommel verwechselt werden). Dämmerungsaktiv; sitzt tagsüber in dichten Bäumen. Ruf rauh »quak«. Sehr seltener Brutvogel im Süden; Zugvogel.

7 Spießente *Anas acuta* [R] 2
Entenvögel, Anatidae. Größe etwa Stockente, doch schlanker. ♂ Prachtkleid schwarzweiß, mit braunem Kopf und langem Schwanzspieß; auch im Schlichtkleid und beim ♀ spitzes Hinterende. Seltener Brutvogel im Norden; regelmäßiger Durchzügler und Wintergast, vor allem nahe der Küste.

Seltene Arten

1 Knäkente *Anas querquedula* [R] 2
Entenvögel, Anatidae. Neben Krickente (S. 144) die kleinste mitteleuropäische Ente. ♂ Prachtkleid (Foto) Kopf, Hals und Brust dunkelbraun, Rücken schwarzbraun. Weißer gebogener Streifen über dem Auge, Flanken hellgrau. Schlichtkleider und ♀ von der Krickente kaum zu unterscheiden. Im Flug grünlicher Flügelspiegel. Rufe des ♂ hölzern »klerrb«. Seltener Brutvogel in Feuchtgebieten und Binnengewässern; Zugvogel (März–Oktober).

2 Schnatterente *Anas strepera* [R] 3
Entenvögel, Anatidae. Etwas kleiner als Stockente (S. 160). ♂ graubraun; Hinterende tiefschwarz, Schnabel bleigrau. ♀ sehr ähnlich Stockente. Im Flug bei ♂ und ♀ auffallender weißer Flügelspiegel; Bauch weiß. ♂ tiefe Laute und hohes Pfeifen. Seltener Brutvogel an Binnenseen und Fischteichen, Gast zu den Zugzeiten; überwiegend Zugvogel, im Winter meist nur wenige.

3 Löffelente *Anas clypeata* [R] 2
Entenvögel, Anatidae. Kleiner als Stockente (S. 160), gedrungen und beim Schwimmen Kopf meist eingezogen; breiter, löffelförmiger Schnabel. ♂ im Prachtkleid außerordentlich bunt: Dunkelgrüner Kopf, weiße Brust, kastanienbrauner Bauch, Rücken und Hinterende schwarz; blauer Vorderflügel im Flug sichtbar. ♀ braun, Gestalt aber typisch; Flügelzeichnung verwaschener als bei ♂. Seltener Brutvogel an Binnenseen und Fischteichen, Gast vor allem im Frühjahr und Herbst; Zugvogel, im Winter selten.

4 Saatgans *Anser fabalis*
Entenvögel, Anatidae. Sehr ähnlich Graugans (S. 180), Kopf, Hals und Vorderflügel (im Flug wichtiges Kennzeichen) aber deutlich dunkler; Schnabel schwarz, mit mehr oder minder deutlichen orangefarbenen Abzeichen; Beine orangefarben. Rufe zwei- und dreisilbig. Wintergast in großen Scharen an der Küste, im Binnenland viel seltener und meist nur an wenigen Orten regelmäßig.

5 Singschwan *Cygnus cygnus*
Entenvögel, Anatidae. Schlanker als Höckerschwan (S. 180), flache Stirn, ohne Schnabelhöcker; Hals beim Schwimmen meist gerade, Flügel werden flacher gehalten. Schnabel schwarz, mit keilförmigem gelbem Abschnitt bis unter die Nasenlöcher. Beim sehr ähnlichen Zwergschwan *(Cygnus columbianus)* ist das Gelb weniger weit ausgedehnt. Trompetenartige Rufe. Wintergast im Norden, tiefer im Binnenland selten, aber an einigen Stellen regelmäßig.

6 Eiderente *Somateria mollissima*
Entenvögel, Anatidae. Große, gedrungene Tauchente mit abgeschrägtem Stirnprofil. ♂ im Prachtkleid weiß, Oberkopf, Flanken, Bauch, Hinterende und der größte Teil des Flügels schwarz; grünlicher Fleck am Hinterkopf; in den Flanken runder weißer Fleck. ♂ Schlichtkleid schwarzbraun, Rücken weiß (im Schwimmen höchstens teilweise zu sehen). ♀ braun, mit feiner dunkler Strichelung und Fleckung; typisches Kopfprofil in allen Kleidern wichtiges Kennzeichen. Junge ♂ tragen im weißen Gefieder mehr oder minder ausgedehnte schwarze Fleckung. Brutvogel an der Küste und dort auch regelmäßiger Gast zu allen Jahreszeiten; im Binnenland sehr selten und nur auf großen Seen und Stauseen regelmäßiger Wintergast.

1

2

3

4

5

6

Seltene Arten

1, 2 Wiesenweihe *Circus pygargus* ☐R☐ 1
Greifvögel, Accipitridae. Viel schlanker als Rohrweihe (S. 170). ♂ (Foto 1) Oberseite graublau (dunkler als die sehr ähnliche Kornweihe, *Circus cyaneus*); schwarze, nach innen zulaufende Flügelspitzen und schwarzer Flügelstreif. Kopf und Kehle grau. Unterseite weiß, an den Flanken und auf den Unterflügeln rostfarben gestrichelt; zwei schwarze Flügelstreifen und schmaler schwarzer Flügelhinterrand. ♀ (Foto 2) braun, Unterseite heller, Schwanz gebändert; weißer Bürzel (von ♀ der Kornweihe kaum zu unterscheiden). Sehr seltener Brutvogel in feuchten Wiesen, manchmal Äckern; Zugvogel (Kornweihe auch im Winter).

3 Rauhfußbussard *Buteo lagopus*
Greifvögel, Accipitridae. Sehr ähnlich Mäusebussard (S. 188); Kopf immer ziemlich hell, Basis des Schwanzes weiß bis hell. Unterseite meist viel heller als bei Mäusebussard, oft breite schwarze Schwanzendbinde und deutliche schwarze Flecke am Ellenbogen; Bauch oder zumindest Flanken dunkel. Regelmäßiger Wintergast, vor allem im Osten und Norden.

4 Fischadler *Pandion haliaetus* ☐R☐ 0
Greifvögel, Accipitridae. Größer als Mäusebussard (S. 188); lange, schlanke, oft etwas gewinkelte Flügel. Unterseite weiß, helles, oft undeutliches rotbraunes Brustband. Oberseite dunkelbraun, weißer Hinterkopf und Nacken, kurze Federhaube. Von unten Flügelspitzen, Ellenbogenflecke und Flügelband schwarz. Jagt über dem Wasser im Stoßflug nach Fischen. Regelmäßiger Gast.

5 Steinadler *Aquila chrysaetos* ☐R☐ 1
Greifvögel, Accipitridae. Groß und dunkel, mit breiten, an der Spitze gefingerten Flügeln; im Flugbild Schwanz und Kopf relativ lang. Oberkopf oft heller; Jungvögel haben noch bis ins 4. Jahr weiße Flügelfenster und weiße Schwanzwurzel. Brutvogel in den Alpen, sonst Ausnahmegast.

6 Wachtelkönig *Crex crex* ☐R☐ 1
Rallen, Rallidae. Kleiner hühnerartiger Bodenvogel. Oberseite braun, Unterseite gelbbraun; Flügel auffallend rotbraun. Rücken mit dunklen Federzentren gemustert. Selten zu sehen, daher Stimme wichtig. ♂ rufen schnarrend »rerrp rerrp«, vorzugsweise in Dämmerung oder nachts. Brutvogel in Feuchtgebieten und Wiesen; Zugvogel. Sehr gefährdet durch Lebensraumzerstörung.

7 Wasserralle *Rallus aquaticus* ☐R☐ 3
Rallen, Rallidae. Versteckt lebender Schilfvogel mit langem, etwas gebogenem Schnabel, der mindestens an der Basis rot ist. Oberseite olivbraun mit dunklen Federzentren, Kopf und Brust dunkel schiefergrau; Flanken schwarzweiß gebändert. Lange Zehen. Stimme »Schweinequieken« und lange »gek«-Reihen; Gesang »tjik tjik . . . tjürr«. Verbreiteter, aber nicht häufiger Brutvogel an verschilften Binnengewässern; Teilzieher.

8 Tüpfelsumpfhuhn *Porzana porzana* ☐R☐ 2
Rallen, Rallidae. Etwas kleiner als Wasserralle, kurzer Schnabel. Olivbraune Oberseite mit vielen weißen Tupfen und Kritzeln; ebenso die meist etwas hellere Unterseite. Grüne Beine, lange Zehen. ♂ ruft schneidend »huitt«. Sehr selten zu sehen; lebt im Schilf versteckt; verbreiteter aber seltener Brutvogel im Tiefland; Zugvogel.

Seltene Arten

1, 2 Auerhuhn *Tetrao urogallus*   R 1

Hühnervögel, Phasianidae. Größter europäischer Hühnervogel; breite Flügel, abgerundeter Schwanz. ♂ (Foto 1) dunkelblau bis schwarz, Flügel und Rücken dunkelbraun, an den Schultern weißer Fleck; bei der Balz gefächerter Schwanz und gesträubter Kehlbart. ♀ (Foto 2) rot- bis graubraun, Oberseite dicht schwarz gebändert. Balzgesang des ♂ mit verschiedenen Abschnitten, die als Knappen, Triller, Hauptschlag und Wetzen bezeichnet werden. Sehr gefährdeter Brutvogel in naturnahen Nadel- und Mischwäldern, heute vor allem in Bergländern noch Restbestände. Gefährdung durch Lebensraumveränderung und Störung durch Freizeit- und Erholungsbetrieb. Nest am Boden; Brutzeit Ende April–Juni. Standvogel. Nahrung: Pflanzenteile, Beeren, Insekten (im Winter vor allem Koniferennadeln).

3, 4 Birkhuhn *Tetrao tetrix*   R 1

Hühnervögel, Phasianidae. Deutlich kleiner als Auerhuhn, Schwanz entweder mit sichelförmig nach außen gebogenen Außenfedern (♂) oder schwach gegabelt (♀). ♂ (Foto 3) Oberseite blauschwarz, Flügel braunschwarz, Unterseite schwarz, doch Unterflügel und Unterschwanzdecken weiß; im Flug deutlicher weißer Flügelstreifen. ♀ (Foto 4) rotbraun, oberseits schwarz, unterseits braunschwarz quergebändert. ♂ balzen gemeinsam auf einer offenen Arena am Boden. Stimme: ♂ Kullern und Zischen. Sehr gefährdeter Brutvogel der letzten größeren Moorreste im Tiefland und der Krummholzzone im Hochgebirge; im Tiefland durch Zerstörung der Moore in vielen Gebieten ausgestorben; Standvogel. Nest am Boden; Brutzeit Mai–Juli. Nahrung: Pflanzenteile, Beeren und juv. vor allem Insekten.

5 Haselhuhn *Bonasa bonasia*   R 1

Hühnervögel, Phasianidae. Größe etwa Rebhuhn (S. 168); relativ langer, leicht gerundeter Schwanz; beim Auffliegen typisches Flügelburren; in Erregung kleine Federholle (s. Foto). Oberseite überwiegend grau und braun, mit sehr abwechslungsreicher Zeichnung; Schwanz mit breiter dunkler Endbinde, die in der Mitte unterbrochen ist. Unterseite weiß, dicht mit großen schwarzen Tropfenflecken besetzt; Flanken grob schwarz und rotbraun gezeichnet. ♂ mit schwarzer, ♀ mit heller Kehle. Stimme: Leise und hohe Pfiffe. Brutvogel in unterholzreichen Laub- und Mischwäldern mit dichter Kraut- und Hochstaudenschicht; in vielen Gebieten durch Lebensraumveränderung ausgestorben; heute im wesentlichen auf Mittelgebirge und die Alpen beschränkt; lebt versteckt und heimlich; Standvogel. Abwechslungsreiche Pflanzennahrung; Insekten.

6, 7 Alpenschneehuhn *Lagopus mutus*   R 4

Hühnervögel, Phasianidae. Im Sommer (Foto 7) dunkel graubraun (♀ mehr gelbbraun) mit lebhafter dunkler und hellerer Gefiederzeichnung. Flügel, Bauch und Fußbefiederung weiß. Im Herbst und Frühjahr (Foto 6) mehr oder minder stark weiß gefleckt. Im Winter ganz weiß, nur die meisten Schwanzfedern bleiben schwarz. ♂ meist deutliche rote Überaugenwülste (»Rosen«). Brutvogel in den Alpen oberhalb der Krummholzstufe; oft recht zutraulich, aber wegen seiner Tarnfarbe schwer zu sehen. Im Flug sind die weißen Flügel zu allen Jahreszeiten ein sicheres Kennzeichen. Standvogel, der sich im Winter auch in den Schnee gräbt. Abwechslungsreiche Pflanzennahrung.

Seltene Arten

1, 2 Seeregenpfeifer *Charadrius alexandrinus* ⓡ 2
Regenpfeifer, Charadriidae. Ähnlich Flußregenpfeifer (S. 98), aber etwas kleiner. Schnabel und Beine schwärzlich, kein durchgehendes dunkles Halsband, sondern nur seitliche Brustflecken, die beim ♂ (Foto 1) schwarz, beim ♀ (Foto 2) hellbraun sind. ♂ zudem mit schwarzer Kopfzeichnung. Läuft mit sehr schnellen Trippelschritten auf dem Watt. Brutvogel an der Küste, im Binnenland nur Ausnahmegast; Zugvogel, nur ganz wenige überwintern. Eier werden in eine flache Sandmulde gelegt. Brutzeit Ende April–Juli.

3 Grünschenkel *Tringa nebularia*
Schnepfenvögel, Scolopacidae. Langbeiniger Wasserläufer; Oberseite meist mehr oder minder hellgrau, Unterseite weiß; größer und heller als Rotschenkel (S. 124). Kräftiger, leicht aufgebogener grünlichgrauer Schnabel, grünliche Beine. Einfarbig dunkle Flügel; auf der Oberseite im Flug keilförmiges weißes Feld dem Hinterrücken. Sehr typisch ist die Stimme: Rufe beim Auffliegen laut »kjük-jük-jük«, härter als Rotschenkel. Regelmäßiger Durchzügler im Frühjahr und Herbst an der Küste und an See- und Flußufern des Binnenlandes.

4 Bruchwasserläufer *Tringa glareola* ⓡ 1
Schnepfenvögel, Scolopacidae. Kleiner und zierlicher Wasserläufer; Schnabel relativ kurz, Beine grünlich; langbeiniger als Flußuferläufer (S. 98). Oberseite dunkelbraun mit heller Zeichnung bzw. Fleckung; Unterseite weißlich. Rufe beim Auffliegen schnell und hastig »giff giff giff«. Sehr seltener Brutvogel in einigen Moorgebieten im Norden Mitteleuropas; regelmäßiger und teilweise häufiger Durchzugsgast im Frühjahr und Spätsommer auf Schlammflächen aller Art.

5 Alpenstrandläufer *Calidris alpina* ⓡ 1
Schnepfenvögel, Scolopacidae. Gedrungener, relativ kurzbeiniger, etwa lerchengroßer Watvogel. Im Sommer Oberseite lebhaft rotbraun und grau; Unterseite weiß (feine Striche am Hals), mit einem mehr oder minder auffallenden schwarzen Bauchfleck, der im Schlichtkleid (zeitiges Frühjahr sowie ab Frühherbst fehlt). Beine schwarz, Schnabel manchmal leicht gebogen. Ruf rauh »trrüh«. Sehr seltener Brutvogel auf küstennahen Wiesen. Als Gast zu den Zugzeiten regelmäßig auf Schlammflächen im Binnenland; im Wattenmeer vor allem im Spätsommer und Herbst in riesigen Schwärmen.

6 Kampfläufer *Philomachus pugnax* ⓡ 1
Schnepfenvögel, Scolopacidae. Gedrungener Körper, relativ kleiner Kopf und kurzer Schnabel; ♂ deutlich größer als ♀. Oberseite braun, meist mehr oder minder deutlich schuppig gezeichnet; Unterseite weißlich bis rahmfarben; Beine meist orange. Feines weißes Flügelband, Schwanzseiten weiß. ♂ im Hochzeitskleid mit Halskrause und bunten Federn. Seltener Brutvogel im Norden, regelmäßiger Durchzügler auch im Binnenland; Zugvogel.

7 Waldschnepfe *Scolopax rusticola* ⓡ 3
Schnepfenvögel, Scolopacidae. Gedrungener Waldvogel, runde Flügel, langer Schnabel; dämmerungsaktiv. Überwiegend braun mit dunkler Querbänderung am Oberkopf, großes Auge; Unterseite heller, fein quergebändert. Heimlicher Brutvogel in naturnahen Waldgebieten; überwiegend Zugvogel.

Seltene Arten

1 Dreizehenmöwe *Rissa tridactyla* $\boxed{R}$ 4
Möwen, Laridae. Etwa sturmmöwengroß (S. 170). Rücken und Oberflügel hellgrau, schwarze Flügelspitze, Körper weiß. Schnabel grüngelb, Beine dunkel. Juv. mit dunklem Nackenband und einer W-förmigen schwarzen Zeichnung über Rücken und Oberflügel, dunkle Schwanzendbinde. Schwanz gerade abgeschnitten oder leicht gekerbt. Brutvogel auf Helgoland; regelmäßiger Gast an der Küste, im Binnenland nur ausnahmsweise.

2 Schwarzkopfmöwe *Larus melanocephalus* $\boxed{R}$ 4
Möwen, Laridae. Etwas größer als Lachmöwe (S. 138), kräftiger, etwas nach unten gebogener Schnabel. Im Sommer (Foto) schwarzer Kopf mit weißem Ober- und Unterrand der Augen; Flügel im Unterschied zur Lachmöwe so gut wie einheitlich weiß. Im 1. Sommer oft weiße Flecken am Kopf. Im Winter Kopf weiß, nur dunkler Fleck hinter dem Auge. Brutvogel Südeuropas; in Mitteleuropa Sommergast und einzelner Brutvogel in Möwenkolonien.

3 Zwergseeschwalbe *Sterna albifrons* $\boxed{R}$ 2
Seeschwalben, Sternidae. Kleinste Seeschwalbe Europas; im Sommer (Foto) schwarze Kopfplatte mit weißer Stirn; gelber Schnabel mit schwarzer Spitze. Im Herbst Oberkopf größtenteils weiß. Brutvogel an der Küste, im Binnenland nur sehr seltener Gast; Zugvogel.

4 Ziegenmelker *Caprimulgus europaeus* $\boxed{R}$ 2
Nachtschwalben, Caprimulgidae. Rindenfarbener, langflügeliger Dämmerungsvogel mit flachem Kopf und kurzem Schnabel. ♂ an den Flügelspitzen und Schwanzecken leuchtend weiße Marken. Gesang des ♂ ein minutenlanges schnelles Schnurren. Gefährdeter Brutvogel in trockenen und warmen Gebieten, vor allem Heideflächen und Kiefernwälder mit Lichtungen, Zugvogel (Mai–September). Eier werden auf den Boden gelegt. Jagt fliegende Insekten.

5 Rauhfußkauz *Aegolius funereus* $\boxed{R}$ 4
Eulen, Strigidae. Etwas größer als Steinkauz (S. 166); runder Kopf, schwarze Gesichtsumrahmung, Auge gelb. Oberseite graubraun, mit kräftigen weißen Flecken; Gesicht hell; Unterseite weiß und undeutlich dunkel gestreift. Gesang des ♂ melodisches »huhuhuhu. . .«. Brutvogel in naturnahen Nadelwäldern, vor allem im Bergland, Jahresvogel. Höhlenbrüter, der auch Nistkästen besiedelt. Nahrung: Kleinsäuger und Vögel.

6 Mittelspecht *Dendrocopos medius* $\boxed{R}$ 2
Spechte, Picidae. Ähnlich Buntspecht (S. 68), doch in allen Kleidern durchgehend rote Kopfplatte; helle Kopfseiten, schwarzer Bartstreif endet schon unter dem Auge, Streifen hinter dem Ohr unvollständig. Unterseite hell, Brustseiten dunkel gestrichelt, Unterschwanz und Bauch rosa, nach vorne gelblich. Ruf »güg« oder gereiht »gegege. . .«, auffälliges Quäken. Nicht häufiger Brutvogel im Tiefland (Eichen- und Auwälder); Jahresvogel.

7 Blaukehlchen *Luscinia svecica* $\boxed{R}$ 1
Sänger, Muscicapidae. Gestalt ähnlich Rotkehlchen (S. 88). Oberseite olivbraun, Brust und Bauch weiß, Schwanz an der Basis rotbraun. ♂ Kinn und Kehle leuchtend blau mit weißem Fleck; rotbraunes Brustband. ♀ Kehle weißlich mit schwarzer fleckiger Umrahmung, manchmal auch blaue Federchen erkennbar. Seltener Brutvogel in Feuchtgebieten; März–Oktober; gefährdet.

Seltene Arten

1 Beutelmeise *Remiz pendulinus* $\boxed{R}$ 3
Beutelmeisen, Remizidae. Kleiner, relativ langschwänziger Singvogel, der geschickt an Zweigen und Schilfhalmen turnt. Kopf grau, mit schwarzer Augenmaske; Rücken zimtbraun, Schwanz und Schwungfedern schwärzlich, Unterseite rahmfarben. Ruf durchdringend und hoch »zih«. Seltener Brutvogel am Wasser; kunstvolles Nest, meist an Pappeln und Weiden hängend. Zugvogel.

2 Berglaubsänger *Phylloscopus bonelli*
Grasmücken, Sylviidae. Ähnlich Waldlaubsänger (S.60), doch Oberseite graubraun und Kopf mehr oder minder grau; Flügelfeld, Bürzel und Schwanzseiten gelblichgrün; Unterseite weiß, Beine dunkelbraun. Gesang ein sehr charakteristischer klappernder Schwirrer (langsamer als bei Waldlaubsänger und ohne »zip«-Einleitung), Ruf gedehnt »djüi«. Häufiger Brutvogel in Wäldern der Alpen, im Alpenvorland und in manchen Mittelgebirgen; April–September.

3 Alpenbraunelle *Prunella collaris* $\boxed{R}$ 4
Braunellen, Prunellidae. Größe etwa Feldlerche (S.94); hell bräunlich-grauer Bodenvogel im Hochgebirge oberhalb der Baumgrenze. Rücken braun bis graubraun, Schultern mit rostbraunen Federrändern; Flügel braun, mit zwei weißen Fleckenreihen. Unterseite hellgrau, dunkel gefleckter Kehllatz, rotbraun gefleckte Flanken. Verbreiteter Brutvogel in den Alpen; Jahresvogel.

4 Rotkopfwürger *Lanius senator* $\boxed{R}$ 1
Würger, Laniidae. Auffälliger, bunt gefärbter Würger (vgl. Neuntöter, S.68); Oberseite schwarz bis schwarzbraun, Oberkopf und Nacken rotbraun; weiße Schultern und Flügelflecke, schwarzer Schwanz breit weiß gerandet. Bürzel und Unterseite weiß; schwarze bis braune Gesichtsmaske; Hakenschnabel. Verhalten ähnlich Neuntöter. Sehr seltener und gefährdeter Brutvogel in milden Gebieten Mitteleuropas; Zugvogel (Ende April–September).

5 Schneeammer *Plectrophenax nivalis*
Ammern, Emberizidae. Bodenvogel mit viel Weiß im Gefieder; in Mitteleuropa nur Wintergast, hauptsächlich im Norden. Oberkopf hell rötlichbraun, Rücken bräunlich geschuppt; weiße Flügelfelder, Flügelspitzen schwarz. Unterseite reinweiß. Oft in kleinen Trupps auf Ödflächen.

6 Karmingimpel *Carpodacus erythrinus*
Finken, Fringillidae. ♂ (Foto) Kopf, Brust und Bürzel leuchtend karminrot, Bauch weiß, Flügel und Schwanz braun. ♀ Oberseite hellbraun, Kopf grau, Unterseite fein dunkel gestreift. Einjährige ♂ oft noch grau oder nur etwas Rot am Kopf. Kräftiger Schnabel. Gesang weithin hörbares Pfeifen »ti-tie-ti-tie«. Brutvogel in locker stehenden Bäumen, vor allem in Wassernähe; Zugvogel (Mai–September); wandert derzeit in Mitteleuropa von Südosten her ein und ist in vielen Gebieten noch nicht regelmäßig zu beobachten.

7 Zitronengirlitz *Serinus citrinella* $\boxed{R}$ 4
Finken, Fringillidae. Kleiner, unauffälliger gelblichgrüner Finkenvogel der Alpen und einiger Mittelgebirge im Süden. ♂ (Foto) Gesicht und Unterseite gelbgrün, Oberkopf und Nacken grau. ♀ ähnlich, doch weniger gelblich. Rücken gelbgrün bis grünlich; Flügel dunkel, mit zwei gelblichgrünen Flügelbinden. Zwitschernder Gesang, oft im Singflug vorgetragen; Rufe leise wie »dit dit . . .«. Am Rand alpiner Fichtenwälder; Zugvogel (März–Oktober).

1 Brandgans *Tadorna tadorna* [H] S. 174
Alle Entenvögel sind typische Nestflüchter und tragen ein vollständiges Dunenkleid. Das der Brandentenküken ist besonders auffällig gezeichnet. Die Jungen werden bald nach dem Schlüpfen von beiden Eltern oder nur vom ♀ von der Bruthöhle zum nächsten Gewässer geführt; oft ist der Weg über Land lang. Im Gegensatz zu den Altvögeln können die Jungen bei Gefahr tauchen. Sie suchen ohne Hilfe der Eltern Nahrung. Mit etwa 8 Wochen sind sie selbständig; schon vorher bleiben sie immer länger allein. Die Jungen mehrerer Bruten können sich dabei auch zu regelrechten Kindergärten zusammenscharen. Bei Gänsen führt stets das Paar die Jungen, bei Enten nur das ♀.

2 Höckerschwan *Cygnus olor* [H] S. 180
Das Dunenkleid der Küken ist oberseits blaß graubraun, unterseits weiß. Vor allem bei Parkschwänen kommen auch rein weiße Junge vor; eine Brut kann auch gemischt sein. Zunächst werden die Jungen im Nest oder am Ufer gehudert; beim Schwimmen ruhen sie sich manchmal auf dem Rücken eines Altvogels aus. Beide Altvögel bewachen und verteidigen die Jungen. Mit etwa 5–6 Wochen sind die Dunen vollständig durch die Federn des Jugendkleides ersetzt. Die Familie bleibt aber noch bis in den Winter hinein zusammen.

3, 4 Teichhuhn *Gallinula chloropus* [H] S. 132
Alle Rallen tragen ein schwarzes Dunenkleid. Bei Teichhuhnküken (Foto 3) ist die Kopfoberseite fast kahl, die Haut über den Augen hellblau, am Scheitel rosa; Schnabel rot mit gelber Spitze. Nestflüchter; bleiben aber die ersten Tage im Nest; werden von beiden Eltern geführt und zunächst auch gefüttert. Mit etwa 5 Wochen sind sie im Jugendkleid (Foto 4) flügge, bleiben aber noch bei den Eltern. Junge Bläßhühner sind ganz ähnlich; an Kopf und Hals tragen die Dunen orangefarbene Spitzen; die Haut über den Augen ist ebenfalls blau und schimmert durch das sehr schüttere Dunenkleid; Schnabel rot mit weißer Spitze. Jugendkleid ist auf S. 156 beschrieben.

5 Kiebitz *Vanellus vanellus* [H] S. 128
Auch die Regenpfeifervögel sind reine Nestflüchter, die mit vollständigem Dunenkleid schlüpfen und nach wenigen Stunden bereits herumlaufen. Das Dunenkleid des Kiebitzes ist tarnfarben, oberseits graubraun und schwarz gefleckt; weißer Halskragen und schwarzes Nackenband. ♀ führt und hudert die kleinen Jungen, ♂ wacht. Auf Alarmrufe der Altvögel drücken sich die Jungen im Vertrauen auf ihre Tarnfarbe fest auf den Boden und können dabei leicht zertreten oder überfahren werden. Durch landwirtschaftliche Arbeiten gibt es bei Kiebitzen und anderen Wiesenbrütern daher oft hohe Jungvogelverluste. Die tarnfarbenen Küken sind kaum zu entdecken.

6, 7 Lachmöwe *Larus ridibundus* [H] S. 138
Das weiche Dunenkleid (Foto 6) ist oberseits rotbraun mit schwarzer Musterung. Die ersten Tage verbringen die Jungen im Nest, dann halten sie sich in Nestnähe auf und verstecken sich bei Gefahr in der Vegetation. Die Altvögel würgen das mitgebrachte Futter aus und füttern so die Jungen, die ihrerseits gegen die Schnabelspitze der Altvögel picken, um das Hervorwürgen der Nahrung auszulösen. Jungmöwen sind keine reinen Nestflüchter, da sie in Nestnähe bleiben. Mit 5–6 Wochen tragen sie das fertige Jugendkleid (Foto 7).

1

2

3

4

5

6

7

J Jungvögel

1 Turmfalke *Falco tinnunculus* Ⓗ S. 132
Falken haben zwei Dunenkleider; das erste dünnere und kürzere ist weiß. Das zweite mit pelzigen Dunen ist beim Turmfalken oberseits grau, unterseits etwas heller. Alle Greifvögel und Falken sind Nesthocker. Beim Turmfalken füttert das ♀ die Jungen, das ♂ jagt und trägt die Beute ein. Zwischen 12 und 20 Tagen wächst das Jugendgefieder (Foto) vollständig heran; inzwischen fliegt auch das ♀ zur Jagd und füttert; ab dem 22. Tag nehmen die Jungen selbständig Nahrung auf und nach dem 30. Tag etwa können sie fliegen, werden aber noch einige Zeit von den Altvögeln betreut.

2 Waldohreule *Asio otus* Ⓗ S. 164
Das Dunenkleid der Nestlinge ist weich, kurz und weiß. Zunächst füttert nur das ♀ die vom ♂ herbeigeschaffte Beute. Mit etwa 23–26 Tagen verlassen die Jungen das Nest. Jetzt beteiligt sich auch das ♀ an der Jagd. Die »Ästlinge« bleiben meist in der Krone hoher Bäume und sind abgesehen von ihren durchdringenden Rufen (vgl. S. 164) schwer zu entdecken. Eulenästlinge sind also eine normale Erscheinung und nicht etwa aus dem Nest gefallene hilflose Jungvögel. Man darf sie auch nicht nach Hause nehmen, um sie großzuziehen.

3 Waldkauz *Strix aluco* Ⓗ S. 164
Bei fast allen Eulen sind die Jungen einer Brut oft unterschiedlich groß. Zunächst werden die Jungen vom ♀ gehudert und gefüttert, während das ♂ jagt und Beute heranschafft. Mit etwa 4 Wochen klettern die Jungen ans Flugloch und verlassen dann die Bruthöhle. Dabei landen sie oft auf dem Boden und klettern dann nach oben oder hüpfen von Ast zu Ast, um einen höher gelegenen Sitzplatz zu erreichen; aus Nestlingen sind »Ästlinge« geworden. Sie werden dann noch etwa 2 Monate gefüttert.

4 Mauersegler *Apus apus* Ⓗ S. 118
Zunächst sind die frisch geschlüpften Nesthocker nackt. Bis etwa zur 2. Lebenswoche werden die Jungen von beiden Altvögeln gehudert. Erst mit 5–8 Wochen verlassen sie vollständig befiedert das Nest und sind dann gleich selbständig.

5 Kuckuck *Cuculus canorus* Ⓗ S. 130
Der Jungkuckuck schlüpft als nackter Nesthocker mit unterseits fleischfarbener und oberseits dunklerer Haut. Die Schnabelwülste sind gelb, der Rachen ist orangerot. Unmittelbar nach dem Schlüpfen werden die Eier und möglicherweise schon geschlüpfte Nestlinge der Wirtsvögel vom Jungkuckuck aus dem Nest geworfen. Nach etwa 20–23 Tagen verläßt der nun befiederte Jungvogel (Foto) das Nest und wird mitunter noch mehrere Wochen gefüttert. Der große orangerote Rachen ist auch jetzt noch ein auffälliges Merkmal.

6 Ringeltaube *Columba palumbus* Ⓗ S. 136
Nesthocker; schütteres, sehr grobhaariges Dunenkleid blaß gelblich; Kopf so gut wie kahl. Durchschimmernde Haut bläulichgrau. Schnabel mit breiten, zunächst hell fleischfarbenen Randwülsten. Mit etwas über 30 Tagen flügge.

7 Buntspecht *Dendrocopos major* Ⓗ S. 108
Nesthocker, schlüpft ohne Dunen. Die Jungen werden von beiden Altvögeln gehudert und gefüttert. Wenn die Jungen älter sind, hört man ihr Geschrei aus der Bruthöhle, die im Alter von 18–21 Tagen verlassen wird (Foto).

J Jungvögel

1 Elster *Pica pica* [H] S. 122

Als Nesthocker schlüpfen junge Elstern nackt. Zunächst müssen sie von den Altvögeln nicht nur gefüttert, sondern auch gehudert werden. Durch Erschütterung des Nestes und später durch den Anblick des fütternden Altvogels ausgelöst reißen die Jungen die Schnäbel weit auf, damit die Eltern das mitgebrachte Futter hineinstecken können. Dieses »Sperren« zeigen alle Singvogeljunge; dabei wird die lebhafte Farbe des Rachens sichtbar, für die Altvögel ein wichtiges Signal zur Fütterung. Oft wird die Rachenzeichnung noch durch farbige Schnabelwülste ergänzt. Der Rachen junger Elstern ist tief rosafarben, die Schnabelwülste sind blaßrosa. Die Jungen bleiben 22–25 Tage im Nest.

2 Feldlerche *Alauda arvensis* [H] S. 94

Das Dunenkleid der Nesthocker ist sehr locker, auf der Oberseite dichter und lang; Grundfarbe bräunlichgelb. Rachenfärbung mattgelb, Randwülste weiß. Die Jungen werden von beiden Altvögeln gefüttert und verlassen das Bodennest noch nicht flugfähig mit 9–10 Tagen; bei Gefahr drücken sich die Vögel in die Vegetation. Erst mit etwa 20 Tagen sind sie voll flugfähig.

3 Blaumeise *Parus caeruleus* [H] S. 44

Nesthocker; nur auf dem Kopf und an den Schultern wenige grauweiße Dunen. Rachenfärbung matt orangerot, Schnabelwülste mattgelb. Die Jungen werden von beiden Altvögeln versorgt; sie bleiben 17–20 Tage im Nest und werden dann noch einige Zeit von den Altvögeln gefüttert, ehe die Familie sich dann auflöst.

4 Tannenmeise *Parus ater* [H] S. 44

Nesthocker mit ziemlich langen grauen Dunen auf dem Rücken; Rachen orangefarben, Randwülste blaßgelb. Die Nesthocker der Singvögel schlüpfen mit geschlossenen Augen und können daher in den ersten Lebenstagen nichts sehen. Bei der Tannenmeise öffnen sich die Augen etwa nach einer Woche. Mit 16–19 Tagen verlassen die Jungen die Nesthöhle und werden noch etwa 2 Wochen lang von den Altvögeln gefüttert.

5 Kohlmeise *Parus major* [H] S. 78

Nesthocker; auf Kopf und Vorderrücken graue Dunen, Rücken spärlich mit Dunen besetzt; Rachen orangefarben, Randwülste blaßgelb. Junge öffnen mit 8–9 Tagen die Augen, werden von beiden Altvögeln betreut und verlassen mit 15–22 Tagen das Nest, werden dann noch mindestens 2 Wochen gefüttert.

6 Singdrossel *Turdus philomelos* [H] S. 102

Nesthocker; Dunen an Kopf und Rücken ziemlich lang und gelbbraun; Rachen gelb, Randwülste am Schnabel blaßgelb. Die Jungen werden von beiden Altvögeln gefüttert und bleiben etwa 13–16 Tage im Nest. Danach sind sie noch nicht voll flügge und werden noch 2–3 Wochen gefüttert.

7 Amsel *Turdus merula* [H] S. 114

Dunen oberseits hellgrau; Rachen gelb, Randwülste gelblichweiß. Die Jungen werden von beiden Altvögeln versorgt und bleiben etwa 13–15 Tage im Nest. Danach werden sie noch etwa 3 Wochen von den Eltern gefüttert. Beim Verlassen des Nestes sind Schwung- und Schwanzfedern noch nicht voll ausgewachsen (Foto).

J Jungvögel

1 Hausrotschwanz *Phoenicurus ochruros* ⬚H S.82
Nesthocker; lange, dichtstehende dunkelgraue Dunen an Kopf und Rücken; Rachenfärbung gelb, Randwülste am Schnabel rahmweiß. Die Jungen werden von beiden Altvögeln versorgt und bleiben 13–17 Tage im Nest. Wie bei vielen Singvögeln verlassen die Jungen das Nest oft schon vor Erreichen der Flugfähigkeit. Es ist falsch, solche scheinbar aus dem Nest gefallenen Jungvögel zur Pflege mit nach Hause zu nehmen. Sie werden von den Altvögeln noch bis zu ihrer Selbständigkeit betreut. Geraten noch nicht voll flugfähige Jungvögel auf die Straße oder an andere gefährliche Stellen, kann man sie in die Hand nehmen und an geschütztere Plätze in nächster Nähe setzen.

2 Gartenrotschwanz *Phoenicurus phoenicurus* ⬚H S.82
Sehr ähnlich Hausrotschwanz; mit dunkelgrauen, langen Dunen besetzt. Das Jugendkleid (Foto) ist deutlich heller als beim Hausrotschwanz. Die Jungen werden von beiden Altvögeln gefüttert und bleiben 13–15 Tage im Nest. Danach werden sie noch bis zu 2 Wochen gefüttert.

3 Rotkehlchen *Erithacus rubecula* ⬚H S.88
Nesthocker; Dunen an Kopf und Rücken ziemlich lang und schwärzlichgrau. Jugendkleid (Foto) braun gefleckt. Zunächst hudert das ♀ die Jungen und das ♂ bringt Futter (füttert auch das ♀); später füttern beide Altvögel. Die Jungen bleiben 12–15 Tage im Nest und werden dann noch eine zeitlang betreut; mitunter ist aber nur noch ein Altvogel bei ihnen.

4 Bachstelze *Motacilla alba* ⬚H S.68
Nesthocker; dunkelgraues Dunenkleid, das auf der Unterseite nur ganz dünn steht. Im Jugendkleid (Foto) zunächst noch kurzer Schwanz. Die Jungen werden von beiden Altvögeln gefüttert und verlassen das Nest nach etwa 13–16 Tagen. Wie bei den meisten Singvögeln werden sie dann noch einige Zeit von den Altvögeln betreut, ehe die Familie sich auflöst.

5 Stieglitz *Carduelis carduelis* ⬚H S.46
Nesthocker; dunkelgraue, ziemlich dicht stehende Dunen; Rachenfärbung rot bis purpurfarben, Randwülste rahmweiß. Die Jungen werden von beiden Altvögeln gefüttert und verlassen das Nest mit etwa 14–15 Tagen, werden aber mindestens noch eine weitere Woche von den Altvögeln betreut. Lebhaftes Bettelrufen der Jungen, die den Eltern dauernd hinterherfliegen, ist bei vielen Finkenvögeln ein wichtiger Hinweis auf eine glücklich ausgeflogene Brut. Oft kann man die Familie mit Jungen in der dichten Sommervegetation nur schwer sehen. Junge Stieglitze folgen ihren Eltern meist auf Stauden und Distelköpfe, junge Grünlinge halten sich dagegen in dichtem Laub verborgen.

6 Haussperling *Passer domesticus* ⬚H S.74
Nesthocker; keine Dunen; Rachen rosagelb, Schnabelwülste blaßgelb. Die Jungen werden von beiden Altvögeln (meist mit Insekten!) gefüttert und bleiben etwa 15–17 Tage im Nest. An frisch ausgeflogenen Jungspatzen kann man oft noch Reste der Schnabelwülste erkennen.

7 Buchfink *Fringilla coelebs* ⬚H S.72
Nesthocker; blaßgraue Dunen; Rachen tiefrot, Gaumen orangefarben, Schnabelwülste weiß. Die Jungen werden von beiden Altvögeln gefüttert und verlassen das Nest mit 13–14 Tagen.

1 Haubentaucher *Podiceps cristatus* H S. 152

Die schlanken Eier haben eine rauhe Schale und sind zunächst bläulichweiß; durch das verrottende Pflanzenmaterial des Nestes können sie später bräunlich werden. Das Gelege von 4 Eiern wird von beiden Altvögeln gemeinsam etwa 25–29 Tage bebrütet; beim Verlassen des Nestes werden die Eier oft mit Pflanzenmaterial zugedeckt.

2 Höckerschwan *Cygnus olor* H S. 180

Die großen, über 11 cm langen Eier sind blaß blaugrau oder hell grünlich getönt; ihre glatte Schale glänzt bei fortschreitender Bebrütung. Das Vollgelege besteht meist aus 5–7 Eiern; das ♀ brütet größtenteils allein etwa 34–38 Tage.

3 Stockente *Anas platyrhynchos* H S. 160

7–11 weißliche bis blaßgrüne Eier mit unterschiedlicher Tönung bilden das Vollgelege. Die Eier sind etwa 55–60 mm lang. Die Bebrütung beginnt meist mit dem letzten Ei; das ♀ brütet allein 26–29 Tage. Wenn in den Nestrand Dunen eingebaut sind, hat die Bebrütung meist schon begonnen. Beim Verlassen des Nestes deckt das ♀ die Eier mit Dunen und Nestmaterial zu.

4 Mäusebussard *Buteo buteo* H S. 188

Ein frisch bezogenes Nest wird meist mit grünen Zweigen ausgelegt. Die Eier werden im Abstand von 2–3 Tagen gelegt; Vollgelege 2–4 Eier. Die Eischale ist kalkweiß und mehr oder minder mit roten und braunen Flecken bedeckt. Die Brutdauer beträgt pro Ei etwa 33–35 Tage, für das Gelege über 40 Tage. Das ♀ brütet so gut wie allein.

5 Schwarzmilan *Milvus migrans* H S. 178

Milane tragen in das Nest vielfach Abfälle, wie Papier, Lumpen oder Plastik ein. Das Gelege besteht aus 2–3 mattweißen, bräunlich gesprenkelten Eiern, die überwiegend vom ♀ etwa 30 Tage bebrütet werden.

6 Turmfalke *Falco tinnunculus* H S. 132

Das Gelege besteht meist aus 4–6 kurzen und recht rundlich wirkenden Eiern, deren glanzlose Schale weiß oder rostfarben und meist stark rostbraun gefleckt ist, so daß die Grundfarbe verschwindet. Das ♀ brütet etwa 27–31 Tage; die Eier werden im Abstand von 1–2 Tagen gelegt.

7 Fasan *Phasianus colchicus* H S. 150

Das Gelege besteht meist aus 8–12 Eiern; mitunter liegen aber bis zu 20 Eier im Nest (Foto), die dann meist nicht von einem ♀ stammen. Die Farbe der Eischale ist einheitlich olivbraun bis grau, mehr oder weniger glänzend. Das ♀ brütet 23–24 Tage allein.

8 Teichhuhn *Gallinula chloropus* H S. 132

Das Vollgelege besteht aus 5–11 Eiern; größere Gelege stammen wohl meist von zwei ♀, die zusammen in ein Nest legen. Grundfarbe der Schale gelblichbraun, zahlreiche rötlichbraune und blaugraue Tupfen. Beide Altvögel brüten 19–22 Tage.

9 Bläßhuhn *Fulica atra* H S. 156

Vollgelege 5–10 (auch bis 15) Eier; Grundfarbe grau bis isabellfarben, mit vielen dunkelbraunen und schwarzen Tupfen besetzt. Beide Altvögel brüten etwa 21–24 Tage.

1 Kiebitz *Vanellus vanellus* [H] S.128
Das Vollgelege besteht so gut wie immer aus 4 kreiselförmigen bis ovalen Eiern, deren Schale ausgesprochen tarnfarben gezeichnet ist. Grundfarbe gelbbraun bis grau, kleine schwarze Punkte oder Kleckse, mitunter auch größere Flecken. Legeabstand zwischen 2 Eiern 1–2 Tage. Hauptsächlich das ♀ brütet 24–29 Tage.

2 Flußregenpfeifer *Charadrius dubius* [H] S.98
Das Vollgelege aus 4 Eiern ist meist nur schwer zu entdecken. Weißlichgraue bis sandfarbene Grundtönung und viele dunkle Punkte und Kritzel bilden gegenüber dem kiesigen Untergrund eine hervorragende Tarnung. Die Eier werden im Abstand von 2 Tagen gelegt; beide Altvögel brüten vom vorletzten Ei an 24–26 Tage.

3 Großer Brachvogel *Numenius arquata* [H] S.154
Die großen, ovalen bis kreiselförmigen Eier liegen immer mit der Spitze nach innen in der flachen Nestmulde. Das Vollgelege besteht aus 4 Eiern, deren Grundfarbe grünlich bis grau ist und die mit einer variablen dunklen Fleckenzeichnung bedeckt sind. Eilänge über 65 mm. Fast ausschließlich das ♀ brütet 26–30 Tage.

4 Silbermöwe *Larus argentatus* [H] S.190
Ähnlich wie die Watvögel haben auch die Möwen überwiegend tarnfarbene Eier. Das Gelege der Silbermöwe besteht aus 2–3 Eiern, die sehr unterschiedlich gefärbt sein können, aber fast immer dunkel gefleckt oder gezeichnet sind. Im Durchschnitt sind die Eier 69–70 mm lang. Legeabstand zwischen 2 Eiern 2–3 Tage; hauptsächlich das ♀ brütet vom 1.Ei an etwa 26 Tage.

5 Lachmöwe *Larus ridibundus* [H] S.138
Meist besteht das Vollgelege aus 3 Eiern. Während der Brutzeit kann noch Nestmaterial eingetragen werden. Färbung und Zeichnung der Eier ist außerordentlich variabel; selten kommen auch einfarbige Eier vor (besonders dort, wo die Eier der ersten Gelege regelmäßig abgesammelt werden). Eilänge etwa 51–52 mm. Eiablage täglich, beide Altvögel brüten vom letzten Ei an etwa 22–24 Tage.

6 Ringeltaube *Columba palumbus* [H] S.136
Alle mitteleuropäischen Tauben legen 2 weiße Eier, die bei der Ringeltaube etwa 40 mm lang sind. Legeabstand 1–2 Tage; beide Altvögel brüten etwa 15–17 Tage.

7 Waldohreule *Asio otus* [H] S.164
Meist werden alte Krähen- oder Elsternnester besetzt, da Eulen in der Regel keine eigenen Nester bauen. Die meist auffallend kurz-elliptischen Eier sind weiß. Das Vollgelege besteht häufig aus 4–6 Eiern; Legeabstand 2 Tage; das ♀ brütet vom 1. Ei ab etwa 27–28 Tage.

8 Schleiereule *Tyto alba* [H] S.166
Die Gelegegröße schwankt in Abhängigkeit vom Nahrungsangebot zwischen 3 und 10 Eiern; Legeabstand zwischen 2 Eiern 2 Tage oder mehr; das ♀ brütet allein. Die Jungen einer Brut sind stets unterschiedlich groß.

1

2

3

4

5

6

7

78

1, 2 Kuckuck *Cuculus canorus* [H] S.130

Die Eier sind meist etwas größer als die der Wirtsvögel (Foto 1: Heckenbraunelle, Foto 2: Gartengrasmücke) und ähneln ihnen in der Färbung oft, aber keineswegs immer. In der Regel liegt nur ein Kuckucksei im Nest; oft hat das Kuckucksweibchen bei der Eiablage mindestens ein Ei des Wirtsgeleges herausgenommen und verzehrt. Dies hat zu der falschen Vorstellung geführt, das Kuckucksweibchen würde sein Ei mit dem Schnabel ins oft recht kleine Nest des Wirtsvogels legen. Wieviel Eier ein Kuckucksweibchen in einer Brutzeit legt, ist nicht genau bekannt, wahrscheinlich 8–12, aber sicher auch mehr. Der Legeabstand beträgt meist 2 Tage. Die Bebrütungsdauer ist sehr kurz, nämlich nur 12,5 Tage, so daß der Jungkuckuck meist als erster schlüpft und dann die übrigen Eier aus dem Nest werfen kann.

3 Feldlerche *Alauda arvensis* [H] S.94

Auch bei manchen bodenbrütenden Singvögeln sind die Eier mehr oder minder tarnfarben. Das Vollgelege der Feldlerche besteht aus 3–5 Eiern; das ♀ brütet allein etwa 11–14 Tage.

4 Rauchschwalbe *Hirundo rustica* [H] S.68

Das im Unterschied zur Mehlschwalbe an freien Standorten meist im Inneren von Gebäuden angebrachte Nest ist eine oben offene Viertelkugel und besteht aus Lehm- und Erdbrocken, die mit Pflanzenteilen untermischt sind. Beide Altvögel bauen; Bebrütung der 4–5 weißen und spärlich punktierten Eier besorgt dagegen fast ausschließlich das ♀. Brutdauer 14–16 Tage.

5 Mehlschwalbe *Delichon urbica* [H] S.76

Das in der Regel außen an Gebäuden angebrachte Nest schließt nach oben ab, so daß nur ein Einflugloch übrig bleibt. Beide Altvögel bauen. Das Vollgelege besteht aus 4–5 weißen, mitunter mit feinen hellroten Punkten besetzten Eiern, die nur etwa 18 mm lang sind. Beide Altvögel brüten etwa 14–17 Tage lang.

6 Uferschwalbe *Riparia riparia* [H] S.50

In den weichen Boden wird von beiden Altvögeln ein 4–6 cm breiter und 60–80 cm langer Gang gegraben, der in einer erweiterten Nestkammer endet, die mit Halmen und Federn ausgelegt wird. Das Vollgelege besteht aus 4–5 weißen Eiern, die von beiden Altvögeln 12–16 Tage bebrütet werden.

7 Wasseramsel *Cinclus cinclus* [H] S.106

Das umfangreiche Nest steht fast immer nah am Wasser, mitunter sogar hinter einem Wasserfall, durch den die Altvögel bei jedem Anflug hindurchfliegen müssen. Am Bau sind beide Partner beteiligt. Wie bei vielen Vogelarten, die in Höhlen oder nach oben geschlossenen Nestern brüten, ist die Farbe der Eier reinweiß. Das Vollgelege umfaßt 4–6 Eier; Eiablage täglich; das ♀ brütet 15–17 Tage.

8 Kleiber *Sitta europaea* [H] S.78

Größere Höhlen werden bis auf ein kleines, der Körpergröße des Kleibers angepaßtes Flugloch verklebt (Foto). Damit sind dann größere Höhlenkonkurrenten (z.B. Stare) ausgeschlossen. Das Vollgelege besteht aus 5–8 weißen, zart rötlich gefleckten Eiern, die vom ♀ 14–18 Tage bebrütet werden.

1, 2 Rabenkrähe *Corvus corone* H S. 162

Umfangreiche Nester ohne Dach hoch oben in einer Astgabel (Foto 1) sind meistens Krähennester, die auch von Turmfalken, Baumfalken oder Waldohreulen besetzt sein können. Das Gelege (Foto 2) besteht meist aus 4–6 Eiern. Die Grundfarbe der Schale ist hellblau bis grünlich; die Oberfläche ist sehr variabel braun, dunkelgrün oder grau gefleckt und marmoriert. Die Eier sind etwa 40 mm lang. Das ♀ brütet 18–20 Tage allein und wird dabei vom ♂ gefüttert. Die Jungen werden von beiden Altvögeln gefüttert und verlassen erst mit 4–5 Wochen das Nest.

3 Elster *Pica pica* H S. 122

Elsternester sind leicht als kugelförmige Bauten in hohen Büschen und auf Bäumen von den Krähennestern zu unterscheiden. Das Dach ist aber meistens durchsichtig. 5–7 Eier umfaßt das Vollgelege. Der Schalengrund ist blaßblau bis grünlich und dicht mit olivbraunen oder grauen Flecken besetzt. Die Eilänge beträgt im Durchschnitt etwa 33 mm. Das ♀ brütet allein bereits nach der Ablage des ersten Eies; Brutdauer etwa 17–18 Tage.

4 Kohlmeise *Parus major* H S. 78

In Nistkästen sind Meisennester in der Regel am eingetragenen Moos von den Nestern anderer Höhlenbrüter zu unterscheiden. Das Vollgelege der Kohlmeise kann 6–11 Eier umfassen. Die kleinen Eier (nur etwa 18 mm lang) sind weiß und mit feinen rötlichen Punkten und Flecken besetzt. Alle Meiseneier sind sich sehr ähnlich. Das ♀ brütet allein und wird vom ♂ gefüttert. Die Brutdauer beträgt etwa 13–14 Tage.

5 Schwanzmeise *Aegithalos caudatus* H S. 40

Schon das umfangreiche Kugelnest, das stets frei in einer Astgabel steht, zeigt, daß die Schwanzmeise nicht in die nächste Verwandtschaft der höhlenbrütenden eigentlichen Meisen gehört. Das Vollgelege umfaßt 7–12 Eier, deren Schale weiß und höchstens mit sehr zarten Punkten gefleckt ist. Eilänge 14 mm. Das ♀ brütet fast ausschließlich und wird vom ♂ gefüttert; Brutdauer 12–14 Tage. Die Jungen werden von beiden Altvögeln gefüttert und verlassen das Nest nach etwa 18 Tagen. Dann bleibt die Familie oft noch längere Zeit beisammen.

6 Singdrossel *Turdus philomelos* H S. 102

Die Eier der Singdrossel zählen zu den auffälligsten Singvogeleiern. Ihre Schale ist hellblau bis türkisfarben und mit wenigen dunklen Klecksen oder Punkten besetzt. Das Gelege besteht meist aus 4–6 Eiern, die in der Regel nur vom ♀ etwa 12–13 Tage bebrütet werden. Das Nest ist innen mit einer Schicht aus Holz, Mull und Lehm ausgekleidet.

7 Amsel *Turdus merula* H S. 114

Das Gelege besteht aus 4–6 Eiern, deren Grundfarbe bläulichgrün ist. Meist bedecken viele hell rostrote Flecken und Kritzel die Oberfläche sehr dicht. Im einzelnen kann die Zeichnung sehr variieren. In der Regel brütet das ♀, das ♂ sitzt nur kurz auf den Eiern. Brutdauer 13–14 Tage.

8 Rotkehlchen *Erithacus rubecula* H S. 88

Die helle Schale der Eier ist unterschiedlich dicht mit rotbräunlichen und braunen Tönen überzogen. Vollgelege 5–6 Eier; das ♀ brütet 14 Tage.

1 Teichrohrsänger *Acrocephalus scirpaceus* H S.64

Das tiefe, in aufrecht stehende Halme geflochtene Körbchen enthält als Vollgelege 4–5 Eier, deren grünlichweiße bis blaßgrüne Schale mit dunkleren Flecken gewöhnlich stark gezeichnet ist. Oft bilden die Flecken am stumpfen Pol eine kleine Kappe. Eilänge etwa 18 mm. ♂ und ♀ brüten abwechselnd insgesamt etwa 11–12 Tage; die Jungen bleiben etwa 11–13 Tage im Nest.

2 Zilpzalp *Phylloscopus collybita* H S.58

Alle Laubsänger haben Backofennester (kugelig, mit seitlichem Einschlupfloch) am oder nahe über dem Boden. Das Vollgelege des Zilpzalps enthält etwa 4–6 Eier, die nur etwa 15 mm lang sind. Die Schale ist weiß und mit wenigen feinen dunkleren Punkten besetzt. Das ♀ brütet allein 13–14 Tage; die Jungen bleiben 12–15 Tage im Nest.

3 Baumpieper *Anthus trivialis* H S.94

Die Eier sind variabel gefärbt, aber meist recht dunkel braun oder rotbraun. Das Vollgelege enthält 4–7 Eier; das ♀ brütet allein etwa 12–14 Tage; die Jungen verlassen im Alter von 12–13 Tagen das Nest.

4 Bachstelze *Motacilla alba* H S.68

Das Vollgelege enthält 4–7 Eier. Grundfärbung der Schale grau oder bräunlichweiß; gleichmäßige Fleckung mit feinen graubraunen und grauen Punkten. Das Brutgeschäft übernimmt fast ausschließlich das ♀; etwa 12–14 Tage Brutdauer.

5 Grünling *Carduelis chloris* H S.86

Das Vollgelege umfaßt 4–7 Eier; Grundfarbe der Schale ist blauweiß; feine dunkle und größere blassere Flecke unregelmäßig verteilt. Das ♀ brütet allein und beginnt mitunter schon vor Vollständigkeit des Geleges. Die Jungen verlassen das Nest noch vor der vollen Flugfähigkeit mit 13–16 Tagen.

6 Gimpel *Pyrrhula pyrrhula* H S.76

4–6 hellblaue Eier mit kleinen dunken Punkten und Kritzeln bedeckt bilden das Vollgelege. Oft häuft sich die dunkle Zeichnung am stumpfen Ende. Das allein brütende ♀ wird vom ♂ gefüttert; Brutdauer etwa 13 Tage; die Jungen bleiben 12–16 Tage im Nest.

7 Buchfink *Fringilla coelebs* H S.72

Vollgelege 4–6 Eier; Grundfarbe hellblau, darauf unterschiedlich dichte rosa Fleckung, manchmal so dicht, daß die Grundfarbe verschwindet. Das ♀ brütet allein etwa 12–13 Tage. Die Jungen bleiben etwa 2 Wochen im Nest.

8 Goldammer *Emberiza citrinella* H S.88

Vollgelege 3–5 Eier; Grundfärbung weiß; zahlreiche dunkle Flecken und Kritzel, manchmal so dünn wie Haare. Überwiegend das ♀ brütet 12–14 Tage; die Jungen verlassen vor vollständiger Flugfähigkeit mit etwa 13–15 Tagen das Nest und werden ab etwa 16 Tagen flügge.

9 Feldsperling *Passer montanus* H S.74

Vollgelege 5–7 Eier; auf hellem Grund stark dunkel gezeichnet, so daß die Eier oft einheitlich braun wirken (also viel dunkler als Meiseneier). ♂ und ♀ brüten 13–14 Tage; die Jungen bleiben etwa 12–14 Tage im Nest und werden von beiden Eltern betreut.

Flugbilder und Silhouetten

Viele Vögel sieht man häufiger im Flug als im Sitzen. Da sie sich dann aber schnell bewegen, ist man oft auf wenige Merkmale angewiesen. Bei schnellem Ortswechsel ändert sich aber auch die Lage zum Beobachter, so daß sich bei unterschiedlicher Perspektive die Proportionen verschieben. Daher ist es wichtig, nicht nur Gestalt und Form eines sich bewegenden Vogels zu beachten, sondern ganz besonders auch seine Bewegung. Im allgemeinen gilt: Große Vögel schlagen langsamer mit den Flügeln als kleine; breitflügelige Vögel neigen häufiger zu Segel- und Gleitflug als schmalflügelige; Vögel mit kurzen Flügeln haben schnellen Flügelschlag.

Greifvögel: Bussarde, Milane, Weihen, Habichte, Falken

Flugbilder von Greifvögeln bieten besonders wichtige Bestimmungsmerkmale. Doch ist es für den Anfang nicht einfach, den optischen Eindruck eines fliegenden Bussards oder Habichts auf die statische Abbildung des Idealflugbildes zu übertragen. Selbst der Vergleich des Fotos mit einer Zeichnung fordert manche Umstellung, wie das Beispiel des Mäusebussards auf dieser Seite zeigt.

Das Flugbild des kreisenden Mäusebussards mit breiten Flügeln, relativ kurzem Hals und großem rundem Kopf ist recht charakteristisch. Oft ist der Schwanz breit gefächert, im Ru-

derflug aber in der Regel zusammengefaltet. Dann wirkt er wesentlich länger. Im Segelflug sind die Flügelspitzen gefingert und oft etwas aufwärts gebogen.

Sehr ähnlich ist der Rauhfußbussard. Meist sind diese nordischen Wintergäste etwas heller gefärbt, so daß die schwarzen Flügelspitzen, ein schwar-

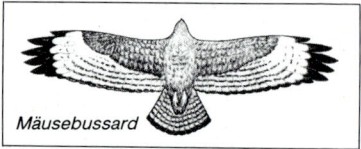

Mäusebussard

zer Fleck am Flügelbug und oft dunkle Flecken an den Körperseiten schärfer abstechen. Ein wichtiges Merkmal ist die Schwanzzeichnung: Meist ist eine breite dunkle Endbinde zu erkennen.

Auch der Wespenbussard (bei uns nur im Sommer zu sehen) gibt oft große Bestimmungsprobleme auf: Im Vergleich zum Mäusebussard wirkt der Kopf schlanker und länger, ebenso der Schwanz (der aber auch gefächert sein kann!). Im allgemeinen sind die Flügel etwas schmaler, ihr Vorderrand ist oft nicht so gerade wie beim Mäusebussard. Die Färbung ist wie beim Mäusebussard sehr unterschiedlich; meist sind die Schwungfedern heller, so daß zwei schmale dunkle Binden und der schwarze Flügelhinterrand stärker hervortreten.

Leichter sind die langflügeligen Milane zu erkennen. Flügelvorder- und -hinterrand sind mehr oder minder deutlich geschwungen, der Schwanz ist lang. Beim Rotmilan ist der lange, sich zur Spitze hin verbreiternde Schwanz deutlich gegabelt, beim Schwarzmilan schwächer gekerbt. Die Einkerbung kann aber bei breitem Schwanzfächern fast oder ganz verschwinden; dann sind aber deutliche Schwanzecken zu erkennen.

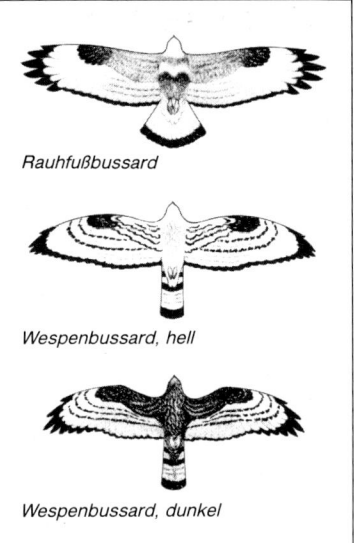

Rauhfußbussard

Wespenbussard, hell

Wespenbussard, dunkel

Langflügelig und langschwänzig sind die Weihen. Die breitesten Flügel dieser Gruppe hat die Rohrweihe, doch hält auch sie im Unterschied zu Bussarden und Milanen nach Weihenart die Flügel häufig schräg nach oben, im typischen Fall wie die Schenkel eines V.

Breitflügelig und langschwänzig wirken Habicht und Sperber, die im ra-

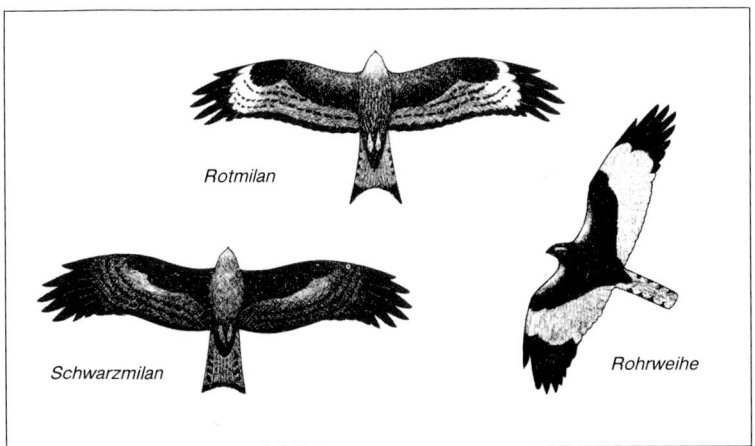

Rotmilan

Schwarzmilan

Rohrweihe

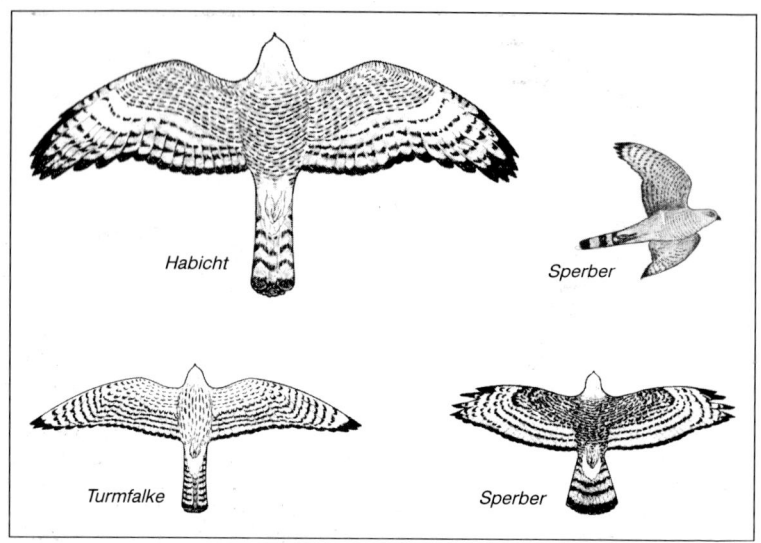

Habicht

Sperber

Turmfalke

Sperber

schen Ruderflug Strecken überwinden, aber auch im Aufwind kreisen können. Normalerweise sind Habichte deutlich größer als Sperber, doch ist der Größenunterschied zwischen kleinen Habicht-♂ und großen Sperber-♀ mitunter nicht sicher festzustellen.

Turmfalken fallen ebenfalls durch einen langen Schwanz auf; ihre Flügel enden aber in der Regel spitz. Normalerweise fliegen sie mit raschen Flügelschlägen; häufig sieht man sie auch rütteln (vgl. S. 132).

Langbeinige Großvögel: Reiher, Störche, Kraniche

Reiher fliegen mit tiefen, schaufelnden Flügelschlägen; ihr Hals ist S-förmig zusammengelegt, so daß der Kopf zwischen den Schultern ruht. Nur beim Auffliegen kann der Hals für einige Zeit im Flug gestreckt getragen werden. Reiher können mit nach unten gebogenen Flügeln herabgleiten, segeln aber so gut wie nie.

Störche sind ausgesprochene Segelflieger, die aber große Strecken im

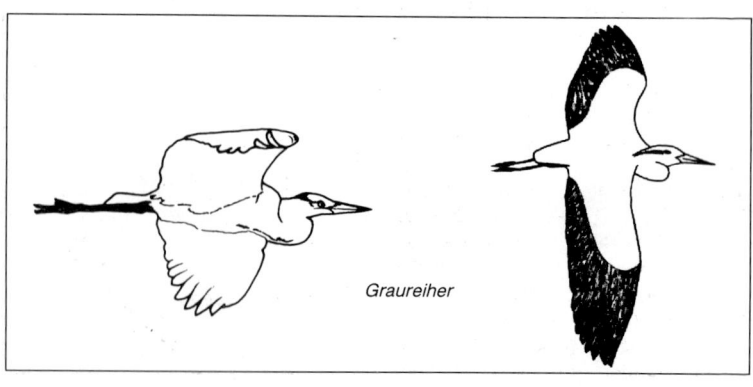

Graureiher

Weißstorch *Kranich*

langsamen Ruderflug überwinden. Sie tragen im Flug den Hals immer gerade vorgestreckt; die Flügelenden sind in der Regel breit aufgefingert.

Kraniche fliegen mit langsamen Flügelschlägen; größere Trupps ordnen sich meist in Keilformationen an (bei Störchen und Reihern nicht der Fall). Beim Segelflug im Aufwind hängen die Beine etwas herab.

Sumpf- und Wasservögel

Möwen sind wendige Flieger, die verschiedene Flugtechniken, wie Ruder-, Rüttel- oder Sturzflug beherrschen. Vor allem die großen Arten (Silber-, Herings-, Mantelmöwe) sind auch hervorragende Segel- und Gleitflieger. Im Unterschied zu Seeschwalben ist der Schwanz bei Möwen niemals tief gegabelt.

Seeschwalben sind schlanke, elegante Ruderflieger mit meist tief gegabeltem Schwanz. Trauerseeschwalben fliegen bei der Nahrungssuche gaukelnd niedrig über die Wasseroberfläche. Flußseeschwalben stoßen aus dem Rüttel- oder Ruderflug steil auf das Wasser herunter. Die Flügel der Seeschwalben sind schmaler und spitzer als jene der Möwen.

Im Flugbild des Kormorans fallen der lang vorgestreckte Kopf und der lan-

ge Schwanz auf. Die Flügel schlagen ziemlich schnell und flach; dazwischen werden aber auch kurze Gleitflugstrecken eingeschaltet.

Wildgänse fliegen mit raschen, kräftigen und gleichmäßigen Flügelschlägen; beim Landen gleiten sie mit leicht nach unten gehaltenen Flügeln ab oder lassen sich mit ganz oder halb ausgebreiteten Schwingen abtrudeln, wobei sich der Körper dreht und wendet. Große Gänsescharen fliegen oft in ungeordneten Haufen; bei längerem Flug ordnen sich die In-

Silbermöwe

Flußseeschwalbe

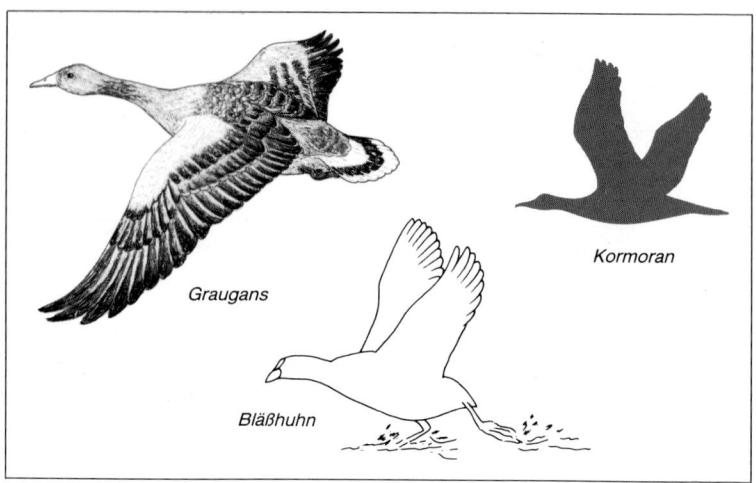

Graugans

Kormoran

Bläßhuhn

dividuen in Keilformation oder in einer langen Schrägreihe an.

Bläßhühner sieht man zwar meistens im Schwimmen, doch werden kurze Strecken im plätschernden Fluglauf rasch zurückgelegt. Wie manche Tauchenten müssen auch Bläßhühner beim Abflug vom Wasser zunächst einen Anlauf nehmen. In der Luft ist der Hals gerade vorgestreckt, die Beine überragen den Schwanzhinterrand; die Flügelschläge sind schnell.

Kiebitze fliegen mit langsamen, schaufelnden Flügelschlägen etwas schaukelnd und schwankend meist ziemlich niedrig übers Land. Größere Scharen ordnen sich meist in einem breiten, weit auseinandergezogenen Band an. Beim Einfallen trudeln die Vögel oft wild durcheinanderwirbelnd ab. Manchmal sieht man derartige Kapriolen auch in der Luft.

Brachvögel fliegen mit schnellem, ruhigem Schlag ihrer spitz zulaufenden Flügel und gleiten beim Landen oft in schraubenförmigen Bahnen herunter. Trupps ordnen sich beim Überwinden größerer Entfernungen in Flugkeilen.

Großer Brachvogel

Kiebitz

Wichtigste Typen der Schwimmvögel

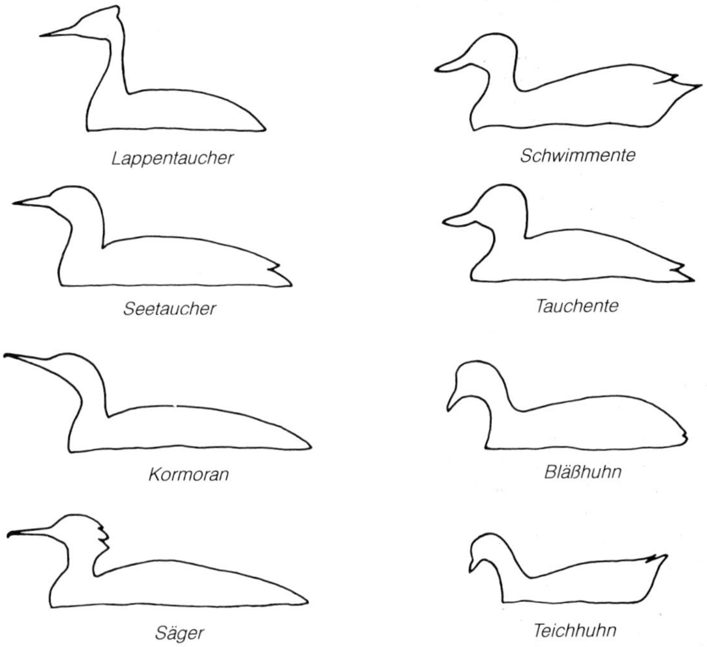

Lappentaucher

Schwimmente

Seetaucher

Tauchente

Kormoran

Bläßhuhn

Säger

Teichhuhn

Singvögel und Mauersegler

Viele kleine und mittelgroße Singvögel schlagen rasch mit den Flügeln, sind außerdem meist nur kurze Zeit im freien Flug zu verfolgen und oft so klein, daß man Einzelheiten kaum unterscheiden kann.

Der größte einheimische Singvogel, der Kolkrabe, ist von anderen Rabenvögeln durch seinen langen, keilförmigen Schwanz und den kräftigen Schnabel im Flugbild zu unterscheiden. Die mächtigen, breit gefingerten Flügel schlagen langsamer als bei der kleineren Raben- oder Saatkrähe. Kolkraben sind zudem hervorragende Segel- und Gleitflieger.

Bei Raben- und Saatkrähe ist das Ende des Schwanzes im Flugbild ab-

Kolkrabe

Krähe

Elster

Eichelhäher

Tannenhäher

gerundet; die Flügel schlagen deutlich schneller als beim Kolkraben.

Unruhig flatternd ist der Flug der Elster, die in der Silhouette am langen, gestuften Schwanz und den kurzen, breiten Flügeln gut zu erkennen ist.

Unruhiger Flügelschlag kennzeichnet auch den Flug des Eichelhähers. Meist werden nach einigen raschen Flügelschlägen auch kurze Gleitstrekken eingeschaltet. Größere Entfernungen werden mit ziemlich raschen Flügelschlägen überwunden. Meist sieht man im Flug helle Abzeichen.

Rasch flatternder, etwas unregelmäßiger Flug ist auch für den Tannenhäher charakteristisch, der aber deutlich kurzschwänziger wirkt.

Lange, spitze Flügel und tief gegabelter Schwanz kennzeichnen das Flugbild der Rauchschwalbe, doch sind diese Merkmale im schnellen Ruderflug mit zahlreichen Richtungsänderungen oft schwer zu entdecken.

Die kurzschwänzigeren und breitflügeligeren Mehlschwalben schlagen schneller mit den Flügeln als Rauchschwalben, legen aber häufig Gleitstrecken ein. Den hellen Bürzel kann man bei Aufsicht gut erkennen.

Mit langen, sichelförmig, nach hinten gebogenen Flügeln schießt der Mauersegler, der nicht zu den Singvögeln zählt, horizontal dahin. Zwischen rasanten Gleitstrecken werden immer wieder Abschnitte mit raschem Flügelschlag eingeschaltet. Aufwinde kann der Mauersegler auch im Segelflug nutzen, den er ungeachtet seines Namens sonst relativ wenig zeigt.

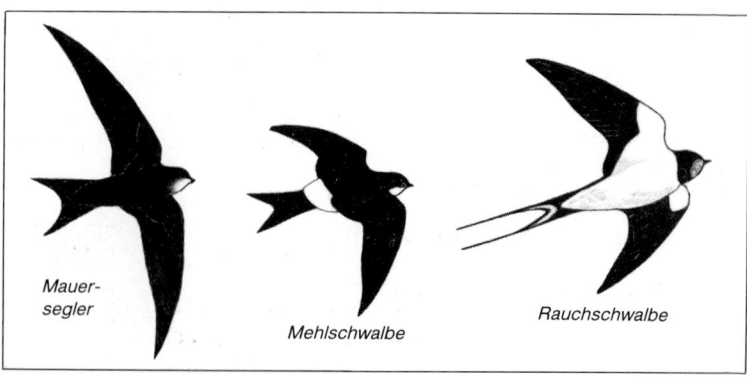

Mauersegler

Mehlschwalbe

Rauchschwalbe

Die Familien der behandelten Vögel

Wie andere Organismen werden auch Vögel nach bestimmten Kategorien geordnet. Die von unten nach oben fortschreitende Ordnung führt zu einem System, in dem die Zusammenfassung verschiedener Einheiten die stammesgeschichtliche Verwandtschaft wiedergeben soll. Da die Abstammung der einzelnen Vogelformen nicht lückenlos dokumentiert ist, kann man den Verwandtschaftsgrad oft nicht eindeutig festlegen. Daher sind in verschiedenen Vogelbüchern manche Vögel unterschiedlichen Kategorien zugeordnet.

Die wichtigste Kategorie ist die Art, die alle Individuen zusammenfaßt, die mit Partnern des jeweils anderen Geschlechts fruchtbare Nachkommen erzeugen können. Die Art ist also eine Fortpflanzungsgemeinschaft. Die Zugehörigkeit von Vögeln zu einer Art ist oft durch die große Ähnlichkeit leicht zu erkennen; nah verwandte Arten können sich aber zumindest für unser Auge zum Verwechseln ähnlich sehen (z.B. Sumpf- und Weidenmeise, Zilpzalp und Fitis usw.).

Mehrere ähnliche Arten werden von den Taxonomen in der nächsthöheren Kategorie, der Gattung, zusammengefaßt. Der Gattungsname ist der erste der aus zwei Wörtern bestehenden lateinischen Bezeichnung. Amseln und Drosseln stellt man z.B. gemeinsam in die Gattung *Turdus* und unterscheidet die einzelnen Arten durch den zweiten, stets klein geschriebenen Namen in der lateinischen Bezeichnung, also Amsel *Turdus merula,* Singdrossel *Turdus philomelos,* Wacholderdrossel *Turdus pilaris* usw.

Mehrere ähnliche Gattungen faßt man in der nächsthöheren Kategorie, der Familie, zusammen. Die lateinischen Familiennamen enden immer auf »-idae«. Alle Familien der in diesem Buch behandelten Vögel sind mit den hierher zählenden Arten im nachfolgenden zusammengestellt.

Mehrere Familien werden in einer Ordnung zusammengefaßt; die Ordnungen bilden zusammen die Klasse der Vögel (Aves), die von anderen Klassen der Wirbeltiere, wie Säugetiere, Reptilien, Amphibien oder Fische, sich z.B. durch den Besitz von Federn unterscheiden.

Seetaucher – Gaviidae
Große Tauchvögel mit spitzen Schnäbeln, deren Körper beim Schwimmen oft hoch im Wasser liegen; in Mitteleuropa nur Wintergäste.
Sterntaucher (S.192).

Lappentaucher – Podicipedidae
Amsel- bis knapp entengroße Tauchvögel; im Sommer buntes Prachtkleid, Geschlechter gleich gefärbt; Schwimmlappen an den Zehen.
Haubentaucher (S.152), Rothalstaucher (S.192), Schwarzhalstaucher (S.192), Zwergtaucher (S.120).

Kormorane – Phalacrocoracidae
Große dunkle Tauchvögel, die oft auf Pfosten oder Bäumen sitzen, um ihr Gefieder zu trocknen.
Kormoran (S.176).

Reiher – Ardeidae
Langbeinige und langhalsige Sumpfvögel, die im Flug den Hals zurücklegen.
Graureiher (S.182), Zwergdommel (S.192), Rohrdommel (S.192), Nachtreiher (S.192).

Störche – Ciconiidae
Langbeinige und langhalsige Schreitvögel, die ihren Hals im Flug gestreckt tragen.
Weißstorch (S.172).

Entenvögel – Anatidae
Große Familie von Schwimm- und

Tauchvögeln, zu denen Schwäne, Gänse, Gründel- und Tauchenten sowie die Säger zählen. Viele Arten in Mitteleuropa als Wintergäste.

Höckerschwan (S. 180), Singschwan (S. 194); Graugans (S. 180), Saatgans (S. 194), Kanadagans (S. 174); Brandente (S. 174), Stockente (S. 160), Krickente (S. 144), Knäkente (S. 194), Spießente (S. 192), Löffelente (S. 194), Tafelente (S. 160), Reiherente (S. 158) Schellente (S. 158), Eiderente (S. 194); Gänsesäger (S. 186).

Greifvögel – Accipitridae
Vielseitige Familie aus meist mittelgroßen bis großen Wirbeltierjägern und Aasfressern.
Mäusebussard (S. 188), Rauhfußbussard (S. 196), Wespenbussard (S. 188), Schwarzmilan (S. 178), Rotmilan (S. 178), Steinadler (S. 196), Fischadler (S. 196), Habicht (S. 154), Sperber (S. 130), Rohrweihe (S. 170), Wiesenweihe (S. 196).

Falken – Falconidae
Schnellfliegende und spitzflügelige Wirbeltier- und Insektenjäger.
Turmfalke (S. 132), Baumfalke (S. 128).

Hühnervögel – Phasianidae
Überwiegend Bodenvögel, deren Nester in der Vegetation versteckt sind. Rauhfußhühner groß, mit befiederten Beinen; Fasane langschwänzig; Feldhühner relativ klein, kurzschwänzig.
Auerhuhn (S. 198), Birkhuhn (S. 198), Haselhuhn (S. 198), Alpenschneehuhn (S. 198); Rebhuhn (S. 168), Wachtel (S. 118); Fasan (S. 150).

Rallen – Rallidae
Hühnerähnliche Wasser- und Sumpfvögel.
Bläßhuhn (S. 156), Teichhuhn (S. 132), Wachtelkönig (S. 196), Wasserralle (S. 196), Tüpfelsumpfhuhn (S. 196).

Kraniche – Gruidae
Große langbeinige, aber kurzschnäbelige Laufvögel, die wie Störche mit ausgestrecktem Hals fliegen.
Kranich (S. 172).

Austernfischer – Haematopodidae
Kräftiger schwarzweißer Meeresvogel; in Europa nur 1 Art.
Austernfischer (S. 148).

Stelzenläufer – Recurvirostridae
Langbeinige Watvögel; überwiegend schwarzweiß gefärbt.
Säbelschnäbler (S. 148).

Regenpfeifer – Charadriidae
Watvögel mit kurzem Hals und kurzem Schnabel.
Kiebitz (S. 128), Flußregenpfeifer (S. 98), Seeregenpfeifer (S. 200).

Schnepfenvögel – Scolopacidae
Große Familie verschiedener Watvögel; Brutvögel auf Naßwiesen und in Feuchtgebieten; viele Arten in Mitteleuropa nur Gäste zu den Zugzeiten, vor allem im Wattenmeer.
Großer Brachvogel (S. 154), Waldschnepfe (S. 200), Bekassine (S. 100), Uferschnepfe (S. 124), Flußuferläufer (S. 98), Rotschenkel (S. 124), Grünschenkel (S. 200), Bruchwasserläufer (S. 200), Kampfläufer (S. 200), Alpenstrandläufer (S. 200).

Möwen – Laridae
Langflügelige Seevögel, im Alterskleid überwiegend weiß; längere Beine und breitere Flügel als Seeschwalben; im Binnenland nur wenige Arten regelmäßig. Brüten in Kolonien.
Lachmöwe (S. 138), Dreizehenmöwe (S. 202), Sturmmöwe (S. 170), Silbermöwe (S. 190), Heringsmöwe (S. 184), Mantelmöwe (S. 184), Schwarzkopfmöwe (S. 202).

Seeschwalben – Sternidae
Schlanke, spitzflügelige möwenartige Vögel mit mehr oder minder deutlich gegabeltem Schwanz und spitzen Schnäbeln; kurze Beine, laufen kaum auf dem Boden. Brüten in Kolonien; im Binnenland nur 2 Arten Brutvögel.
Flußseeschwalbe (S. 126), Zwergseeschwalbe (S. 202), Trauerseeschwalbe (S. 136).

Tauben – Columbidae
Rundliche Vögel mit kleinem Kopf

und gurrender Stimme; in Mitteleuropa 4 Arten Brutvögel; Baum-, Fels- oder Höhlenbrüter; Gelege besteht immer aus 2 weißen Eiern.
Turtel- und Türkentaube (S.142), Ringeltaube (S.136), Hohltaube (S.144).

Kuckucke – Cuculidae
1 Art in Mitteleuropa; legt seine Eier in fremde Nester.
Kuckuck (S.130).

Eulen – Strigidae
Meist nacht- oder dämmerungsaktive, großäugige und dickköpfige Vögel. Die Augen sind nach vorne gerichtet; Wirbeltierjäger.
Waldohreule (S.164), Rauhfußkauz (S.202), Waldkauz (S.164), Steinkauz (S.166), Schleiereule (S.166).

Nachtschwalben – Caprimulgidae
Nachtvögel mit langen, schmalen Flügeln, die fliegende Insekten jagen. Dicker Kopf und breiter Schnabelspalt. In Mitteleuropa nur 1 Art.
Ziegenmelker (S.202).

Segler – Apodidae
Schwalbenähnliche Luftjäger mit langen sichelförmigen Flügeln; größer als Schwalben.
Mauersegler (S.118).

Eisvögel – Alcedinidae
Eine buntgefärbte Art in Mitteleuropa: Eisvogel (S.68).

Hopfe – Upupidae
Eine Art seltener Brutvogel in Mitteleuropa: Wiedehopf (S.122).

Spechte – Picidae
Baumkletterer mit Stützschwanz und kräftigem Schnabel; brüten meist in selbstgezimmerten Höhlen.
Buntspecht (S.108), Mittelspecht (S.202), Kleinspecht (S.78), Grünspecht (S.146), Grauspecht (S.146), Schwarzspecht (S.168); Ausnahme: Wendehals (S.116).

Lerchen – Alaudidae
Vorwiegend bräunliche, bodenbewohnende Singvögel, die ihren Gesang oft in einem Singflug vortragen. Heidelerche sitzt aber auch oft auf Bäumen. Nester am Boden versteckt.
Feldlerche (S.94), Heidelerche (S.96), Haubenlerche (S.96).

Schwalben – Hirundinidae
Schlanke Luftjäger, kurzer Schnabel und mehr oder minder deutlich gegabelter Schwanz.
Rauchschwalbe (S.68), Mehlschwalbe (S.76), Uferschwalbe (S.50).

Stelzen – Motacillidae
Überwiegend Bodenvögel mit langem, wippendem Schwanz (Stelzen) oder unscheinbarem braunem Gefieder, die ihren Gesang in einem besonderen Singflug vortragen (Pieper).
Bachstelze (S.68), Schafstelze (S.70), Gebirgsstelze (S.70), Baumpieper (S.94), Wiesenpieper (S.92), Wasserpieper (S.92).

Seidenschwänze – Bombycillidae
Nur 1 Art in Europa: Seidenschwanz (S.110).

Wasseramseln – Cinclidae
Nur 1 Art in Europa: Wasseramsel (S.106).

Zaunkönige – Troglodytidae
Nur 1 Art in Europa: Zaunkönig (S.66).

Braunellen – Prunellidae
Sperlingsähnliche, graubraune Singvögel.
Heckenbraunelle (S.84), Alpenbraunelle (S.204).

Sänger – Muscicapidae
Busch- oder baumbewohnende Singvögel, die von kleinen Bodentieren oder Insekten leben. Kleiner als Sperling bis über Amselgröße. Große und vielseitige Familie.
Trauer- und Halsbandschnäpper (S.48), Grauschnäpper (S.84), Garten- und Hausrotschwanz (S.82), Braunkehlchen (S.54), Schwarzkehlchen (S.50), Steinschmätzer (S.80), Rotkehlchen (S.88), Blaukehlchen (S.202), Nachtigall (S.114), Amsel (S.114), Singdrossel (S.102), Mistel-

drossel (S.102), Rotdrossel (S.104), Wacholderdrossel (S.104).

Grasmücken – Sylviidae
Schlanke, kleine und meist unauffällig gefärbte Insektenfresser, die meist versteckt in der Vegetation leben; viele Arten mit auffälligem Gesang; alle ausgeprägte Zugvögel.
Teichrohrsänger (S.64), Sumpfrohrsänger (S.64), Schilfrohrsänger (S.66), Drosselrohrsänger (S.116), Feldschwirl (S.84), Gelbspötter (S.60), Gartengrasmücke (S.90), Mönchsgrasmücke (S.90), Klappergrasmücke (S.62), Dorngrasmücke (S.62), Zilpzalp (S.58), Fitis (S.58), Waldlaubsänger (S.60), Berglaubsänger (S.204).

Goldhähnchen – Regulidae
Kleinste Vögel Europas; meist in Nadelbäumen, schwer zu beobachten; Stimmen sehr fein und hoch.
Winter- und Sommergoldhähnchen (S.56).

Schwanzmeisen – Aegithalidae
In Europa nur 1 Art: Schwanzmeise (S.40).

Meisen – Paridae
Kleine, rundliche, relativ kurzschwänzige Singvögel, die geschickt in den Zweigen herumklettern können; Höhlenbrüter.
Kohlmeise (S.78), Blaumeise (S.44), Tannenmeise (S.44), Haubenmeise (S.46), Weidenmeise (S.42), Sumpfmeise (S.42).

Kleiber – Sittidae
Gedrungene Klettervögel mit kurzem Schwanz; Höhlenbrüter. In Mitteleuropa nur 1 Art.
Kleiber (S.78).

Baumläufer – Certhiidae
Kleine, rindenfarbene Klettervögel mit dünnem, gebogenem Schnabel und Stützschwanz.
Garten- und Waldbaumläufer (S.40).

Beutelmeise – Remizidae
In Europa 1 Art: Beutelmeise (S.204).

Pirole – Oriolidae
In Europa 1 Art: Pirol (S.106).

Würger – Laniidae
Auffallend gezeichnete Singvögel mit hakenförmig gekrümmtem Schnabel; Nahrung Großinsekten und kleine Wirbeltiere.
Neuntöter (S.108), Rotkopfwürger (S.204), Raubwürger (S.98).

Rabenvögel – Corvidae
Große Singvögel, schwarz oder auffallend gefärbtes Gefieder; kein auffallender Gesang.
Kolkrabe (S.162), Rabenkrähe (S.162), Nebelkrähe (S.156), Saatkrähe (S.162), Dohle (S.140), Elster (S.122), Eichelhäher (S.134), Tannenhäher (S.134), Alpendohle (S.140).

Stare – Sturnidae
Gesellige Höhlenbrüter mit spitzem Schnabel; in Mitteleuropa nur 1 sehr häufige Art.
Star (S.110).

Sperlinge – Passeridae
Finkenähnliche Singvögel mit Kegelschnabel, gesellig; Gefieder braun und grau.
Haus- und Feldsperling (S.74).

Finken – Fringillidae
Vorwiegend samen- und körnerfressende Singvögel, meist mit mehr oder minder kegelförmigem Schnabel (Sonderbildungen z.B. Kreuzschnabel); einige Arten (vor allem Männchen) bunt gefärbt.
Grünling (S.86), Stieglitz (S.46), Zeisig (S.52), Birkenzeisig (S.52), Hänfling (S.86), Girlitz (S.54), Zitronengirlitz (S.204), Gimpel (S.76), Fichtenkreuzschnabel (S.112), Kernbeißer (S.106), Karmingimpel (S.204), Buchfink (S.72), Bergfink (S.72).

Ammern – Emberizidae
Finkenähnliche Vögel mit kurzem, dickem Schnabel; überwiegend in offenen Lebensräumen.
Goldammer (S.88), Grauammer (S.112), Rohrammer (S.80), Schneeammer (S.204).

Register

Die erste Seitenzahl bezeichnet den Hauptverweis.

Deutsche Vogelnamen

Lateinische Vogelnamen